大中小学思想政治理论课一体化专题教学设计

——和平发展篇

王洪树　胡　霞　饶玉萍　主编

四川大學出版社
SICHUAN UNIVERSITY PRESS

图书在版编目（CIP）数据

大中小学思想政治理论课一体化专题教学设计．和平发展篇 / 王洪树，胡霞，饶玉萍主编．— 2版．— 成都：四川大学出版社，2023.12

ISBN 978-7-5690-6568-8

Ⅰ．①大… Ⅱ．①王… ②胡… ③饶… Ⅲ．①高等学校－思想政治教育－教学设计－中国②政治课－教学设计－中小学 Ⅳ．①G641 ②G633.202

中国国家版本馆 CIP 数据核字（2024）第 029431 号

书　　名：大中小学思想政治理论课一体化专题教学设计——和平发展篇
Da-Zhong-Xiaoxue Sixiang Zhengzhi Lilunke Yitihua Zhuanti Jiaoxue Sheji——Heping Fazhan Pian
主　　编：王洪树　胡　霞　饶玉萍

选题策划：唐　飞
责任编辑：吴连英
责任校对：王　静
装帧设计：墨创文化
责任印制：王　炜

出版发行：四川大学出版社有限责任公司
地址：成都市一环路南一段 24 号（610065）
电话：（028）85408311（发行部）、85400276（总编室）
电子邮箱：scupress@vip.163.com
网址：https://press.scu.edu.cn
印前制作：四川胜翔数码印务设计有限公司
印刷装订：四川华龙印务有限公司

成品尺寸：170mm×240mm
印　　张：19
字　　数：280 千字

版　　次：2022 年 9 月 第 1 版
2024 年 6 月 第 2 版
印　　次：2024 年 6 月 第 1 次印刷
定　　价：78.00 元

扫码获取数字资源

四川大学出版社
微信公众号

总 序

冯建军

“培养什么人、怎样培养人、为谁培养人”是教育的根本性问题。新时代的教育要全面贯彻党的教育方针，落实立德树人的根本任务，努力培养担当民族复兴大任的时代新人，培养德智体美劳全面发展的社会主义建设者和接班人。2019年3月18日，习近平总书记在学校思想政治理论课教师座谈会上指出，思想政治理论课是落实立德树人根本任务的关键课程。办好思想政治理论课，最根本的是要全面贯彻党的教育方针，解决好“培养什么人、怎样培养人、为谁培养人”这个根本问题。

重视思想政治教育和思想政治理论课（简称思政课）建设是我国教育的传统和突出优势。但长期以来，我们对思想政治教育和大中小学思政课一体化建设的意识不强，致使大中小学思政课的课程内容一体化设计、不同学段的衔接、不同课程的配置等存在许多问题。针对这些问题，习近平总书记明确要求，要把统筹推进大中小学思政课一体化建设作为一项重要工程，在大中小学循序渐进、螺旋上升地开设思政课。这一重要讲话为新时代大中小学思政课一体化建设指明了方向。

大中小学思政课一体化，坚持统一性、进阶性两大原则。统一性原则强调大中小学思政课教学目标的统一、教学核心内容的统一、教学理念和教学方法的统一。进阶性原则突出不同学段的特点，做到螺旋式上升。同一主题针对不同学段的特点设计区分度，同时协调好不同学段的衔接。小学阶段重在启蒙道德情感，初中阶段重在打牢思想基础，高中阶段重在提升政治素养，大学阶段重在增强使命担当。大中小学一体化是思政课建设的方向，实践中，我们需要具体落实，探讨一体化建设如何才能由表及里、由点到面，走实、走深；如何才能常态、长效；如何才能做到打破学段壁垒，既尊重学段差异，又能让各学段有效衔接；如何才能真正实现循序渐进、螺旋上升；等等。为了探索和解决这些问题，成都树德中学联合西南交通大学、四川大学、成都市实验小学、成都市龙江路小学，以专题化教学为突破口，按照一体化的思路，分专题开展教学设计，努力推动大中小学思政课一体化走实、走深。今天呈现在大家面前的“大中小学思想政治理论课一体化专题教学设计”丛书就是他们合作进行大中小学思政课一体化教学探索的成果。

这套丛书以习近平新时代中国特色社会主义思想铸魂育人的主线，按照中国特色社会主义事业“五位一体”总体布局和“构建人类命运共同体”这一时代命题，设置了《经济与社会篇》《政治与法治篇》《文化与哲学篇》《中国特色社会主义篇》《和平发展篇》五个分册。每个分册遵循教育的深层规律和内在逻辑，立足学生的健康成长，打破传统的学段区隔，以专题化教学设计为突破口，注重整体设计，让小学、初中、高中、大学四个学段围绕同一个主题，分工协作、同向发力，使“德育润无声、如春风化雨”般浸润学生心田。

这套丛书设计充分尊重各学段的特点，既强调各学段紧密结合学生的身心特点在教学目标、内容、方法上有明显区分度，又强调各学段“瞻前顾后”，有机衔接、层层深入、步步进阶，真正体现丛书“循序渐进、螺旋上升”的设计理念。在教学设计上既凸显了本段思维，又强调前段思维和后段思维的贯通，探索大中小学思政课沟通、协作、共建、共享的一体化运作机制，致力打造全学段育人的良好生态。

这套丛书每一专题构建了包含教学目标、教学内容、教学重难点、学情分析、设计思路、实施方案、资源链接、考核评价等在内的整体教学设计方案，切实发挥思政课的主渠道作用。丛书强调主导性和学生主体性相统一。在教学设计中，围绕学生、服务学生，积极回应不同学段学生的需求和期待，强调有的放矢、精准施教；贴近学生实际，用身边事说理，用学生喜闻乐见的形式教学，增强亲和力、吸引力和感染力，让教学不仅棱角分明而且有情有义；注重调动学生的积极性、主动性和创造性，吸引学生积极参与教学，全面提升其运用马克思主义的立场、观点、方法观察问题、分析问题、解决问题的能力，让教学活起来、动起来。

这套丛书体现了鲜明的集成与创新。大中小学思政课教学一体化是思想政治教育领域一场深刻的革命，需要全面深化改革，系统推进教学创新。丛书打破了传统的学段区隔，围绕专题一体设计教学，是教学理念的重大革新；丛书依据教材但又不局限教材，构建专题化的一体化教学体系，推动教材体系向教学体系、学生信仰体系转化，是教学体系的一次重构；丛书针对各学段的特点，将传统和现代相结合，综合运用案例分析、讨论辩论、情景体验、实践实验等方法开展教学，是教学方法的一次综合创新；丛书是成都树德中学、西南交通大学、四川大学、成都市实验小学、成都市龙江路小学五校在紧密的合作中探索大中小学思政课共融、共建、共育、共进的一体化建设新模式。

这套丛书坚持有所为、有所不为。有所为，就是坚持鲜明的实践导向，力求教学设计科学、实用，真正能为全国大中小学思政课一体化教学提供可借鉴、可复制的操作性范例；有所不为，就是不求面面俱到，但求重点突出，既给出方案，又留有自主空间，力图抛砖引玉让全国同仁深入探讨、多出良策。

大中小学思政课一体化的教学实践是一个新事物，还在探索之中。这套丛书给大家呈现的探索还不完美，还存在一些问题，如专题选择不合理、教学设计不科学、学段特征把握不精准、实际效果还有待实践进一步检验，等等。但新的实践探索，总需要有人走在前面，尽管不完美，但它是必须的，我们无法保证设计的是一个个完美的教学设计方案。习近平总书记指出，办好思政课关键在教师，关键在发挥教师的积极性、主动性、创造性。思政课教师的积极性、主动性和创造性一定能够弥补丛书中教学设计的不完美。

在这套丛书出版之际，写上几句话，既表示对丛书出版的祝贺，更表示对五校联合探索大中小学思政课一体化教学的赞赏，这是大中小学思政课一体化建设的实践之花，愿它常开不败！

（作者系国家教材委大中小学德育一体化专家委员会委员、义务教育道德与法治课程标准修订组核心成员、南京师范大学道德教育研究所所长。）

序

王洪树

正如习近平总书记在2019年学校思想政治理论课教师座谈会上所言："青少年阶段是人生的'拔节孕穗期'，最需要精心引导和栽培。"在此阶段，青少年在知识的海洋里泛舟，但他们的扬帆远行离不开"指南针"对于方向的指引；青少年在道德价值的殿堂里审视他人和反省自我，但他们的德行淬炼离不开"有信仰""有理想"的人的感染和引导。青少年的政治素养和道德价值，直接关系着他们是否能够扣好人生第一颗扣子。

关注青少年，就是关注祖国和民族的未来。因为，未来属于青少年，希望寄托于青少年。一百二十年前，梁启超就大声呐喊："少年智则国智，少年富则国富，少年强则国强，少年独立则国独立，少年自由则国自由，少年进步则国进步，少年胜于欧洲则国胜于欧洲，少年雄于地球则国雄于地球。"今天，中国已大踏步迈上建设社会主义现代化国家的新征程，要在未来三十年走近世界舞台的中央，实现中华民族的伟大复兴。新时代新征程，赋予当代青少年光荣的时代使命和艰巨的时代重任，正可谓是"天将降大任于是人也"。这就要求广大的青少年厚植兼济天下的人文情怀，继承"大道之行，天下为公"和"以和为贵"的优秀传统文化，坚守"全世界无产者，联合起来"和实现"每个人的自由发展是一切人的自由发展的条件"的马克思主义理想信念，深刻认知"和平与发展"的时代主题，自觉维护世界和平、促进人类可持续发展，成为始终“站在历史正确的一边，站在人类进步的一边”[①]的时代新人。正是基于此，我们编写了《大中小学思想政治理论课一体化专题教学设计——和平发展篇》。

本书以专题教学的方式，探索大中小学思想政治理论课一体化开展“和平与发展”教育的内在规律和进阶要求，系统构建包含教学目标、教学内容、教学重难点、学情分析、设计思路、实施方案、资源链接、考核评价、参考文献在内的整体教学设计方案，充分发挥思想政治理论课的主渠道作用，将兼济天下的教育全程高效地融入青少年的心智成长历程，让学生心灵埋下真善美的种子，培养具有坚定民族立场、深厚人文情怀、远大政治理想、堪当时代大任的社会主义建设者和接班人。

本书围绕“和平与发展”精选了四个专题，进行大中小学思想政治理论课一体化的教学设计。

专题一：放眼世界——百年未有之大变局。本专题按照小学段“变化中的祖国与世界”、初中段“经济全球化与世界多极化趋势”、高中段“洞察世界格局之变迁”、大学段“百年变局与中国机遇”进行一体化教学设计。根据大中小学思想政治理论课目标一体化设计的要求，本专题本着循序渐进、螺旋上升的教学理念，在大中小学开展世界发展基本情况（简称“世情”）的教育，重在引导青少年立足中国、观察世界风云，正确认识经济全球化与世界多极化趋势，从历史与现实中正确把握和平与发展的时代主题，提高学生“在危机中育新机、于变局中开新局”的责任意识，牢牢抓住“百年未有之大变局”提供的历史机遇，为实现中华民族伟大复兴贡献每个中华儿女的绵薄之力。

专题二：立足现实——坚持和平发展道路。本专题按照小学段“感受独立自主和平外交魅力”、初中段“坚持和平共处五项原则”、高中段“坚持独立自主的外交政策”、大学段“坚持和平发展道路”开展一体化

① 中共中央关于党的百年奋斗重大成就和历史经验的决议［M］. 北京：人民出版社，2021：68.

教学设计。本专题遵循青少年认知发展和行为培育的基本规律，引导小学生品读中华外交文化故事、认识中国外交人物，深化对和平外交的感性认识；引导初中生知晓和平共处五项原则提出的背景和发展过程，理解和平共处五项原则的科学内涵，明白和平共处五项原则在处理国际关系方面的重要价值；引导高中生认知独立自主和平外交政策的确立与践行，增进对独立自主和平外交政策的理解与认同；引导大学生全面理解中国为什么坚持走和平发展道路，思考和探索在新时代新征程中如何走和平发展道路，强化为世界和平与人类发展做贡献的责任感和使命感。

专题三：开拓创新——高质量共建“一带一路”。本专题按照小学段“可爱的‘一带一路’朋友圈”进行情感教育、初中段“从历史中走来的‘一带一路’”进行历史教育、高中段“‘一带一路’与新时代对外开放”进行政策教育、大学段“‘一带一路’与中华民族伟大复兴”进行倡议教育的进阶要求，开展一体化教学设计。本专题遵循思想政治工作规律和学生成长发展规律，逐步提高青少年对于共建“一带一路”的情感认同、历史认同、政策认同、倡议认同，增强他们担当民族复兴大任的历史责任感。

专题四：携手合作——构建人类命运共同体。本专题按照小学段“人类世界　共同家园”、初中段“中国智慧与大国担当”、高中段“活跃在世界舞台的中国”、大学段“弘扬全人类共同价值”的内容安排，层层进阶，开展一体化教学设计。本专题遵循大中小学聚焦人类命运共同体教育的知、情、意、行等规律，重在引导学生感受世界大家庭，进行人类命运共同体的情感启蒙；知晓人类命运共同体的科学内涵，打下构建人类命运共同体的思想基础；介绍新时代我国的新型国际关系，铸牢人类命运共同体意识；增强新时代使命担当，以高度的使命感、责任感自觉构建人类命运共同体。

本书始终坚持以习近平新时代中国特色社会主义思想为主线。在教学设计中，我们引导青少年直面“两个大局”（即中华民族伟大复兴和世界面临百年未有之大变局）提出的挑战与机遇，了解马克思主义外交思想、中华民族以兼济天下为核心的优秀传统文化、习近平外交思想和新时代中国外交，充分挖掘和整理习近平总书记在分析世界发展基本态势、坚持独立自主和平外交、走和平发展道路、建设“一带一路”、构建新型国际关系等方面的金句、用典和事例，将它们有机地融入“和平与发展”各专题教学之中，用当代中国马克思主义、21世纪马克思主义立德铸魂，厚植青少年兼济天下的人类情怀。

本书始终遵循大中小学思想政治理论课一体化教学的内在规律和进阶要求。无论是聚焦“和平与发展”的四个前后相承的专题编排，还是每个专题内部大中小学不同阶段的内容设计，我们都力争按照思想政治教育规律、青少年认知发展规律的科学要求，梯次设置青少年在“和平与发展”专题教育中的知识、情感、意识和行为等方面的教学目标。具体教学过程中，低段教师要引导学生“瞻前”，对未来学习的知识充满期待与渴望；高段教师要引导学生“顾后”，不学“猴子掰包谷”，形成贯通式的一体化思想政治教育。

本书始终发挥思想政治教育的双主体作用。在各段的教学设计和实施过程中，如何发挥教师的主导作用和学生的主体作用一直是我们关注的焦点。课堂是舞台，教师是导演，学生是演员。大中小学思想政治理论课一体化教学的效果如何，最终需要学生来呈现，最终要以学生知情意行的升华为目标。

本书始终开展问题导向的探究式教学。在各段的具体思想政治教学设计中，围绕“和平与发展”专题的相关教学目标，师生共同参与发掘和设计问题、探索问题解决的路径和办法、交流问题解决的心得体会。共享式的探究教学，不仅培育学生主动追求真善美的认知能力、评价能力、选择能力和行动能力，而且也能开阔教师的视野，激发教学的兴趣和动力，实现教与学的良性互动。

本书始终注重系统教育和综合效能。无论是大中小学思想政治理论课一体化教学本身，还是某一学段的教育，都是一个个系统工程，需要调动多元教育主体形成育人合力、整合多样教育资源形成具有典型性的教学资源库、健全教育环节和过程形成闭环高效的教育系统。而教育测评的设计和开展，则科学地检测“和平与发展”专题在各学段教学中的实际效果，形成及时有效的教学反馈，不断推动教学的改进与完善。

本书是四川大学、成都树德中学、成都市龙江路小学等学校的一线思想政治理论课教师，围绕“和平与发展”这个主题，自觉履行立德树人教育使命，科学总结大中小学思想政治理论课一体化教学经验，集体攻关形成的研究成果，凝聚着许多老师的汗水和智慧。

本书的酝酿、研究、写作和修订过程，既是一次大中小学思想政治理论课一体化教育的自我反思、总结和提炼过程，也是一次横跨大中小学组建专题研究队伍的过程，为后继的深入研究拓宽了路径，锤炼了队伍。至于本书的实际教学指导效果到底如何，还有待教学实践的进一步检验。由于编著者的眼界和水平的局限，本书难免会存在一些纰漏，我们诚挚欢迎使用本书的大中小学思想政治理论课教师提出批评和建议，以便在未来修订过程中使之臻于至善！

（作者系四川大学马克思主义学院副院长、教授、博士生导师，四川省马克思主义理论类专业教学指导委员会委员，四川省高校思想政治理论教育“王洪树名师工作室”负责人）

二〇二二年八月三十日

目 录
contents

专题一　放眼世界——百年未有之大变局……001

小学段：变化中的祖国与世界……004
初中段：经济全球化与世界多极化趋势……016
高中段：洞察世界格局之变迁……030
大学段：百年变局与中国机遇……049

专题二　立足现实——坚持和平发展道路……065

小学段：感受独立自主和平外交魅力……068
初中段：坚持和平共处五项原则……079
高中段：坚持独立自主的外交政策……100
大学段：坚持和平发展道路……120

专题三　开拓创新——高质量共建“一带一路”……133

小学段：可爱的“一带一路”朋友圈……135
初中段：从历史中走来的“一带一路”……146
高中段：“一带一路”与新时代对外开放……173
大学段：“一带一路”与中华民族伟大复兴……190

专题四　携手合作——构建人类命运共同体 211

小学段：人类世界　共同家园 214
初中段：中国智慧与大国担当 230
高中段：活跃在世界舞台的中国 244
大学段：弘扬全人类共同价值 264

专题一

Topic 1

放眼世界

——百年未有之大变局

| 一体化设计目标及思路 |

习近平总书记多次强调：“正确认识当今时代潮流和国际大势。”“放眼世界，我们面对的是百年未有之大变局。”当人类历史发展到某个节点时，变化往往会成为开启下一个历史阶段的重要动力。当今世界正处于百年未有之大变局，大国战略博弈全面加剧，国际体系和国际秩序深度调整，人类文明发展面临的新机遇、新挑战层出不穷。根据大中小学思想政治理论课目标一体化设计的要求，本着由浅入深、循序渐进的理念，落实“立德树人”根本任务，遵循思想政治工作规律、教书育人规律、学生成长规律，在大中小学开展“放眼世界——百年未有之大变局”专题教育，促使学生深刻理解世界百年未有之大变局中的中国机遇与挑战。

总体设计目标和思路：按照“小学段：变化中的祖国与世界——重在为立足中国、观察世界进行情感教育；初中段：经济全球化与世界多极化趋势——正确认识经济全球化与世界多极化趋势；高中段：洞察世界格局之变迁——正确把握和平与发展的时代主题；大学段：百年变局与中国机遇——正确处理百年变局中的机遇和挑战”的设计思路，提高学生对“在危机中育新机、于变局中开新局”的责任意识，永远听党话、跟党走，为实现中华民族伟大复兴贡献中国力量。

思维导图：

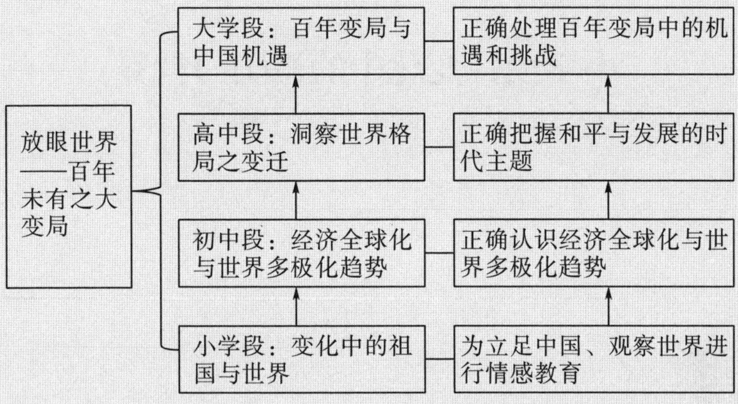

放眼世界——百年未有之大变局
大学段：百年变局与中国机遇
正确处理百年变局中的机遇和挑战
高中段：洞察世界格局之变迁
正确把握和平与发展的时代主题
初中段：经济全球化与世界多极化趋势
正确认识经济全球化与世界多极化趋势
小学段：变化中的祖国与世界
为立足中国、观察世界进行情感教育

小学段：变化中的祖国与世界

教学目标

通过感受北京冬奥会的成功与精彩，激发学生的自豪感；从北京冬奥会的成功举办思考其原因，理解中国走和平发展道路的意义，增强政治认同感；由北京冬奥会放眼中国变化，增强中国人的身份认同感，激发学生爱国志向；通过情境探究北京冬奥会上中国与世界的积极互动和相互影响，感悟中国是世界的一部分，中国坚定不移奉行互利共赢开放策略的意义；由北京冬奥会看世界，感知世界发展局势及人类面临的共同危机、共同挑战及人类的共同期盼，理解构建人类命运共同体的意义；通过理解中国声音里的"合"意与"和"声，看中国担当，感受中国走和平发展道路的世界意义。借用北京冬奥会开幕式主题"雪花"的寓意，思考假如自己是一片雪花，要如何把个人理想与中国梦、世界和平发展联系起来，与祖国和世界一起走向未来。

教学内容

一、变化中的祖国

（一）冬奥成功，实力铸就

（二）冬奥历程，奇迹寻因

（三）从冬奥看中国

二、变化中的世界

（一）中国是世界的一部分

（二）从冬奥看世界

三、一起向未来

（一）“世界大同，天下一家”：中国担当

（二）“一片雪花的故事”：个人担当

教学重难点

一、教学重点

感受新中国成立以来中国的发展与变化，理解走和平发展道路对中国的深远意义，增强学生的政治认同感和责任意识。

二、教学难点

感受世界各国“你中有我、我中有你”的紧密联系和共同命运，理解中国倡导构建人类命运共同体的积极意义，学会从一言一行中，为世界的和平与发展贡献力量，达到知行合一。

学情分析

本课的教学对象为小学高段的学生，学习内容立足于学生的现实生活和国家、世界的发展变化，具有强烈的生活气息和时代特色。但本课教学内容的时间跨度长、覆盖面广，除了部分内容学生可以在生活中感受到之外，其他内容离学生较远，学生理解起来有一定难度。因此要引导学生多看、多听、多体会，增进其对国情、世情的了解。用生活化、体验式的方式引导学生在感受国家变化中，形成中国人的身份认同，激发其爱国之情，自觉将个人理想与实现中华民族伟大复兴的中国梦结合起来。引导学生关注世界的变化与发展，关心时事、热爱和平，初步培养国际视野和人类命运共同体意识。

设计思路

一、设计理念

本课以参观北京冬奥会主题展馆为主线活动，通过体验探究的方式，让学生在实际的参观活动中深入探究核心问题。本课旨在通过活动，增强学生的代入感、参与感，激发他们的学习兴趣；与此同时，通过深度学习达成提高学生学科核心素养和关键能力的目的。

本课围绕主题“变化中的祖国与世界”，设置了五个展厅的体验探究活动：“序厅：冬奥成功，实力铸就”，设计“话说精彩”“探寻奇迹”两大环节，以观评、自主查阅、合作探究、汇报总结等形式，整体感知冬奥会的成功，激发自豪感；从中国的冬奥历程，思考变化背后的原因，理解中国走和平发展道路的意义，增强学生的政治认同感。“展厅一：从冬奥看中国”，设计“伟大飞跃”“国之栋梁”两大环节，由北京冬奥会放眼中国变化，了解中国从站起来、富起来到强起来的伟大飞跃；通过“国之栋梁人物志”形成中国人的身份认同感，激发爱国情。“展厅二：中国是世界的一部分”，创设情境“世界好，中国才能好；中国好，世界才更好”，从多角度感悟北京冬奥会上中国与世界的积极互动和相互影响，初步理解中国坚定不移奉行互利共赢的开放战略的意义。“展厅三：从冬奥看世界”，创设情境“不同声音，共同命运”，通过“探声寻危”活动，以在世界地图上张贴全球危机标签的形式，让学生直观地感受到各国共同面对的危机与挑战；通过解读“奥林匹克格言：更高、更快、更强、更团结”，感知世界发展局势，进而思考构建人类命运共同体的意义。“尾厅：一起向未来”创设情境：中国声音里的“合”意与“和”声，以“寻找应对全球危机的中国方案”活动看中国担当，感受中国走和平发展道路的世界意义，升华对“一起向未来”的认识。通过分享活动“一片雪花的故事”，引导学生置身于祖国和世界的背景之下，将自己喻为一片与众不同的雪花，写下与祖国、与世界一起向未来的思考，实现知行合一，突破重难点。

二、思维导图

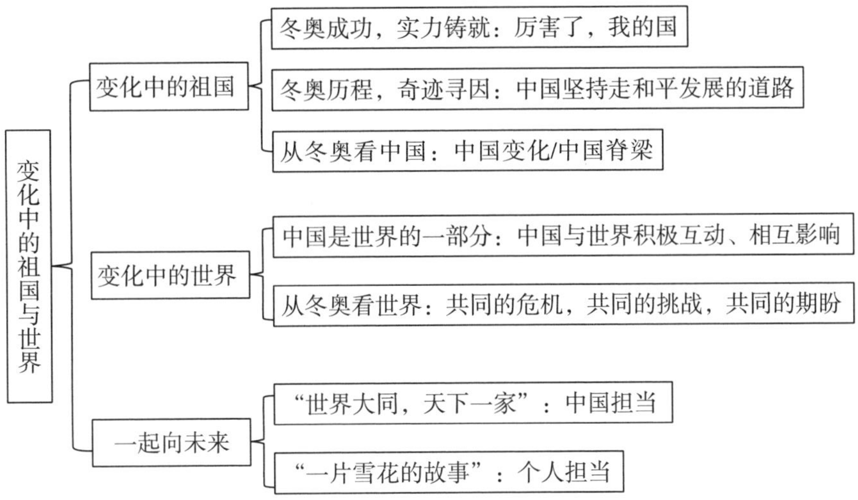

实施方案

导入主题：

新春伊始，以二十四节气的立春为开端的北京冬奥会，将传统与现代、中国与世界深度融合，拉开了走向合作与共进的未来篇章。欢迎同学们走入北京冬奥会主题展馆，让我们在五大展厅的主题体验探究中去感受祖国的发展与世界的变化，一起思考人类共同的未来。

一、变化中的祖国

环节一：话精彩，观实力。

体验情境（序厅：冬奥成功，实力铸就）。

视频情境一：《世界感谢“真正无与伦比”的北京冬奥会》。

探究活动：“话说精彩”。

设置问题：看完来自世界的感谢与评价，你有什么感受？

思考总结：冬奥的成功是中国实力的铸就。

（一）冬奥成功，实力铸就

情境素材一：

“数说冬奥”：国家速滑馆的“冰丝带”、首都体育馆二氧化碳跨临界制冰技术，为各国运动员支撑建造了“最美、最快的冰面”；节能和清洁能源车辆在全部车辆中占比85.8%，为历届冬季奥运会最高；烹饪和传送全自动化，出餐服务24小时全天午休；北京冬奥会耗资2000亿元人民币，带动全国3亿人参与冰雪运动，冰雪产业前景逼人；国际奥委会主席巴赫对北京冬奥会筹办工作评价颇高。

情境素材二：

“图解冬奥”：北京冬奥会场馆设计、北京冬奥会上的中国高科技、北京冬奥会吉祥物全球热卖、北京冬奥会中国奖牌数的新突破、北京冬奥会中国健儿的精彩表现……

设置问题：请圈点本次冬奥会的精彩之处，说说从这些精彩中，你看到了中国的哪些实力。

思考总结：在北京冬奥会、冬残奥会上，中国设计、中国技术、中国材料、中国制造、中国建造创造出一个又一个“世界一流”：国家速滑馆

“冰丝带”编织出世界上跨度最大的马鞍形“天幕”，能形成最完整、最均匀、最快速的冰；国家雪车雪橇中心自主建成全球第一条360度回旋赛道，打破了国外对混凝土喷射工艺的垄断；“雪游龙”“雪如意”“雪飞天”“冰立方”“冰菱花”为运动员高水平竞技提供了高质量舞台。北京冬奥会的精彩，见证了祖国的实力。

设计意图：引导学生在活动参与中，有效提取关键信息，积极探究思考，潜移默化地引导学生在北京冬奥会的各项成功中增强民族自信心和自豪感。

过渡：今天的中国，实力雄厚。回望过去，42年前，中国首次参加冬奥会。请同学们欣赏图片，聆听图片背后的故事。

环节二：思变化，明原因。

故事情境：讲述“冬奥故事”。

42年前的今天，第十三届冬季奥运会在美国普莱西德湖举行，这也是新中国第一次参加冬奥会。从中国奥委会宣布参加冬奥会那一刻算起，距离普莱西德湖冬奥会的开幕仅有77天。时间仓促，中国在短短时间内，组建了由李梦华担任团长、何振梁担任副团长，来自吉林省、黑龙江省的6名教练员和28名运动员组成的中国代表团。28名运动员参加了速度滑冰、花样滑冰、越野滑雪、高山滑雪和现代冬季两项5个大项比赛。当时中国的冰雪运动还没有普及，装备十分匮乏。与现在完备的训练支持相比，第一次参加冬奥会时中国运动员的训练环境十分简陋。以滑冰为例，由于没有室内滑冰场，所有的训练都在户外，最冷的时候运动员们在零下20摄氏度进行户外训练，遇到刮风下雪都不停止。代表团成员每人配备了两件棉服，蓝色棉服成为运动员在开闭幕式时穿着的服装，胸口还别上了一枚鲜艳国徽。虽然，最后中国运动员所参加的18个小项中没有一人进入前六名，但这一次冬奥会，对中国奥运有着里程碑式的意义。

旗手赵伟昌在接受近期的媒体采访时说：“我的心情非常澎湃，那时候我们就希望中国能够举办奥运会，而今，梦想成真了。”

过渡：从第一次参加冬奥会的落后无名，到夺得首枚奖牌，再到夺得首枚金牌，再到北京成为“双奥之城”……时光流转，中国让世界看到了自己奇迹般的变化。

（二）冬奥历程，奇迹寻因

教师引导：请同学们自主阅读教材并探究北京冬奥会发生奇迹的原因。

设置问题：请结合国情和教材，思考北京冬奥会奇迹发生的原因。

具体要求：请各小组成员围绕问题，看书寻找答案，时间为5分钟；每组推选一名发言人进行总结发言。

思考总结：北京冬奥会奇迹的发生，并不是偶然，而是中国一直坚持走和平发展道路的必然结果。自新中国成立以来，我国坚持奉行独立自主的和平外交政策，使一些国家对我国由敌视、不理解逐步转化为友好相处，中国迈着稳健的步伐走上了世界舞台（原因一：和平、独立固根基）。为了谋求国家发展，中国做出了改革开放的伟大抉择，对内改革，破除藩篱；对外开放，从跟跑到领跑，中国走上了一条强国之路。利用创新动力驱动国家日新月异的发展，中国前进的车轮滚滚向前（原因二：改革创新谋发展）。这些奇迹的书写更离不开每一代每一个中国人的爱国担当、艰苦奋斗（原因三：我们都是圆梦人）。

设计意图：引导学生从北京冬奥会的中国历程，思考变化背后的原因，理解中国走和平发展道路的意义，增强其政治认同感。

（三）从冬奥看中国

图文情境一：了解中国从站起来、富起来到强起来的标志性事件。

站起来：中华人民共和国成立、抗美援朝保家卫国、万隆会议、加入世界性组织。

富起来到强起来：改革开放、深圳的发展变化、中国创造走向世界、“一带一路”建设。

探究活动：由北京冬奥会放眼中国变化。

思考总结：中国在坚定不移地走和平发展道路的过程中，实现了由站起来、富起来到强起来的伟大飞跃。我国仅用几十年时间就走完了发达国家几百年走过的工业化历程，创造了经济快速发展和社会长期稳定两大奇迹。特别是自党的十八大以来，我国经济实力、科技实力、综合国力跃上新台阶，国内生产总值突破百万亿元大关，人均国内生产总值超过一万美元，连续多年稳居世界第二大经济体、制造业第一大国、货物贸易第一大国，为成功举办北京冬奥会、冬残奥会打下坚实物质基础。

视频情境二：国之栋梁人物志——《中国脊梁》诗朗诵。

探究活动：致敬中国脊梁，我想对您说。

设置问题：如果可以进行时空对话，你想对他们或他们中的某一位说点什么？

思考总结：因为有了他们为国分忧的赤诚，祖国才壮丽恢宏、根基永固；因为有了他们百折不挠的无畏，祖国的大道才宽广坦荡、前程远大。大海的辽阔，是因为每一滴海水的汇聚；高山的巍峨，是因为每一块山石的挺立。中国脊梁是谁？是那些脚踏实地为民族的进步而奋斗甚至牺牲的人们，是你，是我，是他。致敬中国脊梁。

设计意图：通过“国之栋梁人物志”的情境创设，思考中国变化的推动力量，形成中国人的身份认同感，激发同学们的爱国情怀。

过渡：透过北京冬奥会的窗口，我们看到了一个不断推进高水平对外开放的中国在与世界“双向奔赴”，推动中国与世界双赢。商务部研究院国际市场研究所副所长白明对《环球时报》记者表示，北京冬奥会的影响将会推动中国冰雪市场和冰雪产业长期、可持续的发展。

二、变化中的世界

（一）中国是世界的一部分

图文情境：中国与世界的积极互动与合作。

探究活动：从多角度体验感悟在北京冬奥会上，中国与世界的积极互动和相互影响。

设置问题：请找出北京冬奥会上，中国与世界的积极互动与合作，说说对双方的影响。

思考总结：中国是世界的一部分，无论是为世界呈现这场精彩绝伦的体育盛宴，还是与世界各国广泛密切的多领域合作，我们清晰地看到“中国好，世界才更好”。中国的发展道路，是一个和平发展、合作共赢的新路。当代中国既通过争取和平的国际环境来发展自己，也通过自己的发展来促进世界和平。中国坚定不移地奉行互利共赢的开放战略，是基于自己的基本国情和文化传统，基于自己国家的根本利益和长远利益的正确抉择。

过渡：当今世界，国与国之间并不只有团结合作的一面，请同学们一起走进展厅三，听听来自世界的不同声音。

（二）从冬奥看世界

体验情境：（展厅三：从冬奥看世界）。

图文情境：“不和谐的声音”。

临近北京冬奥会开幕，陆续出现了一些逆北京冬奥会潮流的杂音。先是美国炮制所谓的“抵制北京冬奥会”，宣布不会派出美国官方代表团参加2022年北京冬奥会，英国、加拿大、澳大利亚也追随美国。同时，公然违背两国建交的政治承诺，被中国政府决定将外交关系降为代办级的立陶宛政府也小动作不断。

教师引导：这些不和谐的声音威胁着世界的和平与发展。

探究活动："探声寻危"。（请在世界地图上张贴全球危机标签）

设置问题：你认为今天的世界存在哪些共同的问题和挑战？请书写并上台张贴全球危机标签。

思考总结：放眼世界，经济脆弱、气候变化等挑战突出，人类唯有共同合作，才会有更加美好的明天。

设计意图：让学生直观地感受到各国共同面对的危机与挑战，增强人类命运共同体的意识。

图文情境：奥林匹克格言"更高、更快、更强、更团结"。

探究活动：解读格言。

教师引导：世界将朝着什么方向发展？北京冬奥会以和平、友谊和团结精神将世界凝聚在一起，架起沟通交流的桥梁，书写弘扬全人类共同价值、构建人类命运共同体的新篇章。

三、一起向未来

（一）"世界大同，天下一家"：中国担当

图文情境：北京冬奥会开幕式的"雪花"——写着所有代表团名字的小雪花共同构成的一朵"大雪花"，寓意"世界大同，天下一家"。从"一起向未来"的口号到为世界呈现精彩绝伦的共享盛宴；从一簇微火，见微知著，践行中国"全面实现碳中和"的承诺，到绿色办奥实现场馆再造利用，创新科技实现低碳化、零排放；从与世界携手一同抗疫到与世界合作共赢，拉动全球冰雪经济，中国始终以行动向世界诠释"一起向未来"的"中国路径"。

视频情境：中国声音里的“合”意与“和”声。

探究活动：寻找应对全球危机的中国方案。

设置问题：请寻找应对全球危机的中国方案，说说你眼中的中国担当。

思考总结：中国担当践行着中国走和平发展道路，不称霸、不结盟的誓言，将自己作为一股推动世界和平与发展的力量，在世界百年未有之大变局中发挥积极的影响；中国担当传递着一起向未来、构建人类命运共同体的责任与智慧，世界各国命运与共，顺应时代潮流、携手共进，人类才会有更加美好的未来。

设计意图：以活动“寻找应对全球危机的中国方案”看中国担当，感受中国走和平发展道路的世界意义，升华对一起向未来的认识。

音乐情境：欣赏北京冬奥会开幕式主题曲《雪花》。

（二）“一片雪花的故事”：个人担当

设置问题：请将自己置身于祖国和世界的未来场景之下，如果你是一片飘洒天地的雪花，你打算怎样贡献自己的一份力量，与祖国、与世界一起走向未来?

设计意图：通过分享活动“一片雪花的故事”，引导学生思考个人担当，让他们把个人理想与中国梦、世界和平发展联系起来，勇于承担个人的责任。

升华主题：眼下北京冬奥会的火炬虽已熄灭，但“一片雪花”的故事仍在不断讲述。“一起向未来”已不仅仅是一届体育盛会的口号，而成为百年变局中，中国面向世界的鲜明宣示。在“一起向未来”、构建人类命运共同体的中国方案与中国智慧中，中国正与世界一起书写着更为意蕴深远的时代篇章。

考核评价

一、知识考核

通过课堂提问、课后练习、考试等方式对学生掌握本专题相关基本知识的情况进行考核评价。

二、能力考核

通过课堂讨论、课堂展示等方式考查学生是否具备运用马克思主义的立场观点和方法分析和解决中国如何更好坚持和平发展道路的问题的实际能力。

三、考核模式

将过程考核和结果考核相统一，进行综合评价；将教师评价和学生评价相结合，发挥学生在考核中的主体作用。

资源链接

1. 秦婧，杨帆，陈地. 冬奥之火点亮中国冰雪产业［N/OL］. 新华网，（2022-02-12）［2022-05-18］.http：//he.news.cn/xinwen/2022-02/12/c_1128360168.htm.

2. 丑则静. 弘扬奥运精神，团结应对挑战［N/OL］. 光明网，（2022-02-19）［2022-05-18］. https：//news.gmw.cn/2022-02/19/content_35529071.htm.

3. 张近山. 团结携手，一起向未来［N］. 人民日报，2022-02-11（4）.

4. 叶小文. 一起向未来，建设人类命运共同体［N］. 中国青年报，2022-02-22（10）.

初中段：经济全球化与世界多极化趋势

教学目标

基于我国当前正深入参与国际竞争与合作、参与全球治理的时代背景，通过本课的学习，学生需要了解经济全球化的含义，能够列举经济全球化的主要表现，学会辨识国际经济中的比较优势，掌握影响经济全球化的主要因素；正确认知世界多极化趋势和国际竞争的特点，能够描述世界多极化趋势和把握国际形势演变规律，树立科学精神；关注我国在国际竞争中的地位，培养学生的公共参与意识，并且为接下来经济全球化和世界多极化浪潮下我国的机遇与挑战等更加深入的知识做理论奠基。

教学内容

一、经济全球化

（一）经济全球化的历史脉络

（二）经济全球化的现实表现

（三）经济全球化的发展趋势

二、世界多极化

（一）世界多极化的历史演变

（二）世界多极化的当前格局

（三）世界多极化的未来走向

教学重难点

一、教学重点

认知经济全球化与世界多极化的历史过程和现实表现。

二、教学难点

厘清经济全球化与世界多极化的意义、影响及其发展趋势。

学情分析

一方面，初中阶段学生已经对经济全球化带来的产品和消费的多样性、世界多极化背景下大国博弈的国际政治现状有了一定程度的感性体验；另一方面，学生对经济全球化、世界多极化的历史过程、现实表现和未来趋势还缺乏系统性认识。因此，此次主题教学需要继续发挥学生的主体作用，引导学生在诸多历史和现实情境中进行独立思考与合作探究，进而构建起对经济全球化、世界多极化的历史过程、现实表现和未来趋势的科学认识。

设计思路

教师围绕“经济全球化与世界多极化”这一主题，分为“经济全球化”和“世界多极化”两个单独篇章，以议题式教学法和小组合作探究贯穿教学过程，引导学生厘清经济全球化、世界多极化的历史过程、现实表现和未来趋势。具体图示如下：

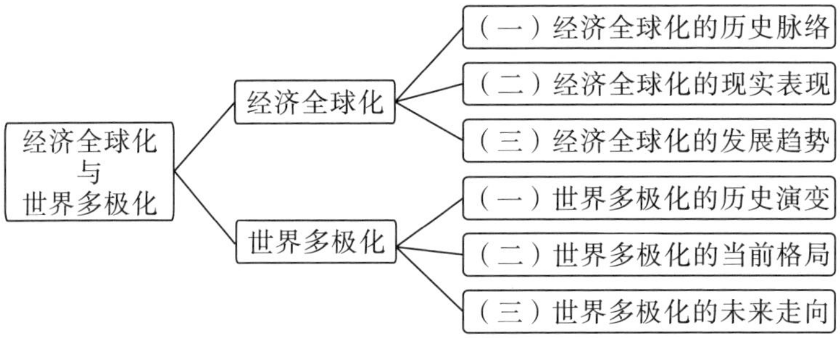

实施方案

一、经济全球化

（一）经济全球化的历史脉络

导入：展示土豆、番茄、玉米、红椒的照片。

提问：你知道这些食物的原产地是哪里吗？它们是什么时候传入我国的？

1．新航路开辟——世界市场，雏形初现

视频展示：《新航路的开辟》。

材料：从16—18世纪，西班牙从拉丁美洲掠取了255万公斤的黄金和1亿公斤的白银，葡萄牙仅从巴西就掠夺了至少价值6亿美元的黄金和3亿美元的钻石。英国东印度公司除了在东印度拥有政治统治权，还拥有茶叶贸易、同中国的贸易和对欧洲往来的货运的垄断权。而印度的沿海航运和各岛之间的航运及印度内地的贸易，却为公司的高级职员所垄断，对盐、鸦片、槟榔和其他商品的垄断成了其取之不尽的财富和矿藏。这些职员自定价格，任意勒索不幸的印度人。

思考：新航路的开辟和殖民主义的发展，为世界经济带来了什么影响？

2．工业革命——世界市场，初步形成

材料：1824年《英普条约》规定：两国船只在彼此港口中所征关税平等。拿破仑三世全面、大幅度地降低商品进口关税，废除第一帝国以来的关税保护政策。1860年英法签订自由贸易条约，消除两国间的贸易壁垒。此后，法国与比利时、德国等欧洲国家签订类似条约。

合作探究：工业革命给人们的生活带来了什么影响？《英普条约》制定的原因和影响是什么？

通过学生讨论得出，确立“自由贸易、消除关税壁垒这些国际经济交流基本准则”成为相续走向工业化国家的共识。而其原因在于各国在工业革命发生后对本国工业品国外市场的需求。从英法两国产品的互补性可以看出这种自由贸易的共赢性。

教师总结：第二次工业革命极大地促进了世界经济的整体化趋势，局部性的国际交流发展为全球性的沟通，分散的、局部性的世界变成互动的、连成一体的整体世界。可以说经济全球化在新航路开辟后出现雏形，第一次、第二次工业革命使其最终形成。

（二）经济全球化的现实表现

教师：在日常生活中，从家电、汽车到服装、食品，“洋货”随处可见；我国制造的商品也走出国门，世界各地都可以买到中国货。我们几乎处处能感受到经济全球化潮流的影响。那么，“经济全球化”有哪些表现呢？

1．生产全球化

镜头一：波音787的全球化生产。波音787是一个全球化生产的飞机型号。单从飞机结构和发动机来说，共有9个国家的12个公司参与。

教师：为什么一件商品由许多国家共同生产呢？材料体现了经济全球化的什么表现呢？

学生：生产全球化；各国共同协作完成生产活动。

教师总结：

经济全球化表现一——生产全球化。生产领域的国际分工与协作的不断深化、加强，世界各国的生产相互联系、相互协作，各国的生产活动成为世界生产链条中的一个环节，充分发挥了各国的比较优势。

【知识拓展：比较优势】

比较优势，又叫相对优势。若一国在两种商品的生产上都处于劣势地位，那么相比之下劣势较小的产品生产上具有的优势即为其比较优势。比较优势理论认为国际贸易的基础是生产技术的相对差别（而非绝对差别），以及由此产生的相对成本的差别。每个国家都应根据“两利相权取其重，两弊相权取其轻”的原则，集中生产并出口其具有“比较优势”的产品，进口其具有“比较劣势”的产品。

2. 贸易全球化

镜头二：国产游戏海外市场销售。

材料：近年来，国产游戏出海已成为中国游戏产业重要的增长来源，数据显示，2021年中国自主研发游戏海外市场实际销售收入达180.13亿美元，比2020年增加了25.63亿美元，同比增长16.59%。近期，在元宇宙的加持下，游戏板块也成为二级市场上涨迅速的板块之一。数据显示，网络游戏指数2021年四季度以来，截至2021年12月22日收盘涨幅达34.34%，同期沪深300指数涨幅0.99%、上证指数涨幅1.53%。

教师：材料体现了经济全球化的什么表现呢？

学生：市场交易方面的全球化。

教师总结：经济全球化的表现二——贸易全球化。国际贸易的规模迅速扩大，参与交换的商品种类越来越多，此外，服务、资本、技术、劳务也进入了交易范围并且快速发展。

【知识拓展：国际贸易】

贸易一旦跨越关境就会成为国际贸易，国际贸易主要包括出口贸易、进口贸易、转口贸易、过境贸易等形式。出口贸易将本国所生产或加工的商品输往国外市场进行销售。进口贸易将外国商品输入本国市场进行销售。转口贸易是商品生产国与商品消费国不直接买卖商品，而是通过第三国进行商品买卖。过境贸易是指商品生产国与消费国之间进行的商品买卖活动，其运输如果必须通过第三国国境，对第三国而言，就构成了该国的过境贸易。

教师：国际贸易离不开货币，但是不同国家（地区）往往使用不同的货币，货币不同如何进行国际贸易呢？

学生：各国货币在统一的国际市场体系下自由交易和兑换。（引出金融全球化）

3．金融全球化

镜头三：人民币国际化以及我国的外资金融机构。

材料：中国银行业协会发布的《人民币国际化报告（2020）》显示，2020年，随着我国跨境人民币政策不断优化，人民币跨境使用便利化程度又上新台阶。人民币跨境结算规模快速增长，在跨境收支中的使用比例创历史新高。报告认为，在全球疫情的背景下，美国联邦储备系统、欧洲中央银行在货币政策方面均保持宽松。而我国的货币政策则“以我为主，稳字当头”。利率、汇率均在全球市场中保持较强的稳定性，人民币“全球避险资产”的功能逐步显现，越来越多的境外主体和资金选择进入我国金融市场。

外资金融机构在我国占有一定比例。中国银保监会2021年9月7日公布，截至2021年上半年，外资银行在华共设立41家外资法人银行、115家外国银行分行和139家代表处，营业性机构总数达930家，外资银行总资产3.73万亿元（人民币）。2018年以来，银保监会批准外资来华设立各类银行保险机构100余家。外资保险公司总资产1.94万亿元。

教师：材料体现了经济全球化的什么表现呢？

教师总结：经济全球化的表现三——金融全球化。伴随着生产和贸易全球化，国际金融市场迅速扩张，形成了以国际金融中心为依托，通过信息网络运行的、全球统一的、不受时空限制的、国内外金融市场相互贯通的、无国界的全球性金融市场。

【知识拓展：国际金融中心】

国际金融中心是指聚集了大量金融机构和相关服务产业，全面集中地开展国际资本借贷、债券发行、外汇交易、保险等金融服务业的城市，如纽约、伦敦、上海、东京、香港等金融中心。

（三）经济全球化的发展趋势

1．经济全球化的影响

教师：请同学们思考一下，大到世界各国，小到我们个人，经济全球化都给我们带来了什么影响呢?

学生：预设学生自由回答多为积极影响。

教师：经济全球化一定会使世界各国普遍受益吗?

展示PPT：展示图片——文明冲突、贫富差距、利益失衡、能源危机、环境污染、恐怖袭击、跨国犯罪、疾病传播、难民问题、贸易壁垒、粮食危机。

学生探究：经济危机的破坏性和传染性增强、破坏发展中国家的环境引起生态危机、全球范围内文明和价值观冲突加剧、反全球化浪潮和反对全球化的示威者等。（将全球化带来的问题与自己身边的事物联系起来，使学生对经济全球化的影响有更直观的认识）

教师总结：经济全球化扩大了世界各国的贫富差距，其实质是发达国家主导下的资本在全球范围内的新一轮扩张。

教师：那么全球化究竟是利大于弊还是弊大于利?（了解人们对经济全球化问题的不同反应，引发学生思考原因，自然过渡到对经济全球化的思考和正确认识）

学生：分为两组进行辩论，阐明己方观点，分析对方观点的漏洞，并做适当发挥，进行攻辩。通过辩论引导学生多角度的思考，学生从而更深刻地认识经济全球化的影响，同时培养学生思考、组织问题的能力及应变能力。引导学生认识到经济全球化是当代生产力发展的要求和必然结果，增强面向世界、积极参与国际合作竞争、促进世界和平与发展的信念与责任感；认识到在经济全球化的今天，中国应当抓住机遇，迎接挑战。

教师总结：强调经济全球化是生产力发展的必然结果，是无法改变的历史趋势；经济全球化是一把双刃剑，有利有弊，既是机遇又是挑战；要建立起公正合理的国际经济、政治新秩序，对经济全球化因势利导、趋利避害，促进世界共同繁荣。

2．经济全球化浪潮中的中国

教师：中国也是发展中国家，那么中国是如何在经济全球化的浪潮中抓住机遇、迎接挑战的呢?

展示PPT：在顺应经济全球化的同时，中国制定了防范风险的有效政策，引进国外的资金和技术，学习先进的管理经验，促进了经济的高速发展。中国顺应经济全球化的历史潮流，把对外开放作为基本国策，积极有效地应对经济全球化所带来的机遇和挑战，取得了举世瞩目的成绩。（改革开放，科教兴国，引进技术、资本、管理经验，调整产业结构，利用国际规则保护自己，加强区域间经济合作，营造稳定环境）

教师：中国企业在参与经济全球化中有哪些精彩表现?（设置为课前任务）

学生：分享海尔、华为等公司抓住机遇、迎接挑战的典型事例。

教师总结：对经济全球化，中国除了正视和积极参与之外，没有别的选择。我们决不能因为经济全球化给我们带来种种的弊端和可能的风险而企图置身事外。历史证明，闭关锁国必将导致落后，落后就会挨打。我们既应该看到全球化带给我们的严峻挑战，同时也更应该看到它给我们带来的难得的发展机遇。从一定意义上来讲，中国改革开放四十多年来取得的巨大成就，就是积极参与经济全球化的结果。

二、世界多极化

（一）世界多极化的历史演变

教师：大家知道，冷战结束后，和平与发展成为当今时代的主题。但是可以看出这个世界仍不太平，地区冲突、恐怖袭击、民族矛盾、局部战争层出不穷，这些都成为威胁世界安全的因素。那么冷战结束后，形成了怎样的世界格局呢？带着这些问题，我们开始学习今天的新课。

1．霸权主义与地区冲突

材料一：1999年3月24日，以美国为首的北大西洋公约组织（简称“北约”）开始对南斯拉夫联盟（简称“南联盟”）进行空中打击，科索沃战争爆发。在持续78天的轰炸中，5月8日凌晨北约军队采用B-2隐形轰炸机投下五枚攻击导弹，有目的地轰炸了我国驻南联盟大使馆，当场有三位记者死亡，数十人受伤，大使馆被夷为平地，现场惨不忍睹。

材料二：2003年美国以伊拉克拥有大规模杀伤性武器为借口，未经联合国授权，发动入侵伊拉克的战争。2018年美国以叙利亚使用化学武器为借口，对叙利亚进行空袭。

教师：通过以上事例，总结霸权主义与地区冲突产生的主要原因。就冷战后美国的一系列所作所为来看，其目的是什么？

学生：第一，以美国为首的西方国家奉行霸权主义和强权政治，引发国际冲突和战争。第二，美国的目的是唯我独尊、称霸世界。

2．多极化发展趋势

材料一：当今的世界格局仍处于一个过渡期，在这个过程中出现了权力的转移和扩散，权力从传统强国欧美向新兴大国转移，并扩散至其他地区力量中心，世界格局有进入“碎片化”时代的征兆。

——2011年《国际形势黄皮书》

展示图片：欧盟、日本、中国和俄罗斯等国家及国际组织在国际事务中发挥着重要作用，推动世界朝着多极化方向发展。

教师：现在世界的政治格局是什么？发展的方向是什么？

学生：一超多强；朝着多极化方向发展。

材料二：美国加州大学伯克利分校经济学教授劳拉·泰森（Laura Tyson）说过：全球经济已经变得相当“多极化”，不再“单单依赖美国这台发动机”。更为重要的一点，新兴经济体的贡献越来越大，其占全球经济的比重已历史性地达到50%。而在新兴经济体中，亚洲无疑是最具活力的地区之一。

材料三：“极”，指的是综合国力强、对国际事务影响大的国家或国家集团。

教师：据材料，说说政治多极化的形成基础是什么。

学生：经济全球化。

教师总结：多极化也可以说是经济多极化，经济多极化促进了政治多极化的形成，是政治多极化形成的根源。

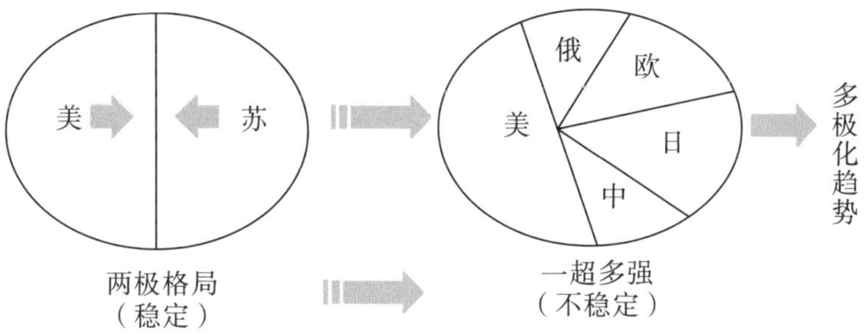

（二）世界多极化的当前格局

1．世界多极化的概念

世界多极化：所谓“极”指的是综合国力强、对国际事务影响大的国家或国家集团；所谓“化”是指一种发展趋势，表明在多极格局形成之前有一个相当长的过渡期。多极化发展并不是偶然的，其根源于世界经济力量的多极化发展趋势。当前格局：一超多强，多极化趋势加强。新的世界格局尚未形成，处于新旧格局交替时期。

2．世界多极化的表现

材料一：有人说，冷战如一场大洪水，虽然已经退去，但它席卷之处留下的“伤痕”犹在。一些地区性冲突至今难以合理解决，继续影响着地区局势的发展；从两极格局至新格局出现之前的过渡期内，地区战乱和冲突不断；留存于世的大量大规模杀伤性武器，仍在危及人类的安全……这些，不妨称为“伤痕遗产”。

材料二：某论著对“世纪之交的世界格局”用表格做了如下归纳。

背景	苏联解体，冷战结束
“一超”	美国成为唯一的超级大国，力图建立单极世界
“多强”	西欧联合为欧盟，成为世界上最大的经济实体之一，尤其是法、德，实力很强
	日本的崛起，日本成为经济大国从而谋求政治大国地位
	苏联解体后，俄罗斯拥有强大的军事实力，经济好转，仍不失为大国
	中国政治经济建设取得重大成就，综合国力增强，国际地位提高

合作探究：根据材料一，简析冷战退去的直接原因是什么。材料二表格反映的世界格局重大变化是什么？为了达到建立单极世界的目的，美国对外采取了哪些行动？达到了它既定的目的了吗？

学生：直接原因：1991年，苏联解体。变化：苏联解体，两极格局结束。行动：实施霸权主义和强权政治，采取一系列的军事行动，发动多起战争。最终，美国没有达到目的。

教师：展示2001年“9·11”事件、2001年阿富汗战争图片和2003年伊拉克战争图片，并设问：战争给美国带来了什么？

教师总结：战争损耗了美国的经济、军事实力，使其国际威望大大降低，在此期间，世界多种力量在迅速发展和崛起。世界多极化的趋势继续发展，暂时形成“一超多强”格局。冷战结束后，美国成为世界上唯一的超级大国。中国、欧盟、俄罗斯和日本成为多极化国际格局中不可忽略的重要力量。进入21世纪以来，以金砖国家为代表的新型国家不断壮大，推动国际格局向多极化发展。

（三）世界多极化的未来走向

1．世界舞台上的中国

观看视频：《中国日益走近世界舞台中央》。

教师：结合视频从中国的发展、中国的贡献、中国的地位和作用三个角度，谈谈你对中国“日益走近世界舞台中央”的理解。

学生讨论回答：教师点评学生的回答，引导学生纠正、补充，形成较完整的答案。

教师总结：

中国的发展：中国坚定地走中国特色社会主义道路，坚持改革开放，综合国力不断增强。中国的贡献：中国提出共建“一带一路”倡议，发起创办亚洲基础设施投资银行，倡导构建人类命运共同体，促进全球治理体系变革。中国的地位和作用：中国的国际影响力、感召力、塑造力进一步提高，日益走近世界舞台的中央，为世界和平与发展做出新的更大的贡献。

2．发展中国家的崛起及对世界做出的贡献

材料一：发展中国家通常指包括亚洲、非洲、拉丁美洲及其他地区的

130多个国家，占世界陆地面积和总人口的70%以上。尽管人均GDP相对较低，但经济、贸易的总额不容小觑。

材料二：20世纪50年代中期，发展中国家作为一支新生力量参与国际事务，开展维护国家主权、反对强权政治、变革国际旧秩序的联合运动。第二次世界大战后至今没有发生世界性战争，发展中国家和人民的反对是重要原因之一。

材料三：20世纪50年代以来，发展中国家掀起了“发展运动”。其主要任务是变革以控制和掠夺为核心的国际经济旧秩序，建立公平合理的国际经济新秩序；其行动主要体现为南北对话和加强南南合作，重点是南南合作实现联合自强。

教师：结合上述材料，谈谈为什么发展中国家能够成为世界格局中的重要力量之一。

学生讨论回答：教师点评学生的回答，引导学生纠正、补充，形成较完整的答案。

教师总结：发展中国家在人口、经济、贸易等方面占有举足轻重的地位。发展中国家是反对世界霸权主义和强权政治、促进世界和平与发展的重要力量。广大发展中国家积极开展南南合作，推进南北合作，共同应对全球性挑战，实现联合自强，成为推动建立公正合理的国际政治经济新秩序的主力军。

3．世界多极化国际格局的特点及影响

材料一：当前，国家之间相互依存的程度日益加深，国际上各种力量相互制约，某些大国出于自身安全的考虑而不敢贸然发动战争。

材料二：当前，美国是唯一的超级大国，妄图借助美元和美军主宰世界，操纵国际事务。近年来先后发动了海湾战争、科索沃战争、阿富汗战争、伊拉克战争、利比亚战争、叙利亚战争等。

材料三：在世界多极化和经济全球化的背景下，逐渐呈现出一超（美国）多强（欧盟、俄罗斯、日本、中国等）的态势。一方面，美国已经不能完全凭一国意愿掌控国际局势；另一方面，发展中国家和新兴大国的力量逐渐增强，各国（包括发达国家）不得不更多通过外交等民主协商的机制来处理国际事务。

教师：结合上述材料，谈谈世界多极化的发展呈现出哪些特点及影响。

学生讨论回答：教师点评学生的回答，引导学生纠正、补充，形成较完整的答案。

教师总结：从发展趋势看，世界多极化发展是建立在多种力量相互依存、相互制约基础上的，有利于世界的和平与发展（前途是光明的）。从发展道路看，世界多极化的发展将是一个漫长的曲折的充满复杂斗争的演变过程，单极与多极的矛盾，将在一个相当长的时期内存在（道路是曲折的）。从国际体系看，在世界多极化加速推进过程中，传统国际体系正在发生深刻变革与调整。随着经济全球化的发展，发展中国家和新兴大国力量逐渐增强，国际政治中的权力关系正在经历变化，国家关系朝着民主化方向发展。

高中段：洞察世界格局之变迁

教学目标

通过关注国际时事，了解全球性问题给世界和平与发展所带来的挑战；搜集霸权主义和强权政治在国际社会诸多领域中的不同表现，阐述霸权主义和强权政治对世界和平与发展所造成的严重危害；明确国际关系民主化对促进世界和平与发展的重要意义，了解中国在推动国际关系民主化进程中所做出的积极努力和重要贡献。通过研究性学习、角色扮演、课堂探究活动等学习方式剖析国际形势，感悟当今时代背景下，大国应有的责任与担当，增强公共参与意识、提升公共参与能力。

教学内容

一、当今时代的主题：和平与发展

二、反对霸权主义和强权政治

（一）霸权主义和强权政治的含义

（二）霸权主义和强权政治的表现

（三）霸权主义和强权政治的本质

三、建立国际新秩序，倡导国际关系民主化

（一）建立国际新秩序

（二）倡导国际关系民主化

教学重难点

一、教学重点

霸权主义和强权政治的实质。

二、教学难点

和平发展道路、国际关系民主化的意义和要求。

学情分析

通过前段时间的学习，学生已经对国际关系、时代主题有了较为全面的认识，具备一定的知识基础。高中段学生知识积累增多，社会接触面扩大，热衷关注时事热点，理性思维与逻辑推理能力明显提高，容易接受新生事物，对本课设置的“时代之问、时代之困、时代之潮”等议学活动会比较感兴趣。经过前期的学习积累，学生具备了一定的政治素养，但在分析国际形势、我国的和平发展道路等方面，学生的认知水平和科学精神仍显不足。为此，本节课通过议题式教学努力让学生经历一个相对完整的问题发现、分析、解决和发展的认识过程，自觉生成知识的同时理性看待和理解中国的外交行为，增强政治认同。

设计思路

一、设计理念

《普通高中思想政治课程标准（2017年版2020年修订）》指出，要构建以培育核心素养为主导的活动型学科课程。活动型学科课程是指：“学科课程采取包括社会活动在内的活动设计的建构方式，即课程内容活动化；或者说学科内容的课程方式就是一系列活动设计的系统安排，即活动设计内容化。”本课在设计时即以此理念为指导，关注培育学科核心素养的同时，力图将课程内容和课程活动有机地结合起来。具体而言，围绕议学情境，设置了三个议题：“时代之问——这是一个怎样的时代”“时代之困——霸权主义、强权政治有所上升”“时代之潮——全球治理中的大国担当”，旨在引导学生理解霸权主义、强权政治的内涵、本质，深刻把握促进和平与发展的因素，培养学生“解释与认证”“预测与选择”“辨析与评价”等能力。设计课堂活动，从小组开展研究性学习到时政述评，做到“课程内容活动化、活动设计内容化”，让学生在活动中理解知识，培养政治认同和科学精神。

二、思维导图

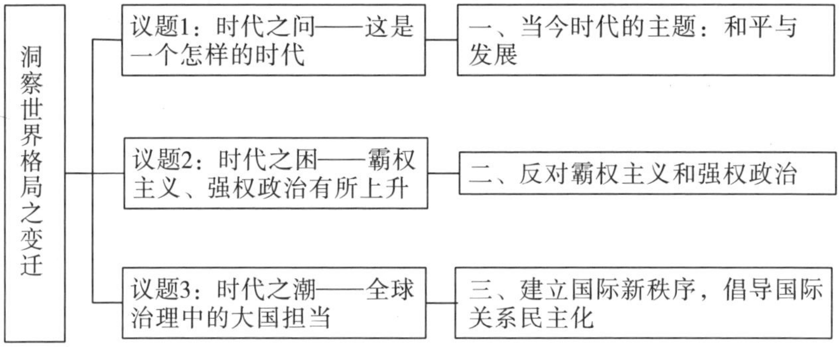

实施方案

当今世界正处于大发展大变革大调整时期，和平与发展仍然是时代主题。但当今世界的和平与发展问题至今还未得到充分解决，霸权主义和强权政治是解决和平与发展问题的主要障碍。为了和平与发展，必须坚决反对霸权主义和强权政治，改变旧的国际秩序，建立以和平共处五项原则为基础的有利于世界和平与发展的国际新秩序。

议题一：时代之问——这是一个怎样的时代？

议学情境：

材料：近年来，阿富汗局势发生重大变化。美军仓促撤离造成的混乱，成为美国发动的阿富汗战争留给世人最深刻的记忆之一。

二十年阿富汗战争显示，美国“新干涉主义”注定不可能成功。2001年10月，美国以反恐为名带领盟友入侵阿富汗。二十年来，阿富汗战争是美国历史上持续时间最长的战争，不仅给美国带来旷日持久的巨大消耗，更是给阿富汗人民带来了深重灾难。

二十年阿富汗战争显示，美国的作用是破坏而不是建设。二十年来，10多万阿富汗平民在美军及其盟军的枪炮之下伤亡，1000多万人流离失所。阿富汗战争平均每天造成6000万美元损失，严重拖累阿富汗经济社会发展。长年战乱导致阿富汗经济凋敝，造成约72%的民众生活在贫困线以下，失业率高达38%。无论是伊拉克、叙利亚，还是阿富汗，美军所到之处，留下的都是动荡分裂、家破人亡。

议学活动：有人说“这既是一个最好的时代，这又是一个最坏的时代”。结合材料，谈谈你认为这是一个怎样的时代。

学生1：战争给阿富汗人民带来了深重的灾难，成千上万人失去生命、流离失所，经济遭到严重破坏。从这个意义上来说，这是一个最坏的时代。

学生2：阿富汗战争表明，当今世界仍不安宁，战争和冲突仍然存在，但这种战争和冲突是局部的、区域性的，第二次世界大战后国际形势总体稳定，世界范围内的战争没有发生，总体来说这是一个最好的时代。

学生3：和平与发展是时代的主题，战争和贫穷依然存在。以我国为例，我们之所以能够全面建成小康社会、取得脱贫攻坚的伟大胜利，根本上得益于和平与发展的国内国际环境。生活在和平与发展的中国，这是一个最好的时代。

议学总结：和平是发展的前提，维护世界和平是人类社会存在和发展的基本条件，战乱和冲突是经济发展的重大障碍。和平与发展是时代的主题，求和平、谋发展是世界上绝大多数国家的共同愿望。但是，和平与发展依然面临严峻的挑战。

一、当今时代的主题：和平与发展

和平与发展是当今时代的主题。第二次世界大战后，国际形势总体稳定，和平因素的增长超过了战争因素的增长，争取较长时期的和平的国际环境具有了现实的可能性。和平与发展是互为条件、相互联系、互相影响。和平是发展的前提。“和平犹如空气和阳光，受益而不觉，失之则难存。没有和平，发展就无从谈起。”[①]和平是发展的前提。人类社会的共同发展，需要国际社会保持持久和平的环境，为各国正常发展和政治经济的往来提供保障。发展是和平的基础。发展是解决一切问题的总钥匙，能够为国际社会的持久和平提供坚实的物质基础；同时，为维系持久和平提供动力。

第二次世界大战结束以来，在相对和平的国际环境中，世界经济有了很大的发展，发展的规模和速度超越了以往任何时期。经济全球化是当今

① 习近平在博鳌亚洲论坛2013年年会上的主旨演讲［N/OL］.（2015-03-29）［2022-03-09］.新华网，http：//www.xinhuanet.com//politics/2015-03/29/c_127632707.htm.

世界的一个基本特征，世界经济发展更加注重提高质量，知识经济方兴未艾，经济可持续发展问题日益受到关注。

邓小平指出："现在世界上真正大的问题，带全球性的战略问题，一个是和平问题，一个是经济问题或者说发展问题。"

议学情境：

材料一：许多国际战略学者认为，新冠疫情佐证了全球化是必须面对的现实、没有选择的选择。疫情或成为经济全球化1.0和2.0阶段的分水岭。

材料二：当地时间2018年12月10日，联合国卡托维兹气候大会举行高级别会议。该届大会重点在于完成气候变化《巴黎协定》实施细则的相关谈判。气候大会呼吁各国齐心协力，在大会上如期拿出气候变化《巴黎协定》的实施细则，留住人类"最后的机会"。

材料三：2020年12月，法国总统马克龙在气候雄心峰会上发言，呼吁各国共同致力于落实应对气候变化的《巴黎协定》，立即行动起来，应对气候变化。

议学活动：结合材料分析促进和平与发展的因素有哪些。

议学总结：经济全球化的发展加深了各国的相互依赖程度，经济上的共同利益不断扩大，共同维护和促进世界和平与发展的意愿不断增强。发展中国家力量不断增强，新兴经济体实力提升，壮大了维护世界和平、促进共同发展的力量。科学技术的进步，极大地改变了国际关系和战争面貌，谈判和对话成为解决冲突的主要手段。随着国际协调机制的不断完善和多边主义的深入发展，国家间交流与合作越来越倾向于选择和平的方式解决国家间的冲突。

议题二：时代之困——霸权主义和强权政治有所上升

议学情境：

材料一：非政府组织研究机构经济与和平研究所发表的2017年度全球

恐怖主义指数报告指出，2016年，全球至少有1人死于恐怖主义的国家达77个，这比过去17年中的任何时候都多，亚太地区恐怖袭击事件由2002年的106起增至2016年的870起。

材料二：联合国粮农组织2018年发布的全球粮食危机报告称，2017年全球共有51个国家，约1.24亿人受到急性粮食不安全的影响，比上一年增加1100万人。

材料三：2020年12月16日出版的《求是》杂志发表了习近平总书记的重要文章《共担时代责任，共促全球发展》，文中指出，世界经济长期低迷，贫富差距、南北差距问题更加突出。究其根源，是经济领域全球增长动能不足、全球经济治理滞后、全球发展失衡三大突出矛盾没有得到有效解决。

议学活动：结合材料分析是什么阻碍了和平与发展的进程？维护和平与促进发展还存在着哪些挑战？

学生1：当今世界，局部动荡频繁发生，还存在能源资源安全、网络安全、贸易摩擦、恐怖主义等全球性问题和挑战。

学生2：当今世界仍然是贫富悬殊的世界，发达国家和发展中国家的贫富差距越来越大，发展中国家普遍存在贫穷和饥饿现象。

议学总结：尽管和平与发展仍然是时代的主题，但当今世界仍然很不安宁，霸权主义和强权政治的阴霾仍然笼罩在世界上空，个别大国常常打着“自由”“民主”“人权”的幌子，侵犯别国主权，干涉别国内政。

二、反对霸权主义和强权政治

（一）霸权主义和强权政治的含义

霸权主义是指大国不尊重弱小国家的主权和独立，蛮横地对别国进行干涉、控制和统治，推行侵略扩张政策，谋求一个地区或世界的霸主地位的行径。强权政治是指一种以强权关系维持国际秩序的资产阶级国际政治。

从20世纪70年代，中国第一次把反霸斗争作为国际关系和国际法的准则提出，受到世界上许多主持正义与热爱和平的国家的赞同。反对霸权主义和强权政治的斗争，已经成为国际关系中的一项重要内容。

议学情境：

材料：第二次世界大战后，美国的经济、军事实力空前增强，美国成为超级大国，充当资本主义世界的霸主。美国先后提出杜鲁门主义、对西欧实施马歇尔计划；建立北大西洋公约组织；实行“第四点计划”，与许多国家签订了一系列军事同盟条约，建立海外军事基地，是目前拥有海外军事基地最多的国家。20世纪50年代发动侵朝战争，20世纪60年代参加越南战争，20世纪80年代则出兵入侵格林纳达和巴拿马。

苏联作为超级大国对外也推行霸权主义政策：出兵捷克斯洛伐克、入侵阿富汗、向第三世界扩张、攫取战略要地；在中国边境集结重兵，制造事端；支持越南侵略柬埔寨等。

议学活动：研究性学习小组搜集典型事例，举例说明霸权主义和强权政治的具体表现及危害。

小组1：1950年6月25日，朝鲜内战爆发。美国政府从其全球战略和冷战思维出发，做出武装干涉朝鲜内战的决定，并派遣第七舰队侵入台湾海峡。1950年10月初，美军不顾中国政府的一再警告，悍然越过三八线，把战火烧到中朝边境。侵朝美军飞机多次轰炸中国东北边境地区，给中国人民生命财产造成严重损失，使中国安全面临严重威胁。值此危急关头，应朝鲜的党和政府请求，中国的党和政府以非凡气魄和胆略做出抗美援朝、保家卫国的历史性决策。[①]

---

① 习近平. 在纪念中国人民志愿军抗美援朝出国作战70周年大会上的讲话［DB/OL］. 新华网，（2020-10-23）［2022-03-09］. http：//www.xinhuanet.com/politics/2020-10/23/c_1126647316.htm.

小组2：2003年，美国凭借经济、军事实力，置联合国安理会于不顾，悍然发动伊拉克战争，其目的是控制石油资源，顽固维护国际政治经济旧秩序，保持其主宰世界的地位。

小组3：“9·11”事件以后，在美国等西方国家的干预下，中东、北非局势日趋恶化，受战争波及的平民为了一线生机，涌向欧洲，以致形成第二次世界大战以来最大规模的难民潮。2014年进入欧洲的难民达到28.3万人，2015年涌入欧洲的难民数量超过1000万人。难民潮给欧洲政治、经济和安全带来巨大冲击，严重威胁欧盟的团结和稳定。

议学总结：霸权主义和强权政治是殖民时代的产物，它将世界视为零和博弈的“丛林战场”，以恃强凌弱为基本逻辑、强权即正义为基本信条、自我利益高于一切为处理国际关系的基本准则，其主要表现为：干涉他国内政，武力推翻他国政权，造成世界部分地区的战乱和动荡；给世界经济发展带来不确定因素；公然践踏《联合国宪章》和国际法准则，破坏国际政治经济秩序。

（二）霸权主义和强权政治的表现

霸权主义和强权政治表现为个别大国常常打着“自由”“民主”“人权”的幌子侵犯别国主权，干涉别国内政，强迫别国接受或照搬自己的社会制度和意识形态，凭借经济实力和军事实力对他国进行控制、干涉或侵略。

（三）霸权主义和强权政治的本质

霸权主义和强权政治本质上是将本国利益凌驾于其他国家的合理利益之上，凭借本国经济、军事等方面的优势或利用国际旧秩序不合理的制度设计，对其他国家进行控制、干涉或者侵略，在损害他国利益的同时，造成世界的动荡不安。

“没有一个国家能凭一己之力谋求自身绝对安全，也没有一个国家可以从别国的动荡中收获稳定。弱肉强食是丛林法则，不是国与国相处之道。穷兵黩武是霸道做法，只能搬起石头砸自己的脚。”①回顾风云激荡的世界历史，霸权主义和强权政治不能带来和平与发展，只会给全人类造成矛盾和冲突。霸权主义和强权政治始终是全球治理面临的重大难题，往往伴随着社会动荡和战火连绵，为世界人民所深恶痛绝。

议题三：时代之潮——全球治理中的大国担当

议学情境：

材料一：习近平主席2021年9月在第76届联合国大会一般性辩论上发表重要讲话指出：“世界只有一个体系，就是以联合国为核心的国际体系。只有一个秩序，就是以国际法为基础的国际秩序。只有一套规则，就是以联合国宪章宗旨和原则为基础的国际关系基本准则。”

新中国恢复在联合国合法席位以来的五十年，无论国际风云如何变幻，中国始终坚定不移维护以联合国为核心的国际体系，始终坚定不移维护和践行真正的多边主义，始终坚定不移维护发展中国家正当权益，始终坚定不移推动国际秩序朝着更加公正合理的方向发展。

材料二：近年来，随着国力不断增强，中国参与联合国事务更加广泛深入。2020年，中国完成消除绝对贫困的任务，提前10年实现《联合国2030年可持续发展议程》减贫目标，对全球减贫贡献率超过70%；中国积极推进绿色低碳发展，承诺力争在2030年前实现碳达峰，努力争取在2060年前实现碳中和；中国累计参与了近30项联合国维和行动，累计派出维和人员5万余人次，是安理会常任理事国中派出维和人员最多的国家，也是联合国第二

① 习近平. 习近平谈治国理政：第二卷［M］. 北京：外文出版社，2017：523.

大维和摊款国。

议学活动：我国为什么要维护以联合国宪章宗旨和原则为核心的国际秩序和国际体系？

学生1：不公正、不合理的国际经济旧秩序还在损害着发展中国家的利益。发展中国家比较普遍地存在贫穷和饥饿现象。落后、贫困、危机等挥之不去的阴影仍伴随着人类。旧的国际政治经济秩序是为发达国家的利益服务的，极大地损害了广大发展中国家的利益，既不利于维护世界和平，也不利于整个世界的发展，尤其不利于发展中国家的发展。

学生2：中国作为联合国的创始国和安理会常任理事国之一，一贯遵循联合国宪章的宗旨和原则，支持按联合国宪章精神所进行的各项工作，积极参加联合国及其专门机构有利于世界和平与发展的活动。2019年发布的《新时代的中国与世界》白皮书中数据显示，中国主动裁减军队员额400余万，签署或加入《不扩散核武器条约》等20个多边军控、裁军和防扩散条约；同14个邻国中的12个国家彻底解决了陆地边界问题，划定了中越北部湾海上界线，为和平解决国家间历史遗留问题及国际争端开辟了崭新道路。如今，中国已成为联合国第二大维和预算摊款国和经常性预算会费国，是安理会常任理事国第一大出兵国，也是组建维和待命部队数量最多、分队种类最齐全的国家。

议学总结：中国作为联合国的创始国和安理会常任理事国之一，一贯遵循联合国宪章的宗旨和原则，支持按联合国宪章精神所进行的各项工作，积极参加联合国及其专门机构有利于世界和平与发展的活动。

三、建立国际新秩序，倡导国际关系民主化

（一）建立国际新秩序

习近平强调：“无论中国发展到什么程度，我们都不会威胁谁，都不

会颠覆现行的国际体系，都不会谋求建立势力范围。中国始终是世界和平的建设者、全球发展的贡献者、国际秩序的维护者。”[①]世界各国应该共同维护以联合国宪章宗旨和原则为核心的国际秩序和国际体系，推动建设互相尊重、公平正义、合作共赢的新型国际关系。要坚决反对霸权主义和强权政治，建立以和平共处五项原则为基础的国际新秩序，推动国际秩序朝着更加公平合理的方向发展。

议学情境：

材料：对于如何处理国际事务，当前存在着两种截然不同的主张：一是以美国为代表，奉行单边主义，妄图垄断国际事务；其特点是单边主义，坚持本国利益优先，在国际事务中使用双重标准，无视集体性的规则和制度；其实质是：维持由发达国家主导的，以其社会制度、发展模式和价值观为基础的国际政治秩序。一是以中国为代表，提倡多边主义，主张国际关系民主化；其特点有：国家平等原则、尊重主权和互不干涉内政、尊重文明的多样性、在平等互利的基础上加强合作。

议学活动：研究性学习小组结合实例，对上述两种处理国际事务的主张进行评析。

小组1：随着国际力量对比消长的变化，全球性挑战增多，加强全球合作、推动全球治理体系变革已是大势所趋。以美国为代表的发达国家主张维持国际政治秩序，这种以西方为中心的双重标准上的国际秩序，已无法有效应对层出不穷、日益多样的各种全球性挑战。

小组2：2001年恐怖袭击事件后，美国政府提出“先发制人战略”，抛开联合国发动对外战争。此后美国无视多边主义原则，藐视国际规则，不断“退群毁约”，不但逃避自己应当承担的国际义务，而且把谋取一己私利建立在损害别国正当利益之上，动辄进行单边制裁。

小组3：2021年9月17日，习近平主席在上海合作组织成员国元首理事

① 习近平. 习近平谈治国理政：第三卷［M］. 北京：外文出版社，2020：194.

会第二十一次会议的重要讲话中提出："一时强弱在于力，千秋胜负在于理。"解决国际上的事情，不能从所谓"实力地位"出发，推行霸权、霸道、霸凌，应该坚持共商、共建、共享，践行真正的多边主义，要恪守互利共赢的合作观，营造包容普惠的发展前景。

议学总结：世界多极化发展，国际力量对比朝着有利于维护世界和平的方向发展，国际关系民主化是我们所处时代的本质要求。不公正、不公平阻碍了历史前进的步伐。国际关系民主化尊重差异，有助于推动世界和平与发展。世界的命运必须由各国人民共同掌握，世界上的事情应该由各国政府和人民在平等互利的基础上，共同商量着办。国家不分大小、贫富，都是国际社会的平等一员。各国的事应由本国政府和人民决定，国际上的事应由各国政府和人民平等协商。

（二）倡导国际关系民主化

国际关系民主化是世界和平的重要保证。

中国倡导国际关系民主化。世界的命运必须由各国人民共同掌握。世界上的事情应该由各国政府和人民在平等互利的基础上共同商量着办。国家不分大小、贫富，都是国际社会的平等一员。各国的事应由本国政府和人民决定，国际上的事应由各国政府和人民平等协商。

"当今世界，和平合作的潮流滚滚向前。和平与发展是世界各国人民的共同心声，冷战思维、零和博弈愈发陈旧落伍，妄自尊大或独善其身只能四处碰壁。"[①]垄断国际事务的想法是落后于时代的，垄断国际事务的行为是不可能成功的。国际社会应该旗帜鲜明地反对霸权主义和强权政治，共同推动建立适应国际力量对比新变化的全球治理体系，更好保障广大发展中国家的发展权益，更好维护广大发展中国家的正当利益，共同推进国

① 习近平. 开放共创繁荣　创新引领未来：在博鳌亚洲论坛2018年年会开幕式上的主旨演讲［M］. 北京：人民出版社，2018：6.

际关系民主化。

资料链接

一、战争与和平

战争与和平，是一个问题的两个方面。

所谓战争，是指不同的集团或国家为了某种经济目的而进行的有组织的武装斗争。战争是人类历史发展到一定阶段而产生的，是剥削制度的产物，即从产生私有财产和阶级以来，用以解决阶级和民族、国家和国家、政治集团和政治集团之间，在一定发展阶段上的矛盾的一种极端斗争形式。

第一，战争是政治性质的行动。早在中国的春秋时代，《孙子兵法》中就论述了战争和政治的关系。在欧洲，19世纪普鲁士军事理论家克劳塞维茨在《战争论》一书中提出了他的名言："战争是政治通过另一种手段的继续。"他的看法成为马克思主义考察战争问题的一个根本观点。列宁指出："任何战争都是同产生它的政治制度分不开的。某个国家即该国家某个阶段在战时所推行的政治，必然是而且一定是它在战前长时期内所推行的政治的继续，只不过在行动方式上不同罢了。"战争从卷入范围上可以分为不同等级，如国内战争、局部战争、世界战争。国内战争在一定条件下会导致局部战争，局部战争是诱发世界战争的一个危险因素。据联合国20世纪末统计的材料，第二次世界大战后世界各地爆发了大小的战争两万多起，夺去了两千多万人的生命，经济损失无法估量。

第二，和平的原则界限和等级划分。所谓和平是指没有战争的一种社会状态，就是在世界范围内或者地区范围内，作为政治行为主体的国家、阶级或者社会集团的政治关系处于正常化状态，即非战争状态。

和平有原则界限。按照国际法的严格定义，大规模的武装冲突就是战争，而局部的暂时的冲突不属于战争。从国际法上说，两国冲突，只要没有正式宣战，没有成为总体性战争状态，两国关系在法律上仍然处于和平状态。和平可划分为不同的等级。最高级的是世界和平，次之是地区和平和国家之间和平，再次就是国内和平。和平是国家关系正常化状态。这种正常化状态可分为：其一，友好合作关系，即绝对和平；其二，并不友好，但保持外交关系，这被称为积极和平；其三，非战关系，即有矛盾、冲突，但没有演变为总体战争，这被称为消极和平。据此划分，第二次世界大战后世界总体上维持了世界和平的局面，但这是带有很大局限性的世界和平，是局部战争绵延不绝的、消极的和平。

第三，战争与和平在一定条件下可以互相转化。战争与和平是矛盾的对立统一，二者在一定条件下可以互相转化。怎样理解其转化的条件呢？主要应从“战争力量”与“和平力量”的对比去分析。一般来说，当战争力量超过和平力量成为矛盾的主要方面时，战争就不可避免，和平就遭到践踏，当和平力量超过战争力量时，和平就能维护，战争就受到牵制。

二、传统安全威胁因素和非传统安全威胁因素

传统安全威胁因素主要是指国家面临的军事威胁及威胁国际安全的军事因素。按照威胁程度的高低，可以划分为军备竞赛、军事威慑和战争三类。战争又有世界大战、全面战争与局部战争，国际战争与国内战争，常规战争与核战争，等等。霸权主义和强权政治作为传统安全威胁依然存在并呈现出新的特点。

非传统安全威胁因素包括经济动荡、金融风险、生态环境恶化、网络攻击、资源危机、恐怖主义、武器扩散、疾病蔓延、跨国犯罪、走私贩毒、非法移民、海盗、洗钱等。其中最突出和最严重的威胁来自国际恐怖主义和大规模杀伤性武器的扩散。

三、霸权主义的发展趋势

第一，霸权主义的本质和新特点。“谋求领导世界”是美国一贯的全球战略目标，采取经济、政治、文化等多种手段来建立以美国为主宰的单极世界格局，妄图实现长期称霸全球，这是新霸权主义本质的突出表现。如果说重新瓜分世界曾是帝国主义一大特征的话，那么冷战后，当代资本主义的一个突出特征就是大搞新霸权主义，并力图按照自己的意志重新建立世界格局，构筑美国主宰的单极世界。

第二，利用经济全球化推行霸权主义。美国等西方大国利用经济全球化大力推行霸权主义和强权政治。20世纪80年代后，经济全球化的步伐加快，再加上苏联解体、东欧剧变、冷战结束的刺激，“全球主义”的思潮在西方特别是在美国泛滥起来，利用经济全球化为资本主义对外扩张、为美国推行霸权主义服务，其核心仍然是鼓吹民族国家的消解和国家主权的“衰退”“弱化”论。利用经济全球化，鼓吹“全球主义”的目的，绝不仅仅是谋求经济的扩张和霸权，而是要任意干涉别国内政，把自己的政治制度和价值观念强加于人，实现全球的资本主义化、西方化，最终建立由其主宰的世界政治秩序和世界政治霸权。

第三，推行霸权主义不会带来世界的稳定。霸权主义国家竭力希望保持国际体系的稳定，其首要动机是出自霸权主义国家自己国家利益的考虑。霸权主义国家的国家利益和国际体系的现状与变化是联系在一起的。因为只要国际体系本身不发生变化，只要体系结构的现状得以维持，霸权主义国家就有可能继续影响国际行为主体的互动进程，从系统中或通过系统获益。

考核评价

过程性评价

评价项目		评价指标	评价等级（或权数）				
			议题1	议题2	议题3	自我评价	小组评价
学习态度与学习方法（20分）		内容认可					
		学法认可					
学习行为与表现（80分）	课堂（60分）	交流合作					
		表达展示					
		学习理解					
		实践应用					
		创新迁移					
		价值引领					
	课外（20分）	阅读访问					
		调查体验					
		研究学习					
总分合计							

一、简答题

中国秉持共商共建共享的全球治理观，坚持国家不分大小、强弱、贫富一律平等，支持扩大发展中国家在国际事务中的代表性和发言权。加大对发展中国家特别是最不发达国家的援助力度，促进缩小南北发展差距。以构建人类命运共同体思想为指导构建新型国际关系，为世界各国应对多样化的全球性挑战和实现包容性发展提供了新思路、开辟了新途径。中国倡导构建新型国际关系是针对国际社会中存在的哪些问题？应如何解决国际社会中存在的这些问题？

二、开放型试题

某同学以中国代表身份参加联合国模拟大会，拟以“顺应历史潮流，引领前进方向”为题，撰写一份发言稿提纲。

综合运用所学知识，帮助该同学完善发言稿提纲。要求：围绕主题，形成总论点和分论点，内在逻辑一致；论据充分；学科术语使用规范；字数在250字左右。

参考答案

一、简答题

霸权主义、强权政治有所上升；当今世界仍然是贫富悬殊的世界，全球发展的最突出问题是南北发展不平衡；当今世界一些全球性问题和挑战更加突出；国际社会出现许多新的安全威胁，即非传统安全威胁因素。

世界各国应该共同维护以《联合国宪章》宗旨和原则为核心的国际秩序和国际体系，推动建设相互尊重、公平正义、合作共赢的新型国际关系，坚决反对霸权主义和强权政治，推动国际秩序朝着更加公正合理的方向发展。共同推动建立适应国际力量对比新变化的全球治理体系，更好保障广大发展中国家的发展权益，更好维护广大发展中国家的正当利益，共同推动国际关系民主化。

二、开放性试题（参考以下答案，言之有理即可）

顺应历史潮流，引领前进方向

各位朋友：

当今世界正经历百年未有之大变局，保护主义、逆全球化风潮不断蔓延，霸权主义、强权政治有所上升。面对影响和平与发展的诸多障碍，中国站在人类历史发展进程的高度，顺应经济全球化、世界多极化的历史潮流，以大国的责任和担当，贡献中国力量，引领世界前进方向。

面对逆潮，中国深度融入并积极引领经济全球化进程。第一，高举全球化大旗，用实际行动抵御逆全球化。中国积极扩大进口，为世界经济复苏提供广阔市场；持续优化营商环境，促进贸易和投资的自由化、便利化。第二，积极参与全球经济治理，构建和维护多边贸易体制。中国积极推动国际经济治理体系改革，维护以世贸组织为基石的多边贸易体制，推动经济全球化朝着更加开放、包容、普惠、平衡、共赢的方向发展。第三，推动各国联动发展，中国发展成就惠及全球。我国以共建“一带一路”为重点，倡导互联互通、共建共享，推动中国与沿线国家共同繁荣，让经济全球化成果惠及更多国家和人民……

在世界进入动荡变革期的当下，中国始终以实际行动为经济全球化和世界多极化做出中国贡献，与世界人民共创人类美好未来。

大学段：百年变局与中国机遇

教学目标

本阶段教学内容与高中阶段的教学内容相衔接，依据大学生的认知、情感发展规律与特点，设计系列教学环节与活动。首先引导和帮助大学生掌握百年未有之大变局的科学内涵，深刻思考当今世界发生了什么样的变化、中国发生了什么样的变化，从而认清世界和中国的发展大势。其次是让学生充分认识百年未有之大变局下我国面临的机遇和挑战。最后是让学生领悟面临百年未有之大变局我国的应对策略，激发学生践行“请党放心、强国有我”的铿锵誓言，增强其历史使命感和强烈的社会责任感。

教学内容

一、百年变局的科学内涵

（一）新格局：世界格局逐步转变

（二）新模式：中国特色社会主义道路打破西方模式

（三）新工业革命：改变西方生产力遥遥领先局面

（四）新全球化：使得人类的相互依存性不断加强

二、百年变局下的机遇和挑战

（一）百年变局下的中国机遇

（二）百年变局下的中国挑战

三、应对百年大变局的中国方案

（一）坚持稳中求进战略，积极谋求自身发展

（二）坚持科技兴国战略，全面提升综合实力

（三）坚持改革开放战略，主动参与全球治理

（四）坚持大国外交战略，全力打造大国形象

教学重难点

一、教学重点

深刻理解百年变局下“变”与“不变”的丰富内涵及其关系。

二、教学难点

应对百年未有之大变局的中国方案。

学情分析

“穷则变，变则通，通则久。”经过中学阶段的学习，大学生对百年变局与中国机遇的理念和实践的相关内容已经基本了解。大学阶段的教学应侧重于对百年未有之大变局的科学内涵、百年变局下的机遇和挑战、应对百年大变局的中国方案的理解和掌握。与中学生相比，大学生的认知和思想发展处于“拔节孕穗期”，呈现出新特点：如思维独立性增强、辩证思维开始发展、创造性思维逐渐独立，同时自由、平等意识凸显，关注个性发展、社会现实及全球参与意识增强等，但是心智尚未成熟，思想观念的可塑性强，容易受西方各种社会思潮的影响。因此，需要对大学生因材施教，进行教育引导，抓住百年变局中的机遇与挑战。

设计思路

一、设计理念

整个教学环节贯彻“教师为主导，学生为主体”的“双主体”教学理念，在教学设计上，融知识教育、能力教育和目标教育为一体，注重培养大学生运用马克思主义的基本立场、观点和方法来分析百年变局的理论逻辑、实践逻辑、价值逻辑。在教学内容上，注重解释百年变局的科学内涵、中国面临的机遇和挑战、应对百年大变局的中国方案；在教学形式上，综合开展主题研讨、经典解读、热点评析等形式多样的研究型教学方式，构建教师、学生和专题内容之间协调互动的“交互主体性”教学模式，积极鼓励学生自主开展创新思考和探究。引导学生全面理解和掌握三个方面的知识：“是什么”，即阐释百年变局的科学内涵；“为什么”，分析百年变局下的机遇和挑战；“怎么做”，即应对百年大变局的中国方案。

二、思维导图

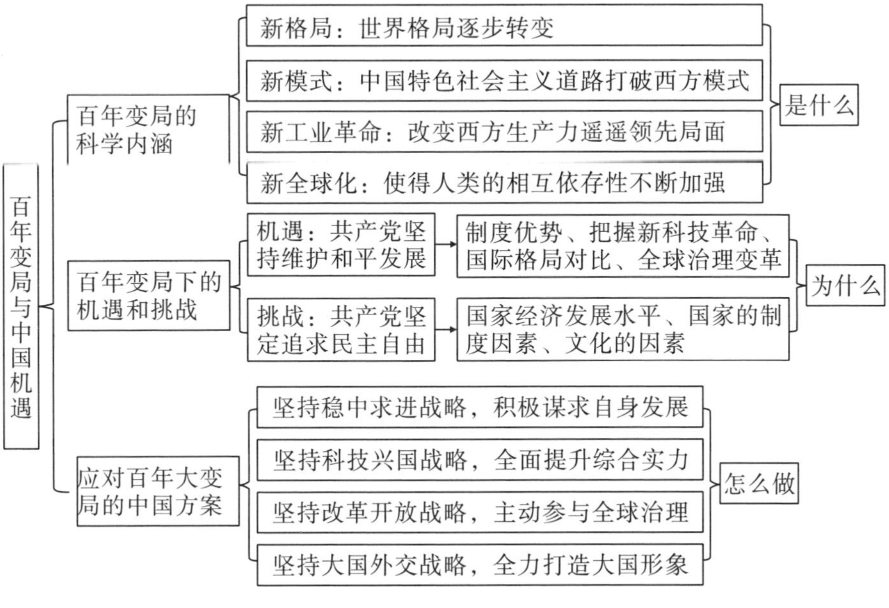

实施方案

一、百年变局的科学内涵

课程导入：

2017年1月18日，习近平主席在联合国日内瓦总部演讲时首次发出“世界怎么了、我们怎么办？”的“时代之问”[①]。2019年3月26日，在中法全球治理论坛闭幕式上，他再次提到了“世界怎么了、我们怎么办”之问。2020年11月10日，在上海合作组织成员国元首理事会第二十次会议上，习近平主席又一次提出“世界怎么了，我们怎么办”的时代之问。

学生进行分组讨论：为什么习近平主席会连发三次“世界怎么了、我们怎么办？”的“时代之问”？

教师总结：当今世界正面临百年未有之大变局，不稳定性不确定性更加突出，人类面临许多共同挑战。“回答这些时代之问，我们要不畏浮云遮望眼，善于拨云见日，把握历史规律，认清世界大势。”[②]当今世界面临着治理赤字、信任赤字、和平赤字、发展赤字等全球性挑战。把握世界难题，回答这个时代之问，我们首先要弄清楚“我们从哪里来、现在在哪里、将到哪里去？”[③]这个最基本的问题，要站在世界历史的高度审视当今世界发展趋势和面临的重大问题。

习近平总书记在庆祝中国共产党成立100周年大会上的讲话中指出：“中国共产党关注人类前途命运，同世界上一切进步力量携手前进，中国始终是世界和平的建设者、全球发展的贡献者、国际秩序的维护者！”[④]

接下来，让我们从“四个新”的角度——新格局、新模式、新工业革

① 习近平. 习近平谈治国理政：第二卷［M］. 北京：外文出版社，2017：537.
② 习近平. 论坚持推动构建人类命运共同体［M］. 北京：中央文献出版社，2018：521.
③ 习近平. 习近平谈治国理政：第二卷［M］. 北京：外文出版社，2017：446.
④ 习近平. 在庆祝中国共产党成立100周年大会上的讲话［M］. 北京：人民出版社，2021：16.

命和新全球问题，来理解“百年未有之大变局”的科学内涵。

（一）新格局：世界格局逐步转变

最近几十年，世界一直在变化。其中的一个表现是西方国家的经济发展速度开始慢慢放缓，西方国家的世界主导力下降。与此同时，以中国为代表的力量开始崛起。一百多年来，中国取得了快速的进步。一百年前，五四先贤就提倡科学和民主。改革开放以后，中国学习先进经验，发展市场经济，逐步具备了强大的市场竞争力。我们建立起了中国特色的社会主义制度，中国稳步崛起了。

（二）新模式：中国特色社会主义道路打破西方模式

中国特色社会主义道路就是在中国共产党领导下，立足基本国情，以经济建设为中心，坚持四项基本原则，坚持改革开放，解放和发展社会生产力，建设社会主义市场经济、社会主义民主政治、社会主义先进文化、社会主义和谐社会、社会主义生态文明，促进人的全面发展，逐步实现全体人民共同富裕，建设富强、民主、文明、和谐、美丽的社会主义现代化强国，实现中华民族的伟大复兴。

中国特色社会主义道路的成功建立，中国经济的飞速发展，都表明有中国特色的社会主义制度的成功，这个发展模式和西方模式，包括英美模式、德国模式、荷兰模式、瑞典模式等都不一样，具有自己的特点。西方模式一统天下的局面已经被打破。

（三）新工业革命：改变西方生产力遥遥领先局面

工业化是人类从农业文明到工业文明的进程，其关键点就是工业革命。过去的两次工业革命是西方引领的，其结果是西方的生产力领先，产业和技术先进。第三次科技革命，中国抓住了发展计算机网络的势头，推动了中国的技术大变革。在发展“5G+物联网”领域，中国处于领先的地位，这是中国逐渐引领世界科技的重要表现。

（四）新全球化：使得人类的相互依存性不断加强

全球化带给我们诸多便利，但也带来许多问题，例如网络管理问题，例如虚拟经济发展速度远远快于实体经济，导致虚拟经济太膨胀等问题。此外，全球化还产生了超级资本。全球化下，超级资本的规范和制约成为一个重要问题。另外，随着人群的密集，疾病传播的速度将更快、影响更大。总之，伴随全球化进程，全球问题正不断增加，对全球问题加以治理十分必要。与此同时，这些全球问题也成了世界大变局的重要推动力。

二、百年变局下的机遇和挑战

世界怎么了？它背后的隐喻就是当今世界的种种矛盾，其核心关涉就是人类面临的全球性挑战和世界难题。

教师提问：通过学习百年变局的科学内涵，我们知道了“是什么”，接下来是不是应该探究“为什么”？请同学们查阅资料，谈谈百年未有之大变局下，中国到底面临哪些机遇和挑战。（学生回答，略）

教师评讲：回答时代之问，前提是要弄清楚历史趋势和时代潮流是什么，弄清楚“世界怎么了”的问题根源是什么。“我们看世界，不能被乱花迷眼，也不能被浮云遮眼，而要端起历史规律的望远镜去细心观望。”把握历史规律，深刻理解百年未有之大变局下的中国机遇和挑战。

（一）百年变局下的中国机遇

中国崛起是百年变局中最重要的标志。百年来，中国从积贫积弱的半殖民地半封建国家崛起为全球第二大经济体的社会主义大国，这是大变局中最主要、也是最积极的进步因素。中国特色社会主义道路和中国的经济实力，引起了世界的关注，引起了广大发展中国家对自身发展的思考。在百年变局中，要深刻理解中国面临的重大机遇。

1．中国的机遇源于自身制度优势

以往中国的机遇在很大程度上来自客观的外部环境和世界形势，而现在中国已经有能力在相当程度上塑造外部客观环境并影响世界。中国创造机遇的能力来自制度优势，党的十九届四中全会总结了中国特色社会主义制度的13个显著优势，这是我们在百年未有之大变局中自我创造机遇的根本基础。

2．中国的机遇来源于把握住世界新的科技革命

当前，我国在生命科学、绿色能源、农业生产、信息技术等许多领域的关键环节和核心技术上取得了重大突破，有的已经达到世界领先水平。同时，科研投入持续增加、创新能力提升，有利于我们在新一轮科技革命中抢占先机。

3．中国机遇来源于国际格局和力量对比的变化

新兴市场国家和发展中国家群体性崛起势不可挡，经济全球化的潮流势不可挡。在国际经济环境复杂严峻的背景下，中国聚焦互利共赢合作，全方位扩大对外开放。“一带一路”建设卓有成效，赢得国际社会高度评价，已经成为一条造福共建国家的开放与繁荣之路。

4．中国机遇来源于全球治理体系不可逆转的变革

全球治理体系的走向，关乎各国特别是新兴市场国家和发展中国家发展空间，关乎全世界繁荣稳定。中国与广大发展中国家站在一起，坚定支持多边贸易体制和经济全球化；主张通过改革，使现有国际秩序和全球治

理体系朝着更加公正合理的方向发展；积极参与国际经贸规则制定，主动提供国际公共产品。

（二）百年变局下的中国挑战

“百年未有之大变局”首先要关注百年未有大变局中间出现的“百年未有的新变数”，在百年变局中要深刻理解中国面临的重大挑战。

1．国家之间经济发展水平

从世界来看，国际金融危机深层次影响持续显现，世界经济复苏充满不确定性、不稳定性，特别是当前发达国家经济存在的结构性问题根深蒂固；从国内来看，我国发展中不平衡、不协调、不可持续问题依然突出，经济增长下行压力和产能相对过剩的矛盾有所加剧，企业生产经营成本上升和创新能力不足问题并存，财政收入增速放缓和政府刚性支出增加的矛盾凸显，等等。

2．国家的制度因素

在新的形势下，为积极应对国内外政治环境发展和自身存在的问题的挑战，如何坚持和完善中国特色社会主义制度，适应发展变化的政治生态，更好发挥其制度效能，是一项重要课题。

3．文化的因素

“变局”这个话题是自1840年鸦片战争以后开始展开的。当时我们国家衰落，国运衰微，人民悲惨。当时中国的有识之士也意识到了，这是“三千年未有之大变局”。所以，近代以来的中国文化意识里，对“变局”是很关注的。

三、应对百年大变局的中国方案

教师提问：同学们通过上面的学习，已经掌握了百年变局的科学内涵、百年变局下的中国机遇和挑战，接下来就是怎么做了，有哪些应对措施？请同学们想一想：应对百年大变局的中国方案是什么？（学生回答，略）

教师点评：习近平总书记指出，“我们前所未有地靠近世界舞台中心，前所未有地接近实现中华民族伟大复兴的目标，前所未有地具有实现这个目标的能力和信心”。“三个前所未有”清晰地描绘了中国面对百年未有之大变局时的历史定位和时代基点，坚持用全面、辩证、长远的眼光分析当前形势，努力在“危机中育新机、于变局中开新局”。

面对百年未遇的大变局，当代中国又该如何走好发展之路呢?

（一）坚持稳中求进战略，积极谋求自身发展

在全球经济普遍下滑、世界发展不确定因素增多的时代背景下，确保经济发展稳定、维持经济发展安全是必要而紧迫的。我们要保持忧患意识、精准研判、妥善应对，保持经济发展在合理区间内；维持市场经济的持续深化，社会变革的稳步推行，文化生活的繁荣发展，走稳中求进、稳中谋发展的战略，才能为未来中国的发展提供坚实的基础，才能更从容地应对大变革时代的到来。

（二）坚持科技兴国战略，全面提升综合实力

科技就是动力，科技就是实力。一个国家的科技发展水平与层次，直接决定着一个国家的经济、政治和军事实力乃至国家的前途命运。习近平总书记曾指出：“中国要强盛、要复兴，就一定要大力发展科学技术，努力成为世界主要科学中心和创新高地。”当今世界科技发展战略是各国的核心发展战略，每个国家都在不遗余力地发展科技。

（三）坚持改革开放战略，主动参与全球治理

当今世界是一个紧密联通、相互依存的一体化进程。中国的发展离不开世界，世界的发展也离不开中国。没有改革开放，就没有今日之中国，更没有明日之中国。改革开放决定着当代中国的未来命运，是推动当代中国发展的动力之源，是实现中华民族伟大复兴的必由之路。因此，必须在坚持四项基本原则的前提下，坚持改革开放路线不动摇。中国必须有所作为、有所担当，推动全球治理体系继续向有利于经济全球化的方向发展，加强与世界各国的政策沟通与经济合作，主动为全球经济发展提供力所能及的公共服务和公共产品。

（四）坚持大国外交战略，全力打造大国形象

中国现在是推动全球化和多极化的积极力量，但当今世界的地缘政治博弈较之过去更趋复杂，大国之间竞争加剧，国际协调的难度不断加大。再加上当前欧美各国奉行单边主义，反全球化浪潮暗流涌动，民粹主义、孤立主义、保护主义风头日盛，全球治理呈现出明显的无序化与碎片化。对此，中国必须充分认识到自己国际角色的变化，既要保持战略谨慎，又要拥有足够自信；既不能急躁冒进，也不能瞻前顾后。这就要求中国必须坚持新时代的大国外交战略，全力打造新型大国形象。

考核评价

一、知识考核

通过课堂提问、课后练习、考核等方式对学生掌握本专题相关知识的情况进行考核评价。

二、能力考核

通过查阅资料、课堂讨论等方式考查学生是否具备运用马克思主义的立场、观点、方法去弘扬全人类共同价值的能力。

三、考核模式

将过程考核和结果考核相统一，进行综合评价；将教师的评价和学生评价相结合，发挥学生在考核中的主体作用。

资源链接

链接1

深刻理解百年变局中的重大机遇[①]（摘编）

中国崛起是百年变局中最重要的标志。百年来，中国从积贫积弱的半殖民地半封建国家崛起成为全球第二大经济体的社会主义大国，这是大变局中最主要、也是最积极的进步因素。中国特色社会主义道路和中国的经济实力，引起了世界的关注，引起了广大发展中国家对自身发展的思考。在百年变局中，要深刻理解中国面临的重大机遇。

首先，中国的机遇来源于自身制度优势。以往中国的机遇在很大程度上来自客观的外部环境和世界形势，而现在中国已经有能力在相当程度上塑造外部客观环境并影响世界。中国创造机遇的能力来自制度优势，党的十九届四中全会总结了中国特色社会主义制度的13个显著优势，这是我们在百年未有之大变局中自我创造机遇的根本基础。

其次，中国的机遇来源于把握住世界新的科技革命。当前，我国在生

① 裴长洪. 深刻理解百年变局中的重大机遇［EB/OL］. 中国社会科学网，（2020-01-03）［2022-05-18］. http：//ex.cssn.cn/dzyx/dzyx_llsj/202001/t20200103_5070477.shtml.

命科学、绿色能源、农业生产、信息技术等许多领域的关键环节和核心技术上取得了重大突破，有的已经达到世界领先水平。同时，科研投入持续增加，创新能力提升有利于我们在新一轮科技革命中抢占先机。

再次，中国机遇来源于国际格局和力量对比的变化。新兴市场国家和发展中国家群体性崛起势不可挡，经济全球化的潮流势不可挡。在国际经济环境复杂严峻的背景下，中国聚焦互利共赢合作，全方位扩大对外开放。“一带一路”共建卓有成效，赢得国际社会高度评价，已经成为一条造福共建国家的开放与繁荣之路。

最后，中国机遇来源于全球治理体系不可逆转的变革。全球治理体系的走向，关乎各国特别是新兴市场国家和发展中国家发展空间，关乎全世界繁荣稳定。中国与广大发展中国家站在一起，坚定支持多边贸易体制和经济全球化；主张通过改革，使现有国际秩序和全球治理体系朝着更加公正合理的方向发展；积极参与国际经贸规则制定，主动提供国际公共产品。

处于大有作为的战略机遇期，中国应致力于推动经济实现高质量发展。当前，中国经济实现高质量发展具有四方面可靠的支撑条件。第一是丰富的人力资源和人力资本。中国有9亿多劳动年龄人口，相当于美国、日本、欧盟的总人口。2009年以来，中国研发人员规模稳居全球首位，STEM（科学、技术、工程、数学）人才培养不断加强。第二是拥有充裕的资金供给。当前我国储蓄率虽然比历史峰值有所下降，但仍远高于美国等发达国家水平，我国政府负债率远低于国际社会通用的警戒线。资金供给充裕，债务风险水平低，为我国经济持续健康发展创造了有利条件。第三是具备强大的网络化基础设施。纵横成网、互联互通的基础设施，增强了经济发展的韧性和回旋余地。第四是巨大的市场规模和需求扩张空间。在这方面，我国拥有独特的优势条件。一方面，市场规模巨大、内部结构复杂，有利于形成形态更高级、分工更复杂、结构更合理的经济体系。另一方面，我国经济发展尚不平衡，这意味着巨大的社会总需求，无疑将激发出强劲的发展动能。

链接2

百年大变局与中国方案[①]（摘编）

过去的百年间，中国的发展和进步绝对是天翻地覆的。改革开放四十多年，中国以空前的经济发展速度和科技创新程度，向全世界展示了中国道路的可行和中国模式的可靠。中国业已成为全球治理体系的建设者、参与者和贡献者，并努力推动国际体系向更合理、更公正、更规范的方向发展，向国际社会积极展现一个负责任的发展中大国应承担的责任和义务。“我们前所未有地靠近世界舞台中心，前所未有地接近实现中华民族伟大复兴的目标，前所未有地具有实现这个目标的能力和信心。”“三个前所未有”清晰地描绘了中国面对百年未有之大变局时的历史定位和时代基点。面对百年未遇的大变局，当代中国又该如何走好发展之路呢?

坚持稳中求进战略，积极谋求自身发展。作为后发现代化国家，中国的发展同时面临现代化与后现代化、物质主义与后物质主义两套发展体系的冲击与挑战，必须解决更集中、更错综复杂的矛盾与难题。改革开放四十多年来，中国在经济、政治、文化和国际交往领域取得了世人瞩目的成就，但居安思危、未雨绸缪，在全球经济普遍下滑，世界发展不确定因素增多的时代背景下，确保经济发展稳定、维持经济发展安全是必要而紧迫的。当前我国经济增长平稳、有序，就业、物价、投资、金融等领域未见大幅波动，高杠杆和泡沫化类经济风险有较大缓解，只要保持忧患意识、精准研判、妥善应对，保持经济发展在合理区间内是没有问题的。只有维持市场经济的持续深化，社会变革的稳步推行，文化生活的繁荣发展，走稳中求进、稳中谋发展的战略，才能为未来中国的发展提供坚实的基础，才能更从容地应对大变革时代的到来。

① 庞金友. 百年大变局与中国方案［OL］. 中国社会科学网，2020-02-06［2022-05-18］. http：//www.cssn.cn/mkszy/mkszy_tt/202002/t20200206_5085853.shtml.

坚持科技兴国战略，全面提升综合实力。科技就是动力，科技就是实力。一个国家的科技发展水平与层次，直接决定着一个国家的经济、政治和军事实力乃至国家的前途命运。未来中国是否可以实现“两个百年目标”，关键在于拥有强大的经济基础，而这个经济基础直接取决于生产力的水平和能力，取决于科技创新的力度和幅度。习近平总书记曾指出：“中国要强盛、要复兴，就一定要大力发展科学技术，努力成为世界主要科学中心和创新高地。”当今世界，科技发展战略是各国的核心发展战略，每个国家都在不遗余力地发展科技。中国能否在新科技革命中拔得头筹、力挽狂澜，就要看科技发展战略是否定位准确、科技创新机制是否行之有效、科技人才队伍是否配置合理。

坚持改革开放战略，主动参与全球治理。当今世界是一个紧密联通、相互依存的一体化进程。2018年9月3日，习近平总书记在中非合作论坛北京峰会开幕式上指出：“当今世界正在经历百年未有之大变局。世界多极化、经济全球化、社会信息化、文化多样化深入发展，全球治理体系和国际秩序变革加速推进，新兴市场国家和发展中国家快速崛起，国际力量对比更趋均衡，世界各国人民的命运从未像今天这样紧紧相连。”中国的发展离不开世界，世界的发展也离不开中国。没有改革开放，就没有今日之中国，更没有明日之中国。改革开放决定着当代中国的未来命运，是推动当代中国发展的动力之源，是实现中华民族伟大复兴的必由之路。因此，必须在坚持四项基本原则的前提下，坚持改革开放路线不动摇。即便前行道路上必遇艰难险阻、诸多困境，深层次矛盾和结构性难题也会层出不穷，甚至外界对中国的崛起猜疑不断、阻力重重，我们仍要坚持全面深化改革、继续扩大开放。欧美发达国家曾是经济全球化的首倡者。但在过去的几十年间，欧美在全球商品和贸易体系中的领先优势丧失，相对利益受损，而新兴市场经济国家和经济体则成为最大的获益者。为了改变这一窘境，以美国为首的发达国家纷纷掀起反全球化或逆全球化浪潮，以单边主义代替多边主义，以贸易保持主义代替自由贸易原则，不断退出各类国际组织，甚至威胁退出WTO。在这样的情境下，中国必须有所作为、有所担当，推动全球治理体系继续向有利于经济全球化的方向发展，加强与世界各国的政策沟通与经济合作，主动为全球经济发展提供力所能及的公共服务和公共产品。在此基础上，通过有意识、有计划地调整和完善国际规则，积极构建面对未来的战略机遇期，从而以更开放、更主动的姿态融入并带动新一轮经济全球化的大潮。

与此同时，面对世界形势“百年未有之大变局”，中国必须采取积极战略，积极推动“人类命运共同体”“一带一路”“自由贸易区”等新一轮高端重大战略的筹备与实施，科学统筹国内国际两个大局，深度开发国内国际两个市场，充分利用国内国际两种资源，努力加强与世界各国在多边框架下合作，努力推动贸易自由化和投资便利化，努力建构更高层次、更高规格、更高目标的经济开放体系，推动经济全球化向更加开放和包容、更加普惠和共赢、更加平衡和规范的方向发展，从而为全球治理体系贡献中国智慧，提供中国方案。

坚持大国外交战略，全力打造大国形象。随着中国的综合国力、对外影响力的稳步提升，中国的塑造力和感召力也在日益增长，随之而来的，就是世界各国对中国的迅速崛起也开始有所疑虑、有所怀疑、有所戒备。中国现在是推动全球化和多极化的积极力量，但当今世界的地缘政治博弈较之过去更趋复杂，大国之间竞争加剧，国际协调的难度不断加大。再加上，当前欧美各国奉行单边主义，反全球化浪潮暗流涌动，民粹主义、孤立主义、保护主义风头日盛，全球治理呈现明显无序化与碎片化。对此，中国必须充分认识到自己国际角色的变化，既要保持战略谨慎，又要拥有足够自信；既不能急躁冒进，也不能瞻前顾后。这就要求我们必须坚持新时代的大国外交，全力打造新型大国形象。

综上所述，当代中国的发展之路，比以往世界上任何一个大国的崛起都更复杂、更艰难、更具挑战性。作为新兴发展中大国，要想谋求更大的发展空间和更高的发展目标，必然面临既定规则、传统格局和老牌大国的压制和束缚，既要保持和平和稳定的发展环境，又要避开大国竞争的“修昔底德陷阱”；既要维持主权的独立性和民族的认同感，又要面临国际组织和跨国公司的强势发展和分权倾向。

这是一种前所未有的复杂形势，中国必须主动谋局，积极筹划。对于国内发展，要全力发展经济、加大开放力度、继承传统文化、强化科技强国战略；对于地缘政治，要加强沟通与往来、打消相邻诸国的担忧和顾虑、建立互利共享的发展机制，同时，利用“一带一路”加强与非西方国家的互动；对于国际政治，要立足长远、合理布局，妥善处理与老牌大国和传统强国的关系，求同存异，以最大公约数原则调整、完善国际规则，构建新型国际秩序和治理体系，为最终建设人类命运共同体贡献中国智慧和中国方案。唯有如此，我们才能在旧局中寻找破局之法，在乱局中谋求解局之道，在变局中筑造新局之路。

参考文献

1. 习近平. 在庆祝中国共产党成立100周年大会上的讲话［M］. 北京：人民出版社，2021.

2. 习近平. 习近平谈治国理政：第二卷［M］. 北京：外文出版社，2017.

3. 习近平. 习近平谈治国理政：第三卷［M］. 北京：外文出版社，2020.

4. 习近平外交思想研究中心. 坚守和弘扬全人类共同价值［J］. 求是，2021（16）.

5. 唐爱军. “世界怎么了、我们怎么办”——基于历史唯物主义的解答［J］. 中共中央党校（国家行政学院）学报，2021（6）.

6. 中共中央宣传部，中华人民共和国外交部. 习近平外交思想学习纲要［M］. 北京：人民出版社/学习出版社，2021.

专题二

Topic 2

立足现实

——坚持和平发展道路

| 一体化设计目标及思路 |

坚持和平发展道路是中国外交的特色、优势、传统，符合中国特色社会主义本质要求及中国和中国人民的根本利益，是立足实现“两个一百年”奋斗目标、实现中华民族伟大复兴中国梦全局的战略选择。根据大中小学思想政治理论课程目标一体化设计的要求，思政教师坚持循序渐进、螺旋上升的理念，落实“立德树人”的根本任务，遵循思想政治工作规律、教书育人规律、学生成长规律，在大中小学开展独立自主和平外交思想和政策专题教育，引导学生深刻理解中国的外交思想和政策，理解中国做世界和平与发展的坚定维护者的不变立场。

总体设计目标和思路：小学阶段重在感受独立自主和平外交魅力，品读中华外交文化故事、认识中国外交人物，并通过思维导图的方式为学生厘清历史事件，让学生为深刻认识独立外交、和平外交的魅力奠定基础；初中阶段重在认识和平共处五项原则的科学内涵，通过介绍和平共处五项原则提出的背景及过程，让学生深入了解和平共处五项原则，理解这一原则在处理国际关系方面的意义；高中阶段重在探究霸权主义和强权政治，通过阐述霸权主义和强权政治在国际社会诸多领域中的表现及其所造成的严重危害，明晰霸权主义和强权政治的实质，驳斥“国强必霸”的错误言论，强调中国奉行独立自主和平外交政策的正确性和必要性，增进学生对独立自主和平外交政策的理解，促进学生更加坚定我国的和平发展道路；大学阶段重在让学生全面理解中国坚持的和平发展道路，通过阐述中国坚持走和平发展道路是中国根据时代发展潮流和国家根本利益做出的战略抉择，明晰中国坚持和平发展道路的必要性，认识和平发展道路的科学内涵，引导和帮助大学生思考新时代背景下中国该如何坚持和平发展道路，培养大学生为世界和平与发展做贡献的责任感和使命感。

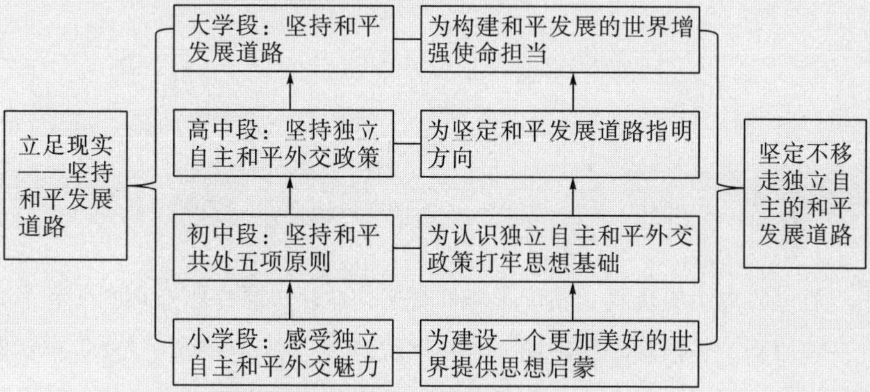

小学段：感受独立自主和平外交魅力

教学目标

通过收集历史资料、品读中华外交文化故事、看专题连环画《和平共处五项原则》、播报时事新闻、合作体验游戏、观看专题纪录片等丰富多彩的活动，采取小组合作、沉浸式教学的方式，把思政小课堂用学生喜闻乐见的方式呈现。引导学生了解中国提出独立自主和平外交思想和政策的时代背景、过程和意义，感知世界潮流，明白和平发展进步力量在不断增长。让学生感受独立自主和平外交的魅力，感知中国的大国担当、大国风范，萌发你中有我、我中有你、人类命运共同体的情感，起到正确思想启蒙的作用。

教学内容

一、活动一：知和平

（一）收集资料　观当时国际背景

（二）办小报展　知和平来之不易

二、活动二：悟和平

（一）品读故事　悟中华外交魅力

（二）游戏体验　悟新型外交政策

三、活动三：创和平

（一）大国担当有作为

（二）我是和平小使者

教学重难点

一、教学重点

引导学生关注时代、关注社会，体会独立自主和平外交的魅力，感知中国的大国担当、大国风范。

二、教学难点

合作体验“无敌风火轮”游戏，萌发你中有我、我中有你、人类命运共同体的情感。

学情分析

本学段的学生正处于儿童期向青春期过渡的关键时刻，由于生理上的变化和抽象思维能力的进一步发展，已经进入了个体自我意识发展的第二个上升时期。主要表现为注意力的集中和稳定，注意力的范围有所扩大，注意力的分配和转移能力逐渐提高，在课堂上可以根据学习活动和教师的要求，集中注意力在学习对象上，注意力的集中由被迫状态转向了自觉状态。通过学习知识和经验，学生逐渐掌握了越来越多的概念、定理、规律，促使他们运用积极思维，发展抽象逻辑思维。本学段教师将思政小课堂和社会大课堂联系起来，以讲故事、玩游戏、看连环画、评论时事新闻等深入浅出的活动方式，将离学生较远的时代背景和生疏的历史事件变得具象化，同时又将学生收集的大量零散信息归纳统整，通过思维导图的方式抽象化、清晰化，为学生厘清历史事件，起着正确的引导作用。

设计思路

一、设计理念

小学阶段的思政启蒙要给学生埋下真善美的种子，引导学生扣好人生的第一粒扣子。让学生查阅相关历史资料，感知战争带给人类的伤痛和巨大财产损失；办主题小报展，帮助学生梳理提出独立自主和平外交政策的国际背景，引导他们初步感知和平的来之不易；品读中华外交故事，开展班级故事会，感悟中华民族独立自主和平外交的魅力；合作体验“无敌风火轮”游戏，萌发你中有我、我中有你、人类命运共同体的情感；通过看专题连环画，学生深入浅出地感知周恩来总理代表中国政府首次提出和平共处五项原则的过程和意义；引导学生关注时代、关注社会，观看纪录片《重返联合国纪实》，结合习近平总书记发表的重要讲话，感知中国奉行的和平外交政策以及中国的大国担当、大国风范；再通过和平小使者的主题活动展望未来，畅谈作为小学生当下应该怎么做，如何开创美好的未来。通过“知和平”“悟和平”“创和平”三个板块，让学生感知过去、现在、未来，中国都以鲜明的中国主张、务实的中国行动回应着时代之变、世界之变，勾勒共建美好和平世界的新愿景。

二、思维导图

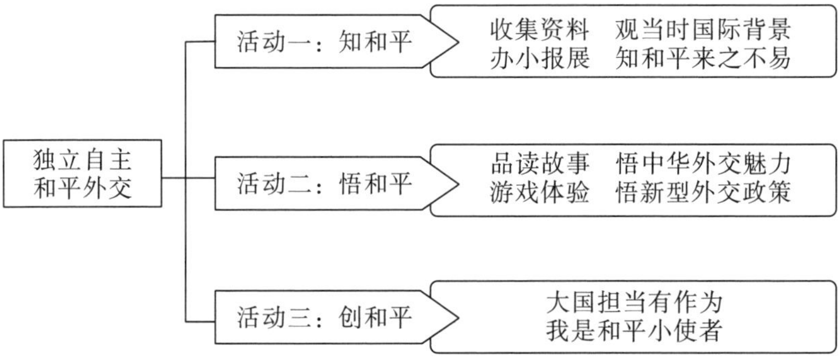

实施方案

一、活动一：知和平

（一）收集资料 观当时国际背景

老师出示第二次世界大战的相关数据和图片，让学生谈感受。

教师可以提供参战双方的伤亡人数、财产损失等方面的资料，让学生了解战争的危害，认识世界反法西斯战争的正义性及中国对反法西斯战争的贡献等。

学生认识第二次世界大战的结果。

第二次世界大战是人类历史上，动用人力、物力最多，伤亡最惨重的一场战争。鉴于此次战争，要深知战争的冷血与残酷，积极推动世界向和平方向发展。

（二）办小报展 知和平来之不易

学生根据搜集的资料开展小组合作交流，初步感知当时的国际背景。重点了解亚洲地区和非洲地区反对殖民主义、争取国家独立的民族解放运动，重点了解处于“冷战”初期，社会主义阵营和资本主义阵营两大阵营的对峙及意识形态矛盾突出的问题。

学生根据老师出示的资料及自行查阅的资料，分小组合作梳理，制作小报，后期在班级文化墙展评。

教师小结：第二次世界大战是人类有史以来规模最大的战争，所造成的冲击与影响全面而深远，值得我们加以关注、省思。人们常说：“历史是一面镜子。”鉴往知今，战争让人类付出了惨痛代价，给人类带来的伤痛难以忘却，经历了两次世界大战的各国人民要求独立、希望和平与反对战争的呼声在全世界范围内此起彼伏，迫切需要一个和平的国际环境。

二、活动二：悟和平

（一）品读故事　悟中华外交魅力

第一，品读故事“打扫干净屋子再请客”，小组交流心得体会，感悟独立自主和平外交的魅力。

“打扫干净屋子再请客”，是中国革命胜利前夕毛泽东提出的三条基本外交方针之一。1949年1月，毛泽东主席在同苏共中央政治局委员米高扬的会谈中，介绍了新中国的外交方针政策，即“打扫干净屋子再请客”。他说：“我们这个国家，如果形象地把它比作一个家庭来讲，它的屋内太脏了，柴草、垃圾、尘土、跳蚤、臭虫、虱子什么都有。解放后，我们必须认真清理我们的屋子……等屋内打扫清洁、干净，有了秩序，陈设好了，再请客人进来。我们的真正朋友可以早点进屋子来，也可以帮助我们做点清理工作，但别的客人得等一等，暂时还不能让他们进门。”

第二，品读故事“周恩来拨正万隆会议航向”，小组交流心得体会，感悟独立自主和平外交的魅力。

1955年4月18日，万隆会议在印度尼西亚开幕。这一会议引起新老殖民主义者特别是美国的不满和反对。他们唆使少数跟随他们的亚非国家从内部进行挑拨，企图使会议分裂、失败。开幕当日，发言者中第一个跳出来为殖民主义辩护、反对共产主义的，是伊拉克代表贾马利。他的发言用了很长篇幅来攻击共产主义，他要求人们对共产主义采取“防御措施”。贾马利的发言打破了会议开幕式的和谐气氛，使会议蒙上了一层阴影。19日上午的发言中，又有一些国家的代表加入了贾马利的行列。人们担心，会议是否会出现西方国家所预言的争吵、分裂。

关键时刻，周恩来上台发言。这篇极为精彩的发言为会议拨正了方向，而周恩来预先准备好的讲稿，则作为书面发言印发给与会代表。这篇补充发言是利用中午休会时间由周恩来口述、他的翻译浦寿昌笔录而成的。

周恩来讲话开头就指明："中国代表团是来求团结而不是来吵架的。"此话一出，会场上的气氛顿时起了变化。周恩来接着说："我们共产党人从不讳言我们相信共产主义和认为社会主义制度是好的。但是，在这个会议上用不着来宣传个人的思想意识和各国的政治制度，虽然这种不同在我们中间显然是存在的。"周恩来不卑不亢、合情合理的讲话像一块巨大的磁铁，吸引住了全场所有人的注意。

接着周恩来提出了著名的"求同存异"命题。他说："中国代表团是来求同而不是来立异的……从解除殖民主义痛苦和灾难中找共同基础，我们就很容易互相了解和尊重、互相同情和支持，而不是互相疑虑和恐惧、互相排斥和对立。"

周恩来以洪亮的声音讲了最后一段话："十六万万亚非人民期待着我们的会议成功。全世界愿意和平的国家和人民期待着我们的会议能为扩大和平区域和建立集体和平有所贡献。让我们亚非国家团结起来，为亚非会议的成功努力吧！"这时，全场掌声雷动，许多代表纷纷过来与周恩来握手表示祝贺。

周恩来的发言，驱散了两天来笼罩着万隆会议的阴霾，为会议指出了成功之路，在国际上引起了极大反响。印度总理尼赫鲁说："这是一个很好的演说。"缅甸总理吴努说："这个演讲是对'抨击中国的人一个很好的答复'。"西方媒体也不得不承认周恩来的极大成功。法新社说："周恩来是会议中最受欢迎的人物，他的语调、温和的演说，以及他提供的保证使得与他交谈的人为之倾倒，消除了疑惑。"

会议在被周恩来拨正了航向后，经过讨论和协商，通过了《关于促进世界和平和合作的宣言》。4月24日，万隆会议闭幕，历史上第一次以亚非29个国家的名义发出的文件——《亚非会议最后公报》被一致通过。

第三，学生先根据学习清单查找资料并填写相关内容，再在班内围绕"中华外交"这一主题开展故事会。

故事名称	时间	地点	人物	事件	意义

学习小贴士：如果你在查找资料的过程中不知道如何找起，你可以试着找一找和以下内容有关的故事：“另起炉灶”、“一边倒”、万隆会议、红色外交家乔冠华、周恩来外交故事……

教师小结：中华民族历来爱好和平，“以和为贵”既是中国古代人的宇宙观、万物生长的法则和根据，也是重要的社会政治和伦理原则，是中国文化的内在精神。“打扫干净屋子再请客”指的是首先把帝国主义在我国的残余势力清除干净，不给它们留下活动余地，然后再考虑建交问题。当然还有很多关于中华外交的故事，感兴趣的同学还可以在课外继续了解、感悟中华外交的魅力。

（二）游戏体验　悟新型外交政策

第一，玩游戏——无敌风火轮。

游戏规则：12～15人一组，每组利用报纸和胶带制作一个可以容纳各小组成员的封闭式大圆环，将圆环立起来，小组成员站到圆环上边走边滚动大圆环，大圆环不破损且最先到达终点的小组获胜。本游戏主要为培养学员之间团结一致、密切合作、克服困难的团队精神。

第二，分别采访获胜组和落败组，总结经验。

获胜组：“虽然每个人力气不一样，观点不统一，但我们克服困难，一起心平气和地协商如何合作完成游戏，毕竟有一个人不配合，‘风火轮’

都可能马上破裂……”

落败组：“其中有一个小朋友很着急，使劲往前迈了一步，用力过猛后导致报纸撕裂，加上在合作中我们有争吵和不合作，导致挑战失败……”

第三，观看漫画新中国史：学习和平共处五项原则，小组交流连环画内容，厘清周恩来总理代表中国政府首次提出和平共处五项原则的内容。

新中国成立后就确立了处理中印两国关系的原则：互相尊重领土主权、互不侵犯、互不干涉内政、平等互惠和和平共处。1954年4月29日，中、印两国在北京签订的《关于中国西藏地方和印度之间的通商和交通协定》中写入了这些原则。1954年6月下旬，周恩来总理访问了印度、缅甸。在中印和中缅会谈联合声明中，中印、中缅共同倡导了和平共处五项原则。此后，和平共处五项原则为世界许多国家所接受，成为处理不同社会和政治制度国家之间相互关系的基本原则。中国在处理同包括社会主义国家在内的一切国家的关系中，一贯坚持和平共处五项原则。

教师小结：正如游戏一样，世界各国大小不一、国力迥异，不可能做到实力均等，但每个国家的人民都享有自由平等的权利，享有充分的发展机会。我们应秉持共商共建共享的精神，建设持久和平的世界，保护好人类生存的地球家园。我国提出和平共处五项原则是顺应时代的潮流，是针对长期以来国际社会中大国小国、强国弱国、富国贫国之间的不平等关系而提出来的公正原则。国际和，世界安；国家斗，则世界乱。中国倡导携起手来，相向而行，为实现世界永续和平发展，为推动构建人类命运共同体而不懈奋斗。

三、活动三：创和平

（一）大国担当有作为

第一，观看纪录片《重返联合国纪实》，结合国家主席习近平出席中华人民共和国恢复联合国合法席位五十周年纪念会议上发表的重要讲话展望未来。

第二，明确讲话内容。

习近平强调，新中国恢复在联合国合法席位以来的五十年，是中国和平发展、造福人类的五十年。中国将坚持走和平发展之路，始终做世界和平的建设者；坚持走改革开放之路，始终做全球发展的贡献者；坚持走多边主义之路，始终做国际秩序的维护者。中国愿同各国秉持共商共建共享理念，弘扬全人类共同价值，践行真正的多边主义，站在历史正确的一边，站在人类进步的一边，为实现世界永续和平发展、为推动构建人类命运共同体而不懈奋斗。

（二）我是和平小使者

开展主题活动——担任和平小使者，宣讲中华外交故事。让学生利用所学，把自己知道的中华外交故事宣讲出去，可以利用学校、社区等多方资源，和外国小朋友结对子，共同感知中华独立自主和平外交的魅力，宣扬大国风范。

探讨为了中国的持续和平发展，作为小学生的我们该学习什么，以为开创美好未来打下基础，以及如何为学生树立建设一个更加美好世界的正确理念提供思想启蒙。

教师小结：构建“人类命运共同体”理念是中国智慧的结晶，承载着中国对建设美好世界崇高的理想和不懈的追求。无论过去、现在还是未来，中国始终是世界和平的建设者、全球发展的贡献者、国际秩序的维护者，我们将一起携手创造更美好更和谐的未来。感兴趣的同学还可以收听央广网的《每日一席话：中华民族传承和追求的是和平和睦和谐理念》，出自2021年9月21日国家主席习近平在第七十六届联合国大会一般性辩论会上的讲话。

考核评价

表2-1　独立自主和平外交专题的考核评价

单元主题：立足现实——独立自主和平外交思想和政策专题	本课主题：独立自主和平外交	A B C D 等级
学习目标	（学习表现）评价标准	评价工具
通过查阅资料、制作小报、开展故事会等活动引导学生联系和比较，初步感知中国提出独立自主和平外交思想和政策的国际背景，感知和平的来之不易	A 能清楚了解中国提出独立自主和平外交思想和政策的时代背景、过程和意义；积极参与课堂活动，通过制作小报和收集资料的形式厘清当时的国际背景；初步感知和平的来之不易	多元评价、实作（根据收集的资料，制作主题小报）
	B 能具体指出课堂的学习内容，大致了解中国提出独立自主和平外交思想和政策的时代背景、过程和意义，通过开展故事会等活动大概感知和平来之不易	
	C 能说出中国提出独立自主和平外交思想和政策的部分时代背景、过程和意义；感知相关人物和历史事件	
	D 未达C级	
通过围绕“中华外交”这一主题开展故事会，开阔学生视野及思维，强化学生的表达、评论的能力，让他们习得鉴古知今的能力。合作体验“无敌风火轮”游戏，萌发你中有我、我中有你、人类命运共同体的情感，感悟独立自主和平外交的魅力	A 有开阔的视野、敏捷的思维、较强的表达力和评论力，善于将故事中的事件和自己所学知识建立联系，积极分析探究，能按历史脉络描述表达；在游戏合作中，有大局观，能积极配合其他成员、互进互助，能初步悟知独立自主和平外交的魅力	多元评价、实作（围绕“中华外交”这一主题开展故事会中的填写表格）
	B 会比较分析，会举例表达，能大致体会独立自主和平外交的魅力，能初步悟知独立自主和平外交的魅力	
	C 愿意参与探究分析表达，愿意参与讲故事，能大致理解面对国际冲突，中国持有的和平态度	
	D 未达C级	

续表

单元主题：立足现实——独立自主和平外交思想和政策专题	本课主题：独立自主和平外交	A B C D 等 级
引导学生关注时代、关注社会，观看纪录片《重返联合国纪实》，结合国家主席习近平出席中华人民共和国恢复联合国合法席位50周年纪念会议上发表的重要讲话，感知中国的大国担当、大国风范。通过和平小使者的主题活动畅谈作为小学生当下应该怎么做才能开创美好的未来。	A 能结合习近平的讲话体会中国愿同各国秉持共商共建共享理念，感知中国的大国担当、大国风范；积极参与和平小使者的主题活动，乐于将本课的思考、体会通过交流对话、展示交流等形式表达出来，能将眼下和未来联结，并由此初步规划如何开创美好的未来	多元评价、高层次纸笔、实作（我是和平小使者演讲稿）
	B 积极参与和平小使者的主题活动，乐于将本课的思考、体会通过交流对话、展示交流等形式表达出来，能将眼下和未来联结，并由此初步感知中国的大国担当、大国风范	
	C 内心产生对和平的向往和热爱，积极参与课堂活动，并表达愿意为之付出努力的意识	
	D 未达C级	

资源链接

1. 周溢潢. 周恩来拨正万隆会议航向［N/OL］.（2020-04-26）［2022-03-08］. https://www.xuexi.cn/lgpage/detail/index.html?id=3460471519690548019& item_id=3460471519690548019.

2. 漫画新中国史：和平共处五项原则［EB/OL］.（2019-12-13）［2022-03-08］.https://www.xuexi.cn/lgpage/detail/index.htm/?id=17572013971920188503.

初中段：坚持和平共处五项原则

教学目标

了解新中国的外交政策，理解和平共处五项原则的内容和影响，知道万隆会议的概况和“求同存异”方针的含义，能够概括周恩来总理在新中国成立初期的外交成就。

通过自主学习完成基础知识的掌握，培养阅读能力、自学能力、知识概括和归纳能力；通过激励方式，培养学生把所学知识用于联系生活实际和中国现实的知识迁移能力。

了解新中国外交的成就，激发爱国热情；领悟和平共处五项原则和“求同存异”方针的含义，及其对处理国与国、人与人关系的重要价值。

教学内容

一、议题一：和平共处五项原则的提出

（一）第二次世界大战后的世界

（二）第二次世界大战后的中国

（三）和平共处五项原则应时而生

（四）历史时刻：和平共处五项原则正式确立和应用

二、议题二：和平共处五项原则的内涵

（一）互相尊重主权和领土完整原则

（二）互不侵犯原则

（三）互不干涉内政原则

（四）平等互利原则

（五）和平共处原则

三、议题三：和平共处五项原则的意义

（一）对中国的意义

（二）对世界的意义

教学重难点

一、教学重点

第二次世界大战后世界形势的特点，第二次世界大战后中国的概况，和平共处五项原则的内涵。

二、教学难点

第二次世界大战后世界形势的特点，正确分析独立自主的外交政策及新中国成立初期的外交政策所涉及的国内外复杂形势，理解和平共处五项原则的意义。

学情分析

初中学生具备了一定的自学能力，理解能力有了一定程度的提高，归纳、演绎推理能力及运用逻辑法进行判断的能力也有所进步。但是，初中学生的学习观、价值观都尚未完全定型，可塑性很强，因此，教师的引导和帮助显得格外重要。教师必须引导学生找到适合自己的学习方法，提升学生在认知上的层次，锻炼学生独立分析、解决问题的能力，让他们逐步掌握历史演进的规律，学会用联系和发展的眼光看待自己所接触的历史，拓宽他们的思维，为初中三年打好基础。

设计思路

一、设计理念

丰富的教学载体，采用漫画解读、课堂调查、情景模拟、案例教学的方式，以案释法、宣传片播放、图表比较、画宣传小报等形式来解读法律知识，让历史事件鲜活起来，帮助学生在丰富、形象的教学载体中，形成历史认知，提升理性思维，培养思辨精神。引导学生联系自己的实际各抒己见，通过小组的合作和探究，运用话题探讨、文章朗读、观点分享等形式，解决中国为什么提出和平共处五项原则，其内涵是什么，提出和平共处五项原则的意义何在等三个问题，激发学生主动学习，在思辨的过程中提升学生的素养，培养学生的思辨精神。

二、思维导图

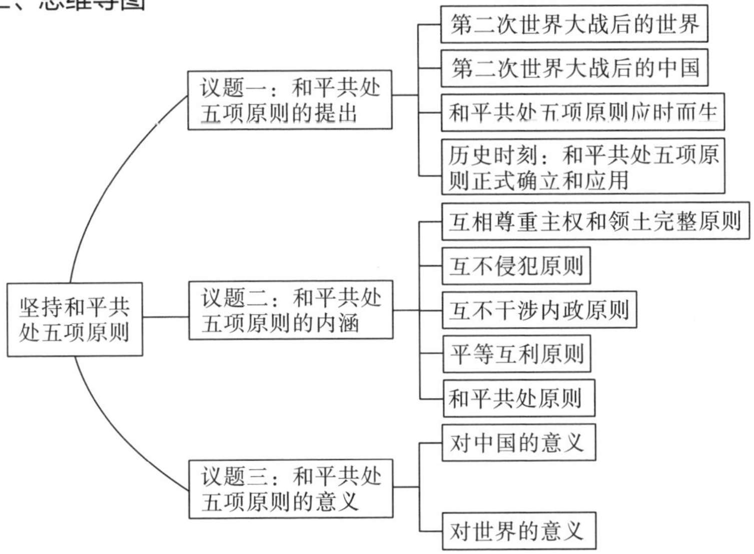

实施方案

一、议题一：和平共处五项原则的提出

教师导入：各抒己见——你阅读过有关第二次世界大战的书籍吗？知道第二次世界大战对人类社会的影响吗？

教师总结：第二次世界大战是人类历史上人为的浩劫，使人类蒙受了空前灾难。整个大战参战国家和地区先后有60多个，参战或受波及的人口有17亿，占世界总人口的80%。据不完全统计，全球因战争而死亡者在5000万人以上，财产直接经济损失40000多亿美元。战争的创伤在各国人民特别是历经14年抗日战争的中国人民心头打上了深深的烙印。

第二次世界大战结束后，和平已经成为战后世界人民的共同心声。防止新的世界大战再次发生，维护世界和平，成为世界各国人民最强烈的愿望和共同的要求之一。人们都向往和平和安宁，希望远离战争。下面，我们来看看第二次世界大战后的世界和中国。

（一）第二次世界大战后的世界

活动一：探究分析

材料一：第二次世界大战后的美国在经济上确立了以美元为中心的货币体系，其黄金储备量占世界的3/4，工业生产量占资本主义世界的2/3。1945年，美国国防预算超过800亿美元，空军、海军力量居世界第一，垄断了原子弹技术，拥有1200多万军队、30艘航空母舰、1000多艘其他战舰，在全球有484个军事基地。美国总统杜鲁门说："美国在世界上处于领导地位。……其他任何一个伟大的领袖所担负的责任，都不能同美国今天所担负的责任相比拟。"

材料二：苏联以世界上最强大的陆军力量雄踞欧亚大陆，堪与美国平

分秋色。1949年，苏联成功制造出原子弹，打破了美国的核垄断，成为战后唯一能与美国抗衡的大国。斯大林说道："只要资本主义制度存在，战争就不可避免，和平是不会有的。苏联人民必须对战争有所准备。""战时，要保持团结并不太难，因为有一个打败共同敌人的目标，这一点谁都清楚。艰难的工作在战后，那时，各种不同的利害关系往往会使同盟分裂。"

提问：第二次世界大战后，美苏分别处于什么样的世界地位？它们各自要谋求什么地位？它们在战时是什么关系，现在是什么关系？

教师总结：第二次世界大战之后，美苏两国分别被称为世界上最大的资本主义国家和最大的社会主义国家。美苏两国分别建立了自己的阵营，希望谋求世界霸主的地位。而正如丘吉尔所说："国际关系中没有永恒的朋友，也没有永恒的敌人，只有永恒的利益。"美苏也从战时的盟友变成了战后的对手。

活动二：冷战的爆发

材料：从波罗的海的什切青到亚得里亚海边的里雅斯特，一幅横贯欧洲大陆的铁幕已经降落下来。在这条线的后面，坐落着中欧和东欧古国的都城。华沙、柏林、布拉格、维也纳、布达佩斯、贝尔格莱德、布加勒斯特和索菲亚——所有这些名城及其居民无一不处在苏联的势力范围之内。

——丘吉尔《铁幕演说》

提问：以丘吉尔为代表的西方政治家对世界形势的判断是什么？他们会为此采取什么措施？

教师总结：以丘吉尔为代表的西方政治家认为，世界分裂成了两大阵营，世界也从第二次世界大战走向了另一场战争——冷战。

教师讲授：1946年1月20日，美国参议员伯纳德在国会发表演说，他把以苏联为首的社会主义国家说成是美国和资本主义世界的最大敌人。为此，他们提出了"冷战"的策略，即"对付这样的敌人在不排除武装进攻的前提下，应多从特殊的政治手段、外交手段、经济手段、文化手段进行渗透"。这种渗透方式就是冷战。

活动三：你知道美苏两国是如何开展冷战的吗？有哪些著名的有关冷战的历史事件呢？

学生分享，并进一步阅读材料。

材料一：美国有领导“自由世界”的使命，以“防止共产主义的渗入”。

——1947年3月美国总统杜鲁门在国会的演讲

材料二：1948年到1950年，共有16个国家接受了美国130多亿美元的援助，90%是赠予，10%是贷款。因此，丘吉尔把马歇尔计划称为“人类历史上最慷慨的举动”。法国总理皮拉尔迪说道：“我们每接受一笔贷款，我们的独立便减少一分。”

材料三：1949年4月，美、英、法等12个国家在华盛顿签订了《北大西洋公约》，成立了一个以美国为首的军事联盟，即北大西洋公约组织，简称“北约”。

提问：杜鲁门所谓的“自由国家”指的是什么？它对抗的力量是谁？从内容分析杜鲁门主义的实质是什么？美苏两国是怎样开始冷战的？

教师总结：杜鲁门主义是美苏冷战的宣言书，实质是美国为遏制共产主义，干涉别国内政，加紧控制其他国家，最终达到称霸世界目的的一种手段。杜鲁门主义的提出标志着美苏战时同盟关系正式破裂，冷战开始。在经济上，美国采取了马歇尔计划，希望以此壮大战后的欧洲，来达到遏制苏联的目的。在军事上，北约是美国遏制苏联、称霸全球的军事组织。北约和华约两大集团的出现，标志着以美苏为首的两极对峙格局的最终形成。可以说，第二次世界大战后的世界仍然是剑拔弩张的，世界其实并不安宁。

（二）第二次世界大战后的中国

活动一：探究活动

材料一：现在我们能造什么？能造桌子椅子，能造茶碗茶壶，能种粮食，还能磨成面粉，还能造纸，但是，一辆汽车、一架飞机、一辆坦克、一辆拖拉机都不能造。

——毛泽东

材料二：以下是新中国成立初期，中国、印度、美国钢产量和发电量的对比。

表2–2 中国、印度、美国钢产量和发电量对比

	中国（1952年产量）	印度（1950年产量）	美国（1950年产量）
钢产量（人均）	2.37千克	4千克	538.3千克
发电量（人均）	2.76千瓦时	10.9千瓦时	2949千瓦时

材料三：在革命胜利以后，迅速地恢复和发展生产，对付国外的帝国主义，使中国稳步地由农业国转变为工业国，把中国建设成一个伟大的社会主义国家。

——毛泽东

提问：阅读材料，简要说明新中国成立初期我国的经济状况如何，以及国家将采取的措施。

教师总结：新中国刚成立时我国经济萧条、百废待兴，面对这样的情况，再加上强敌环伺，我国只有一心一意发展经济，壮大国民经济，才能让中国强起来。快速工业化是历史的必然选择。

活动二：探究活动

材料：1954年9月20日经全国人民代表大会第一次会议全票通过的中华人民共和国第一部宪法第二条规定：中华人民共和国的一切权力属于人民；人民行使权力的机关是全国人民代表大会和地方各级人民代表大会；全国人民代表大会、地方各级人民代表大会和其他国家机关，一律实行民主集中制。

第三条规定：中华人民共和国是统一的多民族的国家；各民族一律平等；禁止对任何民族的歧视和压迫，禁止破坏各民族团结的行为；各民族都有使用和发展自己的语言文字的自由，都有保持或者改革自己的风俗习惯的自由；各少数民族聚居的地方实行区域自治；各民族自治地方都是中华人民共和国不可分离的部分。

思考：你知道新中国成立后我国制定了哪些政治制度？新中国成立初期我国国内的政治环境是怎么样的？

教师总结：新中国的成立，为我国发展步入正轨扫清了障碍，我国建立起了人民代表大会制度、民族区域自治制度、政治协商制度等，明确了我国国体是人民民主专政的社会主义国家，保证人民当家作主的地位。

活动三：朗读魏巍《谁是最可爱的人》

谁是最可爱的人（节选）

在朝鲜的每一天，我都被一些东西感动着；我的思想感情的潮水，在放纵奔流着；我想把一切东西都告诉给我祖国的朋友们。但我最急于告诉你们的，是我思想感情的一段重要经历，这就是：我越来越深刻地感觉到谁是我们最可爱的人！

也许还有人心里隐隐约约地说：你说的就是那些“兵”吗？他们看来是很平凡、很简单的哩。既看不出他们有什么高深的知识，又看不出他们有什么丰富的感情。可是，我要说，这是由于他跟我们的战士接触太少，还没有了解我们的战士：他们的品质是那样的纯洁和高尚，他们的意志是那样的坚韧和刚强，他们的气质是那样的淳朴和谦逊，他们的胸怀是那样的美丽和宽广！

提问：你知道这篇文章反映的历史事件吗？

教师总结：1950年6月，朝鲜内战爆发，以美国为首的“联合国军”绕过联合国悍然干涉朝鲜内战。“联合国军”继续朝北前进，直扑我国鸭绿江边。10月25日，我国组织起一支“抗美援朝，保家卫国”的人民志愿军奔赴鸭绿江。这篇文章是作家魏巍从朝鲜战场归来后所著的报告文学。

材料：我们不出兵，让敌人压至鸭绿江边，国内国际反动气焰增高，则对各方都不利，首先是对东北更不利，整个东北边防军将被吸住，南满电力将被控制……总之，我们认为应当参战，必须参战，参战利益极大，不参战损害极大。

——毛泽东《中国人民志愿军应当和必须入朝参战》

提问：结合这段文字，观看《长津湖》片段，说说中国人民志愿军抗美援朝的必要性，以及你对抗美援朝的感悟。

教师总结：我国援助朝鲜的目的是抗美援朝、保家卫国。1950年10月，以彭德怀为总司令的中国人民志愿军，雄赳赳气昂昂地跨过鸭绿江赴朝作战，保家卫国。抗美援朝战争保卫了朝鲜的独立和安全，巩固了我国新生的人民政权，为新中国的经济建设赢得了一个相对稳定的和平环境，沉重地打击了美帝国主义的侵略气焰，提高了中国的国际威望，展现了新中国不畏强权、独立自主的国家姿态。

（三）和平共处五项原则应时而生

活动一：模拟外交人员

教师播放相关视频《外交风云》并提问：新中国成立之初我国的外交形势如何？美国和苏联为什么对中国的外交态度截然不同？面对这种外交形势，新中国是怎样做的？

教师总结：新中国成立之初我国的外交形势比较严峻，世界两极格局之下，苏联对中国采取了坚决支持的政策，以美国为首的资本主义阵营则要孤立和封锁新中国。新中国的成立标志着美国“扶蒋反共”的计划破产，美国企图侵占中国市场、窃取利益的阴谋没有达成，因此对中国实行敌视、孤立、封锁、包围政策。而苏联是社会主义国家，与中国建交一定程度上是为了扩大社会主义阵营来对抗美国。

教师讲解：面对这种不利的外交形势，新中国坚持独立自主的和平外交，主动与相邻国家建立友好关系并且提出了和平共处五项原则。

活动二：扮演历史小记者

教师播放周恩来总理访问印度、缅甸的视频，请学生观看。观看结束后请学生扮演历史小记者对当时的情况进行实时报道。

学生1报道：1947年和1949年，遭受帝国主义和殖民主义长期压迫的印度、中国通过斗争相继取得独立和解放。新中国成立后，印度是第一个与中国建交的非社会主义国家。但西方殖民主义造成的一些历史遗留问题影响了两国关系的发展。

学生2报道：1953年10月，中印总理通过外交途径商定，两国政府代表于12月就解决中国西藏地方同印度的关系问题在北京谈判。在这一年的最后一天，历史机遇到来了，周恩来总理接见印度谈判代表团时，首次完整地提出和平共处五项原则。

教师提问：为什么同印度谈判，中国会提出和平共处五项原则？

学生3讲解：了解当时两国所处的国际背景，可以知道两国在包括印度在西藏地方特权、中印双方关于西藏中段边界线的走向等方面的看法存在分歧，周恩来总理希望双方以和平共处五项原则为基础妥善处理。

学生4报道：经过长达四个多月的谈判，两国签署了《中印关于中国西藏地方和印度之间的通商和交通协定》，协定开头有这么一段话——双方同意基于“互相尊重领土主权、互不侵犯、互不干涉、平等互惠和平共处的原则”缔结协定。值得一提的是，印度主动提出将和平共处五项原则写进协定，象征着印度与中国之间友情洋溢时期的开始。

教师提问：上述协定的缔结意味着什么？

学生5回答：协定的缔结突出地体现了中印两国友好关系的开始，凸显了和平友好的国际交往理念。

教师总结：1953年周恩来会见印度代表团时，正式提出了和平共处五项原则。中印两国向世界证明了，在冷战时期，国与国之间是可以通过和平谈判的方式去妥协处理争议问题的，这也表达了中国外交的大智慧。

活动三：小组汇报

学生小组1介绍课前搜集的材料：1954年6月25日至29日，应印度、缅甸的邀请，周恩来在日内瓦会议休会期间访问了印度、缅甸。

小组2介绍：当时印度专门派出一架客机从日内瓦出发迎接周恩来等人，10万民众夹道欢迎。两位总理还进行了六次正式会谈。这组照片见证了当时中印两国当时的友好交往情景。

教师总结：1954年，周恩来访问印度、缅甸时，对和平共处五项原则进行修改，将“平等互惠”改为“平等互利”。

中印双方发表了两国总理联合声明，确认以和平共处五项原则为指导两国关系的基本准则。显然，中印两国给世界建立一个范例，证明不同政治制度的国家是可以和平共处的。之后根据中国外交档案解密披露，周恩来将原来的“平等互惠”改为“平等互利”，这也更加明确了两国共同利益的问题。

和平共处五项原则

发表：1954年6月，中印、中缅确认为指导两国关系的原则。

内容：①互相尊重主权和领土完整；②互不侵犯；③互不干涉内政；④平等互利；⑤和平共处。

（四）历史时刻：和平共处五项原则正式确立和应用

活动一：一起找特色

教师展示材料：和平共处五项原则的完善。

1955年4月，亚非万隆会议召开，周恩来在全体会议和政治委员会议的两次发言中，将“互相尊重领土主权”改为“互相尊重主权和领土完整”，强调了包括领土在内的主权问题。至此，和平共处五项原则的表述就被正式确定了下来。

教师设问：从和平共处五项原则的修改和适用范围而言，同学们发现和平共处五项原则有何特点？

学生自由发表观点。

教师总结：和平共处五项原则的特点：超越制度和意识形态的限制，适用于各种类型的国家，成为处理国与国关系的普遍准则。

和平共处五项原则是一个有机整体，其中“互相尊重主权和领土完整”是其精髓和首要原则。领土完整和内政是主权的集中表现形式。“互不侵犯”和“互不干涉内政”分别是互相尊重主权的前提条件和充分保证，“平等互利”是主权国家处理经济关系的原则，以上四项原则均为确保实现“和平共处”这一总目标。周恩来一再指出，只有做到前四条，才能实现和平共处。和平共处五项原则是处理国与国之间关系的根本原则。

活动二：求同存异

教师过渡：和平共处五项原则标志着我国外交的成熟，并且在万隆会议上得到成功的应用。周恩来在万隆会议上提出“求同存异”方针，请你依据以下两则材料分析概括出其中“同”与“异”分别指什么。

材料一　我们亚非各国人民争取自由和独立的过程是不同的；但是，我们争取和巩固各自的自由和独立的意志是一致的。不管我们每一个国家的具体情况如何不同，我们大多数国家都需要克服殖民主义统治所造成的落后状态，我们都应该在不受外来干涉的情况下按照我们各国人民的意志，使我们各自的国家获得独立的发展。

——周恩来

材料二　在这个会议上用不着来宣传个人的思想意识和各国的政治制度，虽然这种不同在我们之间显然是存在的。……我们应该承认，在亚非国家中是存在有不同的思想意识和社会制度的，但这并不妨碍我们求同和团结。

——周恩来

同学回答：遭遇相同，曾经都受到帝国主义的侵略；面临问题相同，如何发展国家经济、维护民族独立、促进世界和平。不同之处，意识形态和社会制度不同。

教师总结：外交活动是处理国与国之间的关系的政治活动，独立自主、积极主动、和平共处、求同存异等词汇代表了新中国成立初期中国外交的成就与智慧。

活动三：成就满满

教师设问：新中国成立以来我们取得了哪些外交成就？取得成就的原因是什么？

学生分享：新中国成立后第一年就有17个国家与中国建交；1953年，提出和平共处五项原则；1954年，访问印度、缅甸，首次将和平共处五项原则写入外交公报；1954年，首次以五大国身份率团参加日内瓦会议；1955年，参加万隆会议，提出“求同存异”方针。原因：国际地位提高，积极灵活的外交政策，外交家的智慧。

教师总结：新中国取得的外交成就与我国民族独立、国际地位提高、积极灵活的外交政策以及伟大的外交家周恩来都是分不开的。

二、议题二：和平共处五项原则的内涵

教师导入：和平共处五项原则得到国际社会的承认，并产生了深远影响，很多现实问题也是依靠和平共处五项原则解决的。分析一组图片并合作解决探究问题。

展示材料图片：美国对伊拉克战争、英军激战巴士拉、亚洲峰会、2008 年北京奥运会、2010 年上海世博会。

教师设问：以上图片展示的内容哪些符合和平共处五项原则，哪些不符合？你能举出类似例子吗？当前哪些热点问题可以用和平共处五项原则解决？

学生回答：略。

教师总结：和平共处五项原则标志着我国外交的成熟，是新中国外交政策从突出强调意识形态的“一边倒”，转向较多地考虑国家利益而开始走向务实的一个相当重要的标志。

（一）互相尊重主权和领土完整原则

活动：底线不容挑衅

教师展示材料：范思哲设计服装，涉嫌损害中国国家主权。

教师设问：这一事件违背了和平共处五项原则中的哪项原则？该项原则的内容是什么？

学生讨论并回答。

教师总结：范思哲品牌这一行为是对中国主权和领土的不尊重与挑衅，这是我们绝不容许和退缩的！互相尊重主权和领土完整原则的内容包括国家主权和领土完整两项内容。和平共处五项原则把二者结合在一起，概括为互相尊重主权和领土完整。主权是国家所固有的权力，就外交关系来说，主权就是国家的独立权。国家主权原则是指任何国家都有独立自主地决定本国政治、经济、社会及文化制度的权力，任何国家和国际组织都不得以任何借口并以任何方式进行干涉。

（二）互不侵犯原则

活动：不失国土一寸

教师展示材料：加勒万河谷冲突

教师设问：该事件违背了和平共处五项原则中的什么原则？该项原则的内容是什么？请谈一谈你对这一事件的看法。

学生回答：违背了互不侵犯原则。中印互为重要邻国，维护边境地区和平与安宁符合双方的共同利益，需要双方的共同努力，坚持互不侵犯原则。

教师总结：互不侵犯原则是由互相尊重主权和领土完整原则派生出来的一项处理国家关系的基本原则。互不侵犯是指在国际关系中国家之间可能发生的一切争端，不论其性质或起因如何，都只能以和平的方式加以解决，而不能诉诸武力。其具体内容是任何国家不能以任何借口使用武力或武力威胁以及其他方式侵犯别国的主权、领土完整和政治独立。坚持互不侵犯原则首要的是消除侵略战争。一个国家使用武力侵犯另一个国家的主权、领土完整或政治独立，或者使用武力轰炸、袭击另一个国家，吞并或占领另一个国家的领土或一部分领土，或者使用武力封锁另一个国家的海防、空防，攻击另一个国家的陆海空部队以及商船、民航机，乃至一国以其领土供另一国对第三国使用武力，都属于侵略行为，都是违背互不侵犯原则的行为。

（三）互不干涉内政原则

活动：插手台湾的代价

教师展示材料：立陶宛多次干涉中国内政，公然违背一个中国原则。

教师设问：立陶宛此举违背了和平共处五项原则中的哪一原则？这项原则的内容是什么？

教师总结：违背了互不干涉内政原则。互不干涉内政原则内容上包括在国家间的相互关系中，任何一方不得以任何借口或任何方式直接或间接地干涉在本质上属于一国国内所管辖的事件，也不得以任何手段强制他国接受自己的意识形态、价值观念或社会制度。互不干涉内政原则表明，任何国家都有自主地选择本国的政治制度、经济制度、社会文化制度的权利，其他任何国家不得以政治、经济或其他方式，强迫他国屈从于自己的意志；任何国家不得以任何借口直接或间接干预他国的国内事务和外交事务，既不允许武装干涉，也不允许政治干涉、经济干涉、文化干涉乃至人权干涉；任何国家不得组织、协助、煽动、资助目的在于颠覆别国合法政府的组织或活动。互不干涉内政是处理国际关系的基本要求。

（四）平等互利原则

活动：来自中国的“礼物”

教师提问：同学们，你们知道我国的“新四大发明”有哪些吗？今天我们就来看看其中之一的高铁走出国门的情况。教师展示材料：中国高铁首次整体出口8800吨钢轨发往印度尼西亚！

材料：2021年11月28日上午，首批由中国发往印度尼西亚的雅万高铁钢轨，在广西北部湾港防城港码头举行装船首航启动仪式，这也标志着中国成为全球为数不多可进行长定尺钢轨出口的国家之一。本航次8800吨钢轨装载完成后，预计半个月后抵达印度尼西亚芝拉扎港，修建雅万高铁项目。资料显示，中国与印度尼西亚合作建设的雅万高铁全长142.3公里，是东南亚第一条最高设计时速350公里的高铁，该项目是中国高铁全系统、全要素、全生产链走出国门的“第一单”，此次钢轨出口首航，标志着雅万高铁即将进入铺轨阶段，很大概率于2021年建成。届时，雅万高铁将大大方便沿线民众的出行，加快雅万经济走廊形成，促进印度尼西亚经济社会发展。

——摘编自《人民日报》

谈一谈：中国高铁出口对我国和印度尼西亚会产生什么影响？它体现了和平共处五项原则的哪一项内容？你是如何理解的？

教师总结：中国高铁的出口将有利于促进我国的生产，带来一定的经济利益，激发我国进一步研究高铁的技术；而对印度尼西亚来说，将有利于基础设施的完善，方便人民的生活，可谓是一项双赢的项目。这是平等互利原则的生动体现。

教师讲授：平等互利原则包括平等原则和互利原则，二者彼此联系、相互补充，平等是互利的前提和基础，互利是平等的必然结果。只有真正实现国家平等，才能真正实现国家间的互利互惠；只有真正实现互利，才能体现国家平等。平等权主要表现为国家主权平等，即国家不分大小强弱、贫富和社会政治、经济制度如何，一律享有平等的国际地位与权利。它要求国家间平等相处、真诚相待，不以大欺小、以强凌弱、以富压贫。互利则是指国家间在政治关系和经济、科技、文化交往中，任何一方不得以损害或牺牲对方的利益来实现自己的目的，而应兼顾双方的合法利益。平等互利原则即各国在交往过程中在地位平等的前提下，实现经济上的互利互惠，共同享受经济发展的权利。

教师追问：你还知道哪些我国与他国交往中体现平等互利原则的事件吗？

学生回答，教师播放视频《中国基建“走出去”，“新丝路”上共繁荣》。

教师总结：中国基建走出国门，为世界各国特别是一些落后国家带去了“福音”，为提高这些国家人民的生活水平打下了基础，是中国为他们带去的“礼物”，这是在遵循平等互利原则下的有意之举。

（五）和平共处原则

活动：“朝核问题”的中国担当

教师展示北京奥运会上表演的“和”字并提问：在北京奥运会上表演的这个“和”字让人印象深刻，你对这个“和”字是怎么理解的？

学生回答，教师总结：“和”字包含和谐、和睦、和平的意思。大家知道，热爱和平一直是中华民族的优良传统，你们知道哪些历史事件体现了我国自古以来维护和平？

学生回答，教师总结，并展示材料。

材料：从2003年六方会谈召开以来，朝核问题历经波折，甚至还出现了朝鲜核试验、朝鲜半岛局势骤然紧张的局面，但局势终究没有失控，这里面中国的作用尤为关键。“能维持六方会谈这个框架，使朝核危机得以在框架内化解，这本身就是中国对东北亚和平的重要贡献。”“六方会谈之所以能在艰难中取得进展，就是因为中国的领导作用。”对于中国在朝核问题上的作用，美国—朝鲜半岛问题专家思科特·斯耐德谈到，中国在六方会谈进程中提供了很多的合作，担任了一个很好的东道国角色，中国总是在尽力地协调各方，担负起了起草关键文件的责任。起草文件可是一个非常了不起的角色，因为往往文件的起草者就是协议的构建者，“六方会谈表明中国外交非常高明”。

阅读思考：中国在朝核问题上发挥了什么作用？主张用什么方式解决国际争端？体现了和平共处五项原则的哪一个主张？

教师总结：中国在朝核问题上发挥了积极作用。中国主张用谈判协商的方式解决国际事端。这体现了和平共处原则。

“和平共处”是指在社会制度不同的国家或在社会制度相同的国家之间，用和平的方式解决国家间的一切争端和分歧，在平等互利的基础上发展国家之间的政治、经济和文化关系，国家间和睦相处，密切合作，共同发展。和平共处是五项原则的根本目标，实现这一目标的前提条件是坚持前述四项基本原则，特别是在社会主义制度与资本主义制度充满斗争与合作的复杂关系的当今时代，只有坚持任何国家都有权根据本国国情选择自己的政治、经济和社会制度，世界各国特别是大国恪守不干涉他国内政的原则，国家之间互相尊重、求同存异、和睦相处、平等相待、互利合作，国际争端通过和平方式合理解决，而不诉诸武力或以武力相威胁，各国不论大小强弱、贫富，都有权平等地参与协商解决国际事务，和平共处才能真正实现。

教师过渡：我们细致地了解了和平共处五项原则每项原则的内容，那么这一原则的提出对于我国、对于世界有着怎样的意义呢？接下来我们进入议题三。

三、议题三：和平共处五项原则的意义

教师导入：由学生小组汇报和平共处五项原则在今天的运用。

学生汇报材料：和平共处五项原则在当今新时代的典型运用就是习近平外交思想，特别是人类命运共同体理念，这一理念对于统筹国内国际两个大局，维护世界和平，促进共同发展，具有十分重要的指导意义。在世界百年未有之大变局的复杂背景下，面对此起彼伏的逆全球化风潮，人类命运共同体理念为推动国际社会共同应对各种严峻挑战和困难不断注入动力，彰显积极向上的乐观主义精神。

（一）对中国的意义

教师提问，小组讨论：和平共处五项原则的运用对我国有何意义？

学生讨论回答、教师总结：第一，和平共处五项原则提出后，获得世界上越来越多国家的赞同，成为解决国与国之间关系的基本原则。和平共处五项原则的提出是国际关系史上的重大创举，为推动建立公正合理的新型国际关系做出了历史性贡献。这也表明中国确定了独立自主的和平外交路线。第二，半个世纪以来，和平共处五项原则不仅成为中国奉行独立自主和平外交政策的基础，而且也被世界上绝大多数国家接受，成为规范国际关系的重要准则。第三，几十年来，和平共处五项原则经受了国际风云变幻的考验，显示了强大的生命力，在促进世界和平与国际友好合作方面发挥了巨大作用。在和平共处五项原则的基础上，中国与绝大多数邻国解决了历史遗留的边界问题，与世界上大多数国家建立了外交关系。

（二）对世界的意义

教师提问：和平共处五项原则对我国的意义是重大的，那么对于世界

而言，它有何意义呢？

学生讨论、教师总结：和平共处五项原则更重要的意义在于重振了联合国宪章精神，引导了国际共产主义运动，对降低冷战风险以及在此基础上推动国际关系理论建设具有重大贡献。和平共处五项原则对于弘扬联合国宪章精神，促进世界和平与发展，不仅具有经得起历史考验的实践意义，而且具有深刻的理论价值。

第一，和平共处五项原则反映了国际关系的本质特征，在理论上维护了主权平等这一国际关系最根本的基础，在实践中顺应了历史进步潮流；第二，和平共处五项原则超越了文化和意识形态的界限，对于处理国际关系具有很强的普适性，是反对霸权主义的强大思想武器，也为社会主义阵营内部各国之间处理好相互关系提供了正确引导；第三，和平共处五项原则在经济领域倡导互利共赢，有利于正确引导经济全球化，推动建立更加公正合理的国际政治经济新秩序。

和平共处五项原则经受了国际风云变幻的考验，显示了强大的生命力，在促进世界和平与国际友好合作方面发挥了巨大作用。中国不仅是和平共处五项原则的倡导者，而且是其忠诚的奉行者。中国一直奉行以和平共处五项原则为基础的和平外交政策，发展同世界各国的友好合作关系，因而受到国际社会的信任和尊重。在和平共处五项原则的基础上，中国与绝大多数邻国解决了历史遗留问题。在人类进入21世纪的今天，和平共处五项原则不仅依然是推动世界和平与发展的动力，而且在建立公正合理、平等互利的国际政治经济新秩序方面，将继续发挥重要作用。和平共处五项原则能够为不同制度的国家服务，能够为发达程度不同的国家服务，能够为左邻右舍服务，符合各国人民的利益，反映了各国人民的愿望和时代的要求，有利于世界和平的发展。

考核评价

第一，教师估量全班的整体表现，发现学生的学习优势和存在的问题，明确学生学习活动的总体趋势。分层次、有重点地进行形成性评价。

第二，学生自评，在教学过程中有计划地培养学生进行自我反思的能力。如通过模拟万隆会议现场、撰写发言提案、分享课堂感悟等方式，教师及时采集学生的信息，记录学生的学习过程，培育学生的核心素养。

第三，小组互评。设计课堂问题，由学生分组合作来分析解决，从而评价学生学习掌握能力。

资源链接

1. 重温！珍藏！开国大典原始影像［N/OL］. 人民网，（2021-10-02）［2022-03-09］. http://v.people.cn/n1/2021/1002/c61600-32245056.html.

2. 中国基建“走出去”“新丝路”上共繁荣［N/OL］. 腾讯网，（2021-07-04）［2022-03-09］. https：//new.qq.com/rain/a/20210704V06N1F00.

高中段：坚持独立自主的外交政策

教学目标

结合新时代中国外交实践，理解习近平外交思想；通过了解独立自主的和平外交政策的内容，懂得中国的和平发展既通过维护世界和平发展自己又通过自身的发展维护世界和平；综合运用历史、地理、政治等多学科知识，驳斥“国强必霸”、“一带一路”倡议是中国版的“马歇尔计划”等错误言论，培养理性思维、树立科学精神，增强道路自信、理论自信、制度自信。通过研究性学习、角色扮演、课堂探究活动等学习方式剖析国际形势，感悟当今时代背景下，大国应有的责任与担当，增强公共参与意识、提升公共参与能力。

教学内容

一、坚持独立自主的外交政策，走和平发展道路

（一）独立自主的外交政策

（二）坚持走和平发展道路

二、中国特色大国外交

（一）外交政策的发展

（二）习近平外交思想

教学重难点

一、教学重点

独立自主的和平外交政策。

二、教学难点

习近平外交思想。

学情分析

通过初中阶段的学习，学生已经对国际关系、时代主题有了较为全面的认识，具备一定的知识基础。高中段学生的知识积累增多，社会接触面扩大，热衷关注时事热点，理性思维与逻辑推理能力明显提高，易接受新生事物，对本课设置的“时代之辩、时代之选”等议学活动会比较感兴趣。经过前期的学习积累，学生具备了一定的政治素养，能够对探究问题进行自主探究，但在分析国际形势、我国的和平发展道路等方面，学生的认知水平和科学精神仍显不足。为此，本节课选择现实案例、创设趣味情境，带领学生感受国际形势的复杂严峻，体验外交官的所思所想，在亲身实践中理解、认同和运用我国外交政策的基本内容，并坚持学习习近平外交思想，提升参与构建人类命运共同体的意识和责任感。

设计思路

一、设计理念

《普通高中思想政治课程标准（2017年版2020年修订）》指出，“本课程针对高中学生思想活动和行为方式的多样性、可塑性，着力改进教学方式和学习方式。在课程实施中，要充分利用现代信息技术，拓展教育资源和教育空间；要通过议题的引入、引导和讨论，推动教师转变教学方式，使教学在师生互动、开放民主的氛围中进行”。本节课在设计时即以此理念为指导，充分利用现代信息技术，拓宽教育资源和空间。具体而言，围绕“我国的外交政策”，设计课程活动，设置两个议题：“时代之辩——国强必然称霸？”“时代之选——中国特色大国外交”，旨在引导学生理解我国的外交政策，深刻把握习近平外交思想的主要内容和核心要义，培养学生“解释与认证”“预测与选择”“辨析与评价”等能力。设计课堂活动，从小组开展研究性学习到时政述评，让学生在活动中理解知识，全面贯彻落实习近平外交思想，积极推动国际合作共赢，维护世界和平，促进共同发展。

二、思维导图

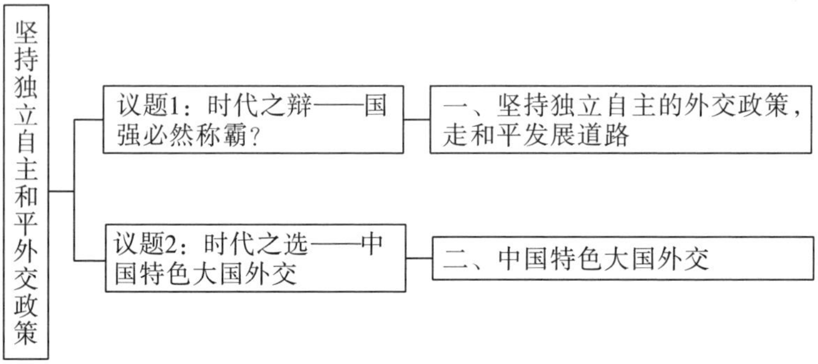

实施方案

中国奉行独立自主的和平外交政策，面对深刻变化的国际形势，“攻坚克难、砥砺前行”，开创性推出中国特色大国外交，为人类应对共同挑战贡献了中国智慧，为推动世界和平与发展提供了中国方案。

议题一：时代之辩——国强必然称霸？

议学情境：

材料：2021年12月3日，中老铁路正式开通。中老铁路是“一带一路”倡议提出后，首条以中方为主投资建设（项目总投资505.45亿元人民币）、全线采用中国技术标准，使用中国装备并与中国铁路直接联通的国际铁路。也是中国“一带一路”倡议与老挝“变陆锁国为陆联国”的战略对接项目。

这条全长1000多公里的中老铁路，是连接中老两国多地的跨国铁路，也是泛亚铁路中线的重要组成部分。中老铁路作为两国发展战略对接的标志性项目、区域互联互通的典范工程，更成了两国“共商共建共享”的典范。被称为“陆锁国”的老挝，80%是山地和高原，虽有着丰富的物产资源，却因交通极不便利限制了国内经济发展的步伐；世界银行上个月的一份报告指出，受疫情影响，老挝经济降至30年来最低水平。

在建设过程中，项目为老挝当地创造了11万多个就业机会，并帮助沿途的村民修建了近2000公里的公路和运河。全长1035公里的中老铁路开通运营后，昆明至磨憨最快5小时20分可达，磨丁至万象最快3时20分可达。加上口岸通关时间，旅客从昆明至万象最快10小时左右可达。交通的便利让老挝磨丁经济特区、万象赛色塔综合开发区迎来新的发展机遇和动力，带动沿线工业、农业发展，助力老挝资源优势转化为经济发展优势。万象北站附近的纳塞村，许多村民借着铁路带来的商机，有的摆起了摊铺，有的开起了餐厅，有的做起了民宿，从前靠天吃饭的日子“一去不复返”，村民们有了更稳定的生活来源。这些巨大的变化，是中老铁路破解老挝陆路交通“困局”、促进经济增长的最有力的证明。长远来看，中老铁路由北向南，宛如一把插入中南半岛的“钥匙”，这把钥匙不但打开了老挝“陆锁国”困境，也在中南半岛腹地打开了一条辐射缅甸、泰国、柬埔寨、越南等国并通向繁荣富足的道路，为中国—东盟自由贸易区、大湄公河次区域经济合作提供不竭动力。是“一带一路”倡议取得的又一个重大成果！

世界银行发布的报告显示，通过与“一带一路”网络连接，作为老挝通往全球供应链纽带的中老铁路，从长期看将会使老挝的总收入提升21%；到2030年，每年沿中老铁路走廊途经老挝的过境贸易将会达到390万吨。

国际上也有人妄称“一带一路”是“中国版马歇尔计划”。马歇尔计划，即美国在1948年至1952年期间帮助重建西欧的旗舰援助计划。他们担心，“一带一路”倡议将成为中国的一件地缘政治工具，打造一个受益国联盟同西方对抗。

议学活动：

假如你是外交部发言人，请针对外媒的质疑，给出合理的回应，并结合我国外交政策的基本内容说明依据。要求：阐明中方立场，做到有理有据有节。

	马歇尔计划	“一带一路”倡议
时期	冷战时期	和平与发展成为当今时代主题
目的	经济扶持以达到政治控制	与世界分享中国发展红利
范围	排他性	包容性
经济效益	主要输出消费品，对美国经济拉动效应更大	主要输出基础设施建设，对当地经济拉动效应更大

小组1：如图所示，马歇尔计划是冷战时期美国为了联合资本主义国家对抗社会主义国家，以经济扶持达到政治控制的一种计划。而中国推行的“一带一路”倡议绝不是为了在相关区域形成一个军事集团。“一带一路”建设过程中，中国尊重彼此的主权和尊严，尊重彼此的核心利益，是和平之路。我国在国际事务中坚决捍卫国家的独立、主权和领土完整，倡导其他国家对国际问题自主地决定自己的态度。全世界有197个主权国家，

我国已经与178个国家建立外交关系，并且与其中79个国家建立伙伴关系，结伴不等于结盟，我们不是为了来联合谁来对抗谁，我们积极地发展与所有国家的友好合作关系。

小组2：马歇尔计划的参与国是美国和英法等欧洲资本主义国家，是第一世界对第二世界的援助，社会主义国家及广大第三世界国家被排除在外。共商共建共享，是习近平主席倡导的全球治理观，也是“一带一路”建设的重要指导原则。强调通过沟通协商、共同参与，实现互利共赢，“一带一路”倡议是超越了文明冲突和文明隔阂的文明之路，正是我国坚持和平共处五项原则的生动体现。

小组3：从经济效益来看，马歇尔计划的主要受益方是美国。而相关数据显示：中国已同141个国家和32个国际组织签署200多份共建“一带一路”合作文件。最新数据显示，今年前9个月，中国企业在“一带一路”沿线对56个国家非金融类直接投资962.3亿元人民币，同比增长5.7%。2021年前10个月，中国对“一带一路”沿线国家进出口增长23%，高于外贸整体增速0.8个百分点。“一带一路”打造开放性合作平台，是开放之路。“一带一路”主要从铁路、公路、港口等基础设施建设开始投入，再推进沿线国家的工业化进程，我们优化创新环境，聚集创新资源，对当地经济拉动效应更大，实现了发展的大联动，“一带一路”是创新之路、繁荣之路。以上数据充分说明了我国促进世界和平与发展的外交宗旨和目标。

议学总结：

事实胜于雄辩。中国已经用实际行动证明，“一带一路”不是马歇尔计划，而是一条和平之路、友谊之路，一条合作共赢、繁荣发展的道路。“一带一路”建设内容十分丰富，其核心内容为政策沟通、设施联通、贸易畅通、资金融通、民心相通，这“五通”建设内容几乎涵盖了中国与沿线国家所有重点合作领域，生动地体现了我国坚持独立自主的和平外交政策，走和平发展道路。

一、坚持独立自主的外交政策，走和平发展道路

（一）独立自主的外交政策

我国的国家性质和国家利益决定了我国奉行独立自主的和平外交政策。促进共同发展是我国外交政策的宗旨，促进世界的和平与发展，符合中国人民和世界人民的共同愿望和根本利益，是时代的要求，是不可阻挡的历史潮流。

独立自主是我国外交政策的基本立场。独立自主就是在国际事务中坚决捍卫国家的独立、主权和领土完整，对国际问题自主地决定自己的态度和对策。

维护我国的主权、安全和发展利益，促进世界的和平与发展，是我国外交政策的基本目标。我国坚决维护国家主权、安全和发展利益，绝不屈服于任何外来压力；坚定维护国际公平正义，反对把自己的意志强加于任何人，反对干涉别国内政，反对以强凌弱。

和平共处五项原则是我国对外关系的基本准则。它包括互相尊重主权和领土完整、互不侵犯、互不干涉内政、平等互利、和平共处。

议学情境：

1953年，我国开始执行发展国民经济的第一个五年计划，当时国内生产总值为826亿元。到2020年，中国国内生产总值突破100万亿元。1953年以来，我国经济增长1000多倍。

西方国家一些别有用心的人不时臆造一些概念、说法来歪曲中国，无理攻击中国为提升国家形象与国际影响力所做的努力，无端指责中国为推进国际合作、构建人类命运共同体所做的努力。这些歪曲抹黑中国的言论，反映出“中国威胁论”在西方国家仍有市场，冷战思维在西方国家一些人头脑中仍然根深蒂固。

议学活动：近年来，随着中国经济的快速发展，有些人偏执地认为，

中国发展起来了就会对世界形成“威胁”，并不时地抛出各种“中国威胁论”，扬言中国必然会走西方“强国必霸”的发展定式。运用所学知识驳斥这一谬论。（提示：研究性学习小组结合历史、文化进行跨模块分析。要求言简意赅、理由充分、逻辑清晰）

小组1：“国强必霸”是某些西方国家自己的行为逻辑，这些国家在国家强盛以后推行霸权主义、强权政治，侵犯别国主权、干涉别国内政。这些国家经济越发展，对世界和平的危害越大。我国奉行独立自主的和平外交政策，中国越发展对世界和平的贡献越大。

小组2：中国自古就是礼仪之邦，正如习近平总书记在庆祝中国共产党成立100周年大会上所说：“中国人民从来没有欺负、压迫、奴役过其他国家人民，过去没有，现在没有，将来也不会有。”走和平发展道路正是中国人民从近代以来的苦难遭遇中得出的必然结论，近代中国人民饱受战火的蹂躏和列强的欺凌，更加懂得和平的珍贵。

小组3：我国是联合国创始国、安理会常任理事国，我国积极参与联合国的各项有利于维护世界和平与发展的活动，彰显了中国作为负责任大国的能力与担当。

议学总结：“国强不必然称霸”，一个国家是否称霸从根本上说，是由这个国家的国家性质和国家利益决定的。所谓“中国威胁论”，既有认知上的误读，也有根深蒂固的偏见。“中国不认同‘国强必霸’的陈旧逻辑。当今世界，殖民主义、霸权主义的老路还能走得通吗？答案是否定的。不仅走不通，而且一定会碰得头破血流。只有和平发展的道路可以走得通。”①

① 习近平. 习近平谈治国理政：第一卷［M］. 北京：外文出版社，2018：266.

（二）坚持走和平发展道路

中国坚持走和平发展道路，不同于以往西方列强通过侵略、征服、控制的途径，掠夺、攫取别国的财富来实现自己的发展，而是通过自身的努力和自主创新，采取和平方式，以增加财富，实现自身的发展。

中国坚持和平发展道路，是由中国社会主义制度的性质决定的，是中国政府和人民根据时代发展潮流和自身根本利益做出的战略抉择。我国积极参与国际事务，努力为改革开放和现代化建设争取有利的国际环境。中国只有坚持走和平发展道路，同世界各国一道维护和平才能实现自己的目标，才能为世界做出更大的贡献。

坚定不移走和平发展道路，是中国对国际社会关注中国发展走向的回应，更是中国人民对实现自身发展目标的自觉和自信。这种自觉和自信来源于中华文明的深厚底蕴，来源于对实现中国发展目标条件的认知，来源于社会主义制度的内在要求，来源于对世界发展大势的把握。

中华民族历来是爱好和平的民族，在5000多年的文明发展中，中华民族一直追求和传承着和平、和睦、和谐的坚定理念，中华民族的血液中没有侵略他人、称霸世界的基因。中国人民对战争带来的苦难有着刻骨铭心的记忆，对和平有着孜孜不倦的追求，十分珍惜和平安定的生活。走和平发展道路，是中华民族优秀文化传统的传承和发展，也是中国人民从近代以来的苦难遭遇中得出的必然结论。习近平强调："为了和平，中国将始终坚持走和平发展道路。中华民族历来爱好和平。无论发展到哪一步，中国都永远不称霸、永远不搞扩张，永远不会把自身曾经经历过的悲惨遭遇强加给其他民族。"①中国走和平发展道路，不是权宜之计，更不是外交辞令，而是从历史、现实、未来的可靠判断中得出的结论，是理论自信和实践自觉的有机统一。

① 习近平. 习近平谈治国理政：第二卷［M］. 北京：外文出版社，2017：446-447.

议题二：时代之选——中国特色大国外交

议学情境：

1971年4月10日，美国乒乓球代表团踏上中国的土地，开启了为期七天的中国之行。此举推动了中美两国关系正常化的进程，“乒乓外交”被誉为“小球推动大球”。

议学活动：说说你所了解的50多年前的“乒乓外交”。我国为什么能够并且决定在当时推动与美国的和解与交流？搜集材料，向同学们介绍我国外交政策的发展历程。

学生1：“乒乓外交”是指1971年中国邀请美国乒乓球队访华事件。1971年4月10日，美国乒乓球代表团和一小批美国新闻记者抵达北京，成为自1949年以来第一批获准进入中国境内的美国人。此举对中美关系的突破产生了影响，被誉为“小球推动大球”。中美两国乒乓球队的友好往来，推动了中美两国关系正常化的进程。

学生2：“为什么能和解”，是因为我国是人民民主专政的社会主义国家，消除了屈从外国侵略、奴役的社会根源；“为什么决定在当时选择和解”，是因为国家利益是对外活动的出发点和落脚点，我国社会主义现代化建设需要和平稳定的国际环境。

学生3：新中国成立初期，推行“另起炉灶”“打扫干净屋子再请客”“一边倒”的外交政策，中国站在社会主义阵营一边，是维护自身利益、维护世界和平的正确选择。20世纪50年代中期，和平共处五项原则、“求同存异”等外交思想推动了我国与亚非各国的联系，中国与更多的亚非国家建立了外交关系。20世纪60年代的“两个拳头出击”，20世纪70年代的“一条线”“一大片”等使中国外交获得重大突破，中美关系、中日关系实现正常化，许多国家纷纷同中国建立外交关系。20世纪70年代末以来，中国实行不结盟政策、全方位外交政策。

议学总结：不同的时期，我国推行不同的外交政策，这是从我国的国家利益出发的。在经济全球化和世界多极化、和平与发展是时代主题的大背景下，结合我国的国家性质和国家利益，我国奉行独立自主的和平外交政策。

二、中国特色大国外交

（一）外交政策的发展

党的十一届三中全会以后，党中央对我国外交战略进行重大调整，使其服务于社会主义现代化建设。我国独立自主的和平外交政策更加成熟和完善，我国的对外活动进入了更为活跃的时期。

党的十八大以来，党中央深刻把握新时代中国和世界发展大势，在对外工作上进行一系列重大的理论和实践创新，形成了习近平外交思想。

2019年，党的十九届四中全会，对坚持和完善独立自主的和平外交政策，推动构建人类命运共同体进行了部署。

议学情境：

南海是位于西太平洋的一个边缘海，连接太平洋和印度洋，面积大约350多万平方公里。中国对南海及南海诸岛的主权是在长期的历史发展过程中形成的。但20世纪70年代以来，有关国家对南沙群岛主权和相关海域管辖权提出争议，并蚕食和侵占我国的岛礁，形成所谓的“南海问题”。

近年来，美国不断在南海问题上挑拨离间、搬弄是非，企图破坏地区和平稳定。2021年8月9日，美国代表在联合国安理会海上安全问题公开会上再次炒作所谓南海仲裁案，无端指责中国在南海实施“胁迫”和“霸凌”。对美方的这一恶劣行径，中国代表立即反击，严正指出美国才是对南海稳定最大的威胁，美国没有资格在南海问题上说三道四。

议学活动：结合材料，简要评析我国在上述问题中的立场。说说我国外交政策是如何在坚持走和平发展道路的同时，维护好、发展好、实现好我国的国家利益。

学生1：中国在南海争端的立场是一贯的、明确的，中国对南海的主权拥有充分的历史和法理依据，中国维护领土主权的决心和意志坚定不移。

学生2：中国坚持走和平发展道路，并不意味着放弃我们的正当权益、牺牲国家核心利益。中国坚定不移维护自己的主权、安全、发展利益，任何国家都不要指望中国拿自己的核心利益做交易，不要指望中国会吞下损害主权、安全、发展利益的苦果。坚持独立自主的和平外交政策必须坚决捍卫国家主权、安全、发展利益，树立总体国家安全观。同世界分享中国的发展经验和机遇，首先要把自己发展好，而国家安全是国家生存发展的前提，是人民幸福安康的基础，是中国特色社会主义事业的重要保障。

议学总结：我国坚持以习近平外交思想为指导开展外交工作。我国的外交以实现中华民族伟大复兴为使命；以维护世界和平、促进共同发展为宗旨；以共商共建共享为根本原则；以深化外交布局为依托打造全球伙伴关系，以公平正义为理念引领全球治理体系改革，以国家核心利益为底线维护国家主权、安全、发展利益。所以我国能够在坚持走和平发展道路的同时，维护好、发展好、实现好我国的国家利益。

（二）习近平外交思想

1．地位

习近平外交思想为进入新时代的中国外交提供了根本遵循和行动指南，同时为探索解决当今世界各种复杂问题指明了方向。

2．总体概述

主要内容：习近平外交思想是一个完整的理论体系，以“十个坚持”明确了新时代中国外交的使命、宗旨、根本原则、主要任务和独特风格。

使命：实现中华民族伟大复兴。

宗旨：维护世界和平、促进共同发展。

根本原则：共商共建共享。

主要任务：以深化外交布局为依托打造全球伙伴关系，以公平正义为理念引领全球治理体系改革，以国家核心利益为底线维护国家主权、安全、发展利益。

独特风格：以对外工作优良传统和时代特征相结合为方向的大国外交。

3．习近平外交思想核心要义："十个坚持"

坚持以维护党中央权威为统领，加强党对对外工作的集中统一领导；坚持以实现中华民族伟大复兴为使命，推进中国特色大国外交；坚持以维护世界和平、促进共同发展为宗旨，推动构建人类命运共同体；坚持以中国特色社会主义为根本，增强战略自信；坚持以共商共建共享为原则，推动"一带一路"建设；坚持以相互尊重、合作共赢为基础，走和平发展道路；坚持以深化外交布局为依托，打造全球伙伴关系；坚持以公平正义为理念，引领全球治理体系改革；坚持以国家核心利益为底线，维护国家主权、安全、发展利益；坚持以对工作优良传统和时代特征相结合为方向，塑造中国外交独特风范。

4．核心理念：构建人类命运共同体

弘扬了中华民族世界大同、四海一家的传统精神，顺应了人类社会发展进步的时代潮流，成为新时代中国外交的一面鲜明旗帜。超越社会制度和发展阶段的不同，站在全人类整体利益的高度审视国与国关系，展现了世界情怀和全球视野，是新时代中国外交追求的崇高目标。

5．深入贯彻落实习近平外交思想

健全党对外事工作领导体制机制；完善全方位外交布局，推进合作共赢的开放体系建设；积极参与全球治理体系改革和建设。

中国外交政策的实践充分说明，中国是维护世界和平与稳定的积极因素和坚定力量，是促进世界经济发展的重要力量。中国在国际事务中的代表性和话语权进一步增强，发挥着重要的建设性作用。

中国同世界的关系发生了历史性变化，中国外交正谱写着维护世界和平、促进共同发展的新篇章。

资料链接

一、全球治理

全球治理是指在顺应世界多极化趋势的情况下，国家间（也包括非国家行为体）进行谈判协商，权衡各自利益，为解决各种全球性问题而建立的自我实施性质的国际规则或机制的总和。

习近平总书记对中国参与全球治理极为重视，提出“世界怎么了，我们怎么办”的时代之问。当今世界正面临百年未有之大变局，和平与发展仍是时代主题，同时不稳定性不确定性更加突出，人类面临许多共同挑战，具体表现为治理赤字、信任赤字、和平赤字和发展赤字。因此，中国需要同世界各国一起，加强全球治理，推进全球治理体制变革，积极应对各种全球性挑战，推动全球治理体制向着更加公正合理方向发展。

当前，治理赤字、信任赤字、和平赤字、发展赤字是摆在全人类面前的严峻挑战，中国积极参与全球治理，提出中国方案。

1．坚持公正合理，破解治理赤字

第一，治理赤字。全球热点问题此起彼伏、持续不断，气候变化、网络安全、难民危机等非传统安全威胁持续蔓延，保护主义、单边主义抬头。全球治理体系和多边机制受到冲击。

第二，中国方案。我们要坚持共商共建共享的全球治理观，坚持全球事务由各国人民商量着办，积极推进全球治理规则民主化。我们要继续高举联合国这面多边主义旗帜，充分发挥世界贸易组织、国际货币基金组织、世界银行、二十国集团、欧盟等全球和区域多边机制的建设性作用，共同推动构建人类命运共同体。

2．坚持互商互谅，破解信任赤字

第一，信任赤字。国际竞争摩擦呈上升之势，地缘竞争色彩明显加重，国际社会信任和合作受到侵蚀。

第二，中国方案。我们要把互尊互信挺在前头，把对话协商利用起来，坚持求同存异，增进战略互信，减少相互猜疑。要坚持正确义利观，以义为先、义利兼顾，构建命运与共的全球伙伴关系。要加强不同文明交流对话，加深相互理解和彼此认同，让各国人民相知相亲、互信互敬。

3．坚持同舟共济，破解和平赤字

第一，和平赤字。人类今天所处的安全环境仍然堪忧，地区冲突和局部战争持续不断，恐怖主义仍然猖獗，不少国家的民众特别是儿童饱受战火摧残。

第二，中国方案。我们要秉持共同、综合、合作、可持续的新安全观，摒弃冷战思维和零和竞争的旧思维，摒弃弱肉强食的丛林法则，以合作谋和平、以合作促安全，坚持以和平方式解决争端，反对使用武力或以武力相威胁，反对为一己之私挑起事端、激化矛盾，反对以邻为壑、损人利己，各国一起走和平发展道路，实现世界长久和平。

4．坚持互利共赢，破解发展赤字

第一，发展赤字。逆全球化思潮正在发酵，保护主义的负面效应日益显现，收入分配不平等、发展空间不平衡已成为全球经济治理面临的最突出问题。

第二，中国方案。我们要坚持创新驱动，打造富有活力的增长模式；坚持协同联动，打造开放共赢的合作模式；坚持公平包容，打造平等普惠的发展模式，让世界各国人民共享经济全球化发展成果。中国支持对世界贸易组织进行必要的改革，更好建设开放型世界经济，维护多边贸易体制，引导经济全球化更加健康发展。

二、中国绝不走“国强必霸”的路子——节选自《新时代的中国与世界》白皮书

历史上确有国家因强成霸，但国强必霸不是历史定律。用西方一些国家的发展经验评判中国，把西方一些国家的发展逻辑套用于中国，得出的结论必然荒谬失真。中国走和平发展道路，不是外交辞令，不是权宜之计，不是战略模糊，而是思想自信和实践自觉的有机统一，是坚定不移的战略选择和郑重承诺。无论国际形势如何变化，无论自身如何发展，中国永不称霸、永不扩张、永不谋求势力范围。

中国走和平发展道路，来源于中华文明的深厚底蕴。中华文明起源于内陆和农耕，是内敛、防御的文明。5000多年的中华文化，蕴含着天人合一的宇宙观、协和万邦的国际观、和而不同的社会观、人心和善的道德观。中国自古倡导“强不执弱，富不侮贫”“己所不欲，勿施于人”，深知“国虽大，好战必亡”。中华民族的血液里没有侵略他人、称霸世界的基因。近代以来，中国饱受列强欺凌，对战争和动荡带来的苦难刻骨铭心，绝不会将曾经遭受的苦难强加给其他民族。

中国走和平发展道路，来源于对实现中国发展目标条件的认知。发展是中国的第一要务。70年来，中国的发展得益于和平稳定的外部环境，中国进一步发展同样需要和平稳定的外部环境。中国实现更好发展，关键还是集中精力办好自己的事情，以发展促和平、以和平促发展。对外搞扩张、搞霸权，不符合中国利益，违背人民意愿。积极争取和平的国际环境发展自己，又以自身的发展更好地维护世界和平、促进共同发展，始终是中国坚定不移的国家意志。

中国走和平发展道路，来源于对世界发展大势的深刻把握。当今世界，各国越来越成为“你中有我，我中有你”的利益共同体、命运共同体，和平、发展、合作、共赢是时代潮流。任何一个国家，无论大小强弱，只有在平等、互利、共赢基础上参与国际合作，才能实现持续发展；

反之，追逐霸权，穷兵黩武，只会消耗国力、走向衰亡。人类历史上由于强国争霸导致战乱频仍、生灵涂炭、人类文明遭受挫折甚至倒退，教训惨痛而深刻。要和平不要战争，要发展不要贫穷，要稳定不要混乱，是各国人民朴素而真实的共同愿望。中国走和平发展道路，符合历史潮流，顺应世界大势。

中国有发展的权利，中国人民有追求美好生活的权利。作为历史上曾经遭受欺凌、蒙受屈辱的大国，中国发展的目的是赢得尊严和安全，让历经苦难的人民过上好日子。在追求这个目标的过程中，中国自然而然地发展了、强大了，但不是想要威胁谁、挑战谁、取代谁，更不是要在世界上称王称霸。中国的未来掌握在自己手中，中国的命运由中国人民说了算。没有任何人能够剥夺中国人民追求美好生活的权利，也没有任何人能够阻挡中国向前发展的步伐。

中国坚定不移走和平发展道路，也希望世界各国共同走和平发展道路。只有各国都走和平发展道路，各国才能共同发展，国与国才能和平相处。中国决不会以牺牲别人利益为代价发展自己，也决不放弃自己的正当权益。任何国家不要指望中国会拿自己的核心利益做交易，任何人不要指望中国会吞下损害国家主权、安全、发展利益的苦果。

考核评价

过程性评价

评价项目	评价指标	评价等级（或权数）				
		议题1	议题2	议题3	自我评价	小组评价
学习态度与学习方法（20分）	内容认可					
	学法认可					

续表

<table>
<tr><td colspan="2" rowspan="2">评价项目</td><td rowspan="2">评价指标</td><td colspan="5">评价等级（或权数）</td></tr>
<tr><td>议题1</td><td>议题2</td><td>议题3</td><td>自我评价</td><td>小组评价</td></tr>
<tr><td rowspan="9">学习行为与表现（80分）</td><td rowspan="6">课堂（60分）</td><td>交流合作</td><td></td><td></td><td></td><td></td><td></td></tr>
<tr><td>表达展示</td><td></td><td></td><td></td><td></td><td></td></tr>
<tr><td>学习理解</td><td></td><td></td><td></td><td></td><td></td></tr>
<tr><td>实践应用</td><td></td><td></td><td></td><td></td><td></td></tr>
<tr><td>创新迁移</td><td></td><td></td><td></td><td></td><td></td></tr>
<tr><td>价值引领</td><td></td><td></td><td></td><td></td><td></td></tr>
<tr><td rowspan="3">课外（20分）</td><td>阅读访问</td><td></td><td></td><td></td><td></td><td></td></tr>
<tr><td>调查体验</td><td></td><td></td><td></td><td></td><td></td></tr>
<tr><td>研究学习</td><td></td><td></td><td></td><td></td><td></td></tr>
<tr><td colspan="3">总分合计</td><td></td><td></td><td></td><td></td><td></td></tr>
</table>

知识考核

一、选择题

1．面对当今错综复杂的国际形势，中国倡导相互尊重、平等协商，走对话而不对抗、结伴而不结盟的国与国交往新路线。这表明中国（　　）

①推动国际关系民主化，维护世界和平

②积极倡导逆全球化的理念，建立国际新秩序

③切实尊重和维护其他主权国家的根本利益

④积极推动构建新型国际关系、推动国际秩序朝着更加公正合理的方向发展

A．①②　　B．①④　　C．②③　　D．③④

2．解决和平与发展的主要障碍需要国际社会（　　）

①维护以发展中国家为核心的国际秩序和国际体系

②推动建设相互尊重、公平正义、合作共赢的新型国际关系

③坚定维护本国的国家利益和国家间的共同利益

④推动国际秩序朝着更加公正合理的方向发展

A. ①③　　B. ①④　　C. ②③　　D. ②④

二、判断题

1. 恐怖主义是世界和平与发展的最主要障碍。（　　）

2. 世界各国应该共同维护以和平与发展为核心的国际秩序和国际体系。（　　）

3. 为了推动世界的和平与发展，世界各国应该推动国际秩序朝着更加公正合理的方向发展。（　　）

4. 建立更加公平合理的国际新秩序是世界和平的重要保证。（　　）

5. 维护和倡导国际关系民主化，坚持通过协商谈判和平解决争端。（　　）

三、材料分析题

2021年11月29日，中非合作论坛第八届部长级会议开幕，习近平主席发表题为《同舟共济，继往开来，携手构建新时代中非命运共同体》的主旨演讲。

习近平主席就构建新时代中非命运共同体提出四点主张：一是坚持团结抗疫，秉持人民至上，消除免疫鸿沟；二是深化务实合作，共享发展机遇，共促经济复苏；三是推进绿色发展，应对气候变化，共享绿水青山；四是捍卫公平正义，坚定相互支持，维护共同利益。

习近平主席提炼总结了“真诚友好、平等相待，互利共赢、共同发展，主持公道、捍卫正义，顺应时势、开放包容”的中非友好合作精神。

习近平主席宣布，中国将同非洲国家共同实施卫生健康、减贫惠农、贸易促进、投资驱动、数字创新、绿色发展、能力建设、人文交流、和平安全等“九项工程”，这为未来三年中非合作描绘了宏伟蓝图。

结合材料，分析习近平主席的主旨演讲是如何体现我国独立自主的和平外交政策的。

参考答案：

一、选择题：1.B 2.D

二、判断题：1. × 2. × 3.√ 4. × 5.√

三、①独立自主是我国外交政策的基本立场。习近平主席的主旨演讲体现了我国独立自主地处理中非关系。

②维护世界和平、促进共同发展是我国外交政策的宗旨。四点主张和“九项工程”符合中非双方的发展利益，有利于加强中非合作，促进中非共同发展。

③维护我国的主权、安全和发展利益，促进世界的和平与发展，是我国外交政策的基本目标。四点主张、“九项工程”以及中非友好合作精神的提出，符合我国的国家利益，有利于构建新时代中非命运共同体，促进世界的和平与发展。

④和平共处五项原则是我国外交政策的基石，是我国对外关系的基本准则。习近平提炼总结的中非友好合作精神有利于中非之间平等互利、和平共处。

参考文献

1．中共中央宣传部. 习近平新时代中国特色社会主义思想学习问答［M］. 北京：人民出版社，2021.

2．习近平. 习近平谈治国理政：第一卷［M］. 北京：外文出版社，2018.

3．习近平. 习近平谈治国理政：第二卷［M］. 北京：外文出版社，2017.

4．习近平. 习近平谈治国理政：第三卷［M］. 北京：外文出版社，2020.

大学段：坚持和平发展道路

教学目标

本学段教学内容与高中学段的教学相衔接，依据大学生的认知、情感发展特点和规律，设计系列教学环节和活动，并结合和平与发展的时代主题，使大学生充分认识中国坚持走和平发展道路是中国根据时代发展潮流和国家根本利益做出的战略抉择，有着多方面的战略考量。在教学中让学生认识中国坚持和平发展道路的丰富内涵，深刻理解中国和平发展的不懈追求就是对内求发展、求和谐，对外求合作、求和平，让中国人民过上美好生活，并为全人类发展进步做出应有贡献。引导和帮助大学生正确认识我国的和平发展道路，思考新时代背景下应该如何走好和平发展道路的问题，全面理解中国坚持和平发展道路的重要路径，增强大学生对中国坚持和平发展道路的认同感，培养大学生为世界和平与发展做贡献的责任感和使命感，做坚定的和平使者。

教学内容

一、中国坚持和平发展道路的战略考量

（一）是中国顺应时代发展潮流和我国根本利益做出的战略抉择

（二）是中国人民对实现自身发展目标的自信和自觉

（三）是对中华民族历史文化传统的继承和发展

（四）为实现“两个一百年”奋斗目标、实现中华民族伟大复兴的中国梦争取和平的国际环境

二、中国坚持和平发展道路的丰富内涵

三、中国坚持和平发展道路的重要路径

（一）奉行独立自主的和平外交政策

（二）坚决捍卫国家核心利益

（三）永远不称霸不搞扩张

教学重难点

一、教学重点

全面认识中国为什么要走和平发展道路，深刻理解中国坚持和平发展道路的丰富内涵。

二、教学难点

理解中国坚持走和平发展道路的重要路径。

学情分析

经过小学、中学阶段的学习，大学生对中国外交历史有了初步了解，基本掌握了和平共处五项原则、独立自主和平外交政策等相关内容。大学阶段的教学应侧重于引导大学生独立思考和分析新时代中国坚持和平发展道路问题，思考如何走好新时代中国的和平发展道路，增强其热爱和平与珍爱和平的意识。相较于中小学生，大学生的知识储备较充足，认知和思想发展也呈现出新特点，思维的独立性、辩证性、创造性不断增强，对社会现实和国际政治关注度也在不断提高，因此，在教学设计上应调动大学生的思维独立性

与辩证性，激活大学生思考的积极性，使之能在已学知识和没有学习的知识之间发生迁移，即用已学的知识、已形成的能力去解决新的问题，形成新的认识，培养其辨别、分析我国和平发展道路的能力，在这一过程中更加明晰和理解我国坚持走和平发展道路的战略考量与丰富内涵，更加坚定地做国家利益的维护者和世界和平的践行者。

设计思路

一、设计理念

在整个教学环节中践行学科核心素养，贯彻以“学生为中心”的教学理念。在教学设计上，采用“主导—主体”的教学设计模式，老师要发挥主导作用，把学生置于主体地位，将学习权交还到学生手中，倡导“自主、合作、探究”的学习方式，引导学生主动思考新时代中国坚持的和平发展道路，认识中国坚持和平发展道路的必要性，进而展开对和平发展道路基本内涵、重要路径等主要内容的学习。在教学过程中，以案例教学法为基础，以讲授法为辅助，引导大学生从案例中发现问题、思考问题，全面认识我国的周边环境，进一步认识到坚持和平发展道路是中国根据时代发展潮流和国家根本利益做出的战略抉择。通过对和平发展道路科学内涵的讲解，以问题为导向，激发大学生的学习热情，进一步思考我国未来和平发展道路的重要方向和路径，强化和巩固大学生对和平发展道路的认识，真正让学生成为学习的主体，实现师生共同探讨、共同进步。

二、思维导图

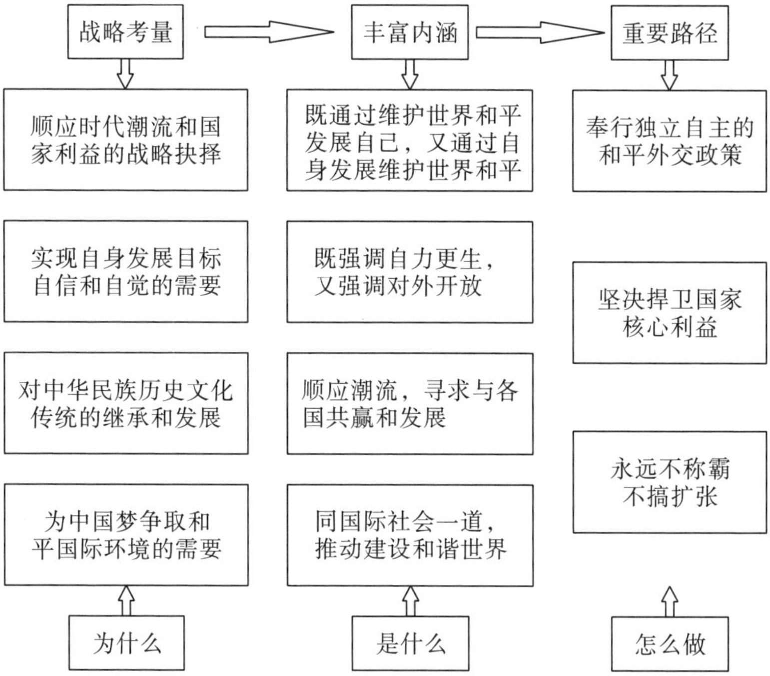

实施方案

一、中国坚持和平发展道路的战略考量

课程导入：近年来，随着中国综合国力不断壮大，一些国家开始担心中国的发展强大会影响到自己国家的发展，也有部分国家的一些人戴着有色眼镜看中国，别有用心地炮制所谓的“中国威胁论”。那么，中国发展起来后会不会也搞霸权主义呢?

学生进行分组讨论：所谓的“国强必霸”对于中国来说是否成立？并说明理由。

教师点评：中国不仅不会走上“国强必霸”的道路，还会成为维护世界和平与发展的坚定力量。对这一问题，习近平总书记一再强调，“国强必霸”不是历史定律，中国人民不接受“国强必霸”的逻辑。无论国际形势如何变化，无论自身如何发展，中国永不称霸、永不扩张、永不谋求势力范围，中国人民走和平发展道路的决心意志不动摇。那么，中国人民为何要始终坚持走和平发展道路呢？下面，让我们一起共同学习中国坚持走和平发展道路的战略考量。

（一）是中国顺应时代发展潮流和我国根本利益做出的战略抉择

教师提问导入：当前，世界各国之间的综合国力竞争加剧，局部战争、恐怖主义等威胁国际和平发展的事件时常发生，和平与发展的时代主题是否已经过时？为什么？

学生回答：鼓励学生主动表达自己对于和平与发展的时代主题是否已经过时的看法。

教师点评：当今世界尽管存在着综合国力的竞争激烈，全球经济失衡的矛盾，单极和多极的激烈较量，形形色色的局部战争，以及恐怖主义、环境污染等各种各样的传统安全威胁和非传统安全威胁，但是，从大局、主流根本趋势看，和平与发展仍然是时代主题，求和平、谋发展、促合作已经成为不可阻挡的时代潮流。同时，中国特色社会主义核心主题是发展。中国的发展战略归结起来就是科学发展、和谐发展、和平发展，这是中国人民根本利益之所在。和平发展是国家战略的一部分，是中国国家发展战略和方向在对外领域的自然延续，是中国国家本质在国际上的自然展现。所以，中国坚持和平发展道路是顺应时代发展潮流和我国根本利益做出的战略抉择。

（二）是中国人民对实现自身发展目标的自信和自觉

教师引入：中国坚持走和平发展道路不仅是顺应时代潮流和中国根本利益做出的战略抉择，同时也有中华文明的深厚渊源的原因。

学生思考：通过了解“讲信修睦”和“协和万邦”的由来及其含义，根据“讲信修睦、协和万邦”在《尚书·尧典》和《礼记·礼运》中的含义来引导学生思考其对于中国提出坚持走和平发展道路的意义。

教师点评：中国坚持走和平发展道路也有自身的悠久中华文明的影响。中国走和平发展道路，不是权宜之计，更不是外交辞令，而是从历史、现实、未来的客观判断中得出的结论，是思想自信和实践自觉的有机统一。中国走和平发展道路的自信和自觉来源于中华文明的深厚渊源，来源于对实现中国发展目标条件的认知，来源于对世界发展大势的把握。

（三）是对中华民族历史文化传统的继承和发展

案例导入：中华民族自古以来便是爱好和平的民族，对此，可以从中国的历史事实和传统文化中得以印证，中国坚持和平发展道路是对自身中华民族历史文化传统的继承和发展。教师导入案例“承历史传统　促和平发展——二论郑和下西洋的启示和精神财富”，通过案例向学生讲述在中国的历史上，郑和下西洋是中华民族爱好和平的重要体现。导入案例“从《孙子兵法》中寻绎中华民族爱好和平的文化基因”，通过案例向学生讲述中国提出走和平发展道路也有着深厚的文化基础，而《孙子兵法》就是其重要体现。《孙子兵法》是具有和平意识的一部兵学经典，其中蕴含的理性战争观及具有普遍意义的辩证方法论，思想深邃，境界宏阔高远。《孙子兵法》对战争与和平关系给出了一个最积极的阐释，主张寻求以战争实力为后盾的和平解决冲突的方式、手段和途径，这种战争观体现了中华民族崇尚和平又不惧怕战争的文化传统，是中华民族追求和平的有力印证。两个案例的导入让学生明白中国提出坚持和平发展道路是有着自身的历史文化传统的，并引导和启发学生思考还有哪些历史事实和文化传统能够说明中华民族自古以来就是爱好和平的民族。

学生思考：能够说明中华民族自古以来就是爱好和平的民族的历史事实与文化传统。

教师点评：中国传统文化源远流长、博大精深。其中，“和”是中国文化中一以贯之之道，是中国人文精神的生命之道。“和”是被普遍认同的、一般的原理和法则，亦是思维自由创造的理想价值。无论是天地万物的新生，人与自然、社会以及人与人之间的关系，还是政治、经济、制度、伦理道德、价值观念、心理结构、审美情感，都贯穿着“和”或“和合”精神。儒家和墨家强调仁爱之和，道家强调同一之和，管子讲蓄养之和，法家讲主从之和。“以和为贵”“和而不同”“天人合一”等思想都可以说明中华民族有着爱好和平的文化基因。从历史发展来看，中华民族曾遭到列强长期侵略和欺凌，但中国人民从中学到的不是弱肉强食的强盗逻辑，而是更加坚定了维护和平的决心。以毛泽东同志为核心的第一代中央领导集体经历重重考验，取得了新民主主义革命的胜利，格外珍惜和平，反对霸权主义，支持被压迫民族勇敢进行反抗斗争，主张国家与国家间关系不仅应该是独立的、平等的，维护国家主权安全，而且也认为国与国之间应该是友好合作的。中国积极致力于发展与世界各国的友好关系。

（四）为实现“两个一百年”奋斗目标、实现中华民族伟大复兴的中国梦争取和平的国际环境

教师结合前面中国坚持和平发展道路的原因讲述，继续提出中国做出这一战略抉择的另一个战略考量，即中国的发展需要一个和平的国际环境。没有和平，中国和世界都不可能顺利发展；没有发展，中国和世界也不可能持久和平。要集中精力把自己的事情办好，使国家更加富强，使人

民更加富裕，依靠不断发展起来的力量走和平发展道路。中国的发展离不开世界，世界的发展也需要中国的加入，中国要实现“两个一百年”奋斗目标、实现中华民族伟大复兴，实现更好的发展，只有真正融入世界，做维护世界和平的一支坚定力量，为自身发展创造良好的国际环境。

二、中国坚持和平发展道路的丰富内涵

教师讲授：中国始终奉行独立自主的和平外交政策，坚持走和平发展道路。独立自主的和平外交政策是和平发展道路的重要体现，是中国这个世界上最大的发展中国家探索出的一条新型发展道路。那么，这条和平发展道路到底是一条怎样的道路呢？

分组讨论：结合中国坚持走和平发展道路的原因，思考并简要阐述中国坚持走的和平发展道路是一条什么样的道路，即和平发展道路的内涵是什么。

教师点评：教师结合学生的回答进行引导，指出这条和平发展道路归结起来就是既通过维护世界和平发展自己，又通过自身发展维护世界和平；在强调依靠自身力量和改革创新实现发展的同时，坚持对外开放，学习借鉴别国长处；顺应经济全球化发展潮流，寻求与各国互利共赢和共同发展；同国际社会一道努力，推动建设持久和平、共同繁荣的和谐世界。教师点明中国奉行的独立自主的和平外交政策是走好和平发展道路的重要体现，既要依靠自身力量发展自己，又不能故步自封，拥抱时代潮流，吸收借鉴别国的优秀经验，与其他国家一起共同建设和平发展的世界。

三、中国坚持和平发展道路的重要路径

新时代以来，中国共产党依据国际国内形势变化，不断赋予中国外交新的内容，以习近平同志为核心的党中央深入把握新时代中国和世界发展

大势，在对外工作上进行了一系列重大理论和实践创新，形成了习近平外交思想，其中，坚持和平发展、促进民族复兴是这一思想的主线。坚持和平发展道路就需要始终奉行独立自主的和平外交政策、坚决捍卫国家核心利益、永远不称霸不搞扩张。

（一）奉行独立自主的和平外交政策

独立自主的和平外交是新中国成立以来我国一贯倡导的政策原则，独立自主的和平外交政策是我国外交的根本立场，所以，我国坚持和平发展道路自然要始终奉行独立自主的和平外交政策。教师引导和帮助学生理解独立自主的和平外交政策的主要内容。

教师点拨：结合独立自主和平外交政策的主要内容，教师进一步指出这一政策包含三层意思：独立、自主、和平。具体来说：第一是独立。所谓独立就是把国家主权和安全放在第一位，坚定地维护我国的国家利益，反对任何国家损害我国的独立、主权、安全和尊严。第二是自主。所谓自主就是对于一切国际事务，都要从我国人民和世界人民的根本利益出发，都要根据事情本身的是非曲直，决定自己的立场和政策，坚持各国的事务应由本国政府和人民决定，世界上的事情应由各国政府和人民平等协商，反对一切形式的霸权主义和强权政治，不屈从于任何外来压力。第三是和平。所谓和平就是坚持不同任何大国或大国集团结盟，不搞军事集团，不参加军备竞赛，不进行军事扩张，同时坚持在和平共处五项原则基础上同所有国家建立和发展友好关系。

（二）坚决捍卫国家核心利益

中国坚持走和平发展道路，必须坚决捍卫国家核心利益。习近平总书记指出："我们要坚持走和平发展道路，但决不能放弃我们的正当权益，决不能牺牲国家核心利益。任何外国不要指望我们会拿自己的核心利益做交易，不要指望我们会吞下损害我国主权、安全、发展利益的苦果。”[①]中国主权、安全、发展利益和民族尊严绝不允许任何势力侵犯，同时任何力量也不能动摇我们坚持和平发展的信念。中国不回避矛盾和问题，妥善处理同有关国家的分歧和摩擦，同时推动各领域交流合作，通过合作扩大共同利益的汇合点，努力维护同周边国家关系及地区和平稳定大局。和平发展道路不会一帆风顺，在涉及我国核心利益的问题上，我们要敢于划出红线、亮明底线。随着我国和平发展进程的不断深入，我们维护国家利益的资源和手段将会越来越多，维护国家利益的地位也会越来越主动。

（三）永远不称霸不搞扩张

教师通过案例引入“我是‘亲诚惠容’理念的受益者”，以一名越南留学生的视角来看待中国坚持和平发展道路所做的努力与成就。理解和感受习近平总书记提出的“亲诚惠容”重要理念的世界意义和时代价值。引导学生思考“中国威胁论”是否成立。

学生思考：学生思考中国在对外交往上的一贯主张是什么，应该如何回应那些鼓吹“中国威胁论”的说法，中国永远不称霸不搞扩张的原因都有哪些。

教师点评：结合学生的回答，教师引导学生认识到中国始终坚持走和平发展道路，始终奉行独立自主的和平外交政策，永远不称霸不搞扩张，中国无论发展到什么程度，始终是维护世界和平的坚定力量。面对国际和地区热点问题，中国坚持发挥弥合分歧、劝和促谈的建设性作用，倡导并致力于同世界各国一道推动建设持久和平、共同繁荣的世界新秩序。

课堂小结：通过教师对前面中国坚持走和平发展道路的丰富内涵和重

① 习近平. 习近平谈治国理政：第一卷［M］. 北京：外文出版社，2018：249.

要路径的讲解，学生通过研讨的方式进行分组，立足现实，就新时代中国走和平发展道路所取得的重要成就和具体事例进行自主学习、资料查找，找出各具体事例分别体现了新时代中国坚持和平发展道路中的哪些路径，并由小组发言人上台进行讲解。教师通过发言人的讲解内容引导学生从中思考与总结如何更好地走好和平发展道路，意在启发学生去思考如何更好更完善地推进新时代中国走的和平发展道路，更好地坚持独立自主的和平外交政策，为我国的对外交往贡献自己的思考与发现，从而升华本节课的讲授内容。

考核评价

一、知识考核

通过课堂提问、课后练习、考试等方式对学生掌握本专题相关基本知识的情况进行考核评价。

二、能力考核

通过课堂讨论、课堂展示等方式考查学生是否具备运用马克思主义的立场观点和方法分析、解决中国如何更好坚持和平发展道路的问题的实际能力。

三、考核模式

将过程考核和结果考核相统一，进行综合评价；将教师评价和学生评价相结合，发挥学生在考核中的主体作用。

资源链接

一、知识链接

知识链接1：

克明俊德，以亲九族。

九族既睦，平章百姓。

百姓昭明，协和万邦。

——《尚书·尧典》

《尚书》不但是研究中国古代历史、文学、哲学的重要文献资料，而且是中国第一部兼记叙和论说的散文集，为后代散文的发展奠定了基础，在散文发展史上占有相当重要的地位。《尧典》是《尚书》的开篇之作，具有很高的史料价值，基于史实的内容，生动地展示了中国上古时代的社会概貌，是研究中国原始社会后期政治思想的重要文献。

知识链接2：

大道之行也，天下为公，选贤与能，讲信修睦。故人不独亲其亲，不独子其子，使老有所终，壮有所用，幼有所长，矜、寡、孤、独、废疾者皆有所养，男有分，女有归。货恶其弃于地也，不必藏于己；力恶其不出于身也，不必为己。是故谋闭而不兴，盗窃乱贼而不作，故外户而不闭，是谓大同。

——《礼记·礼运》

知识链接3：

独立自主的和平外交政策[①]

中国奉行独立自主的和平外交政策的基本目标是维护中国的独立、主权和领土完整，为改革开放和现代化建设创造一个良好国际环境，维护

① 中国特色社会主义理论与实践研究［M］. 北京：高等教育出版社，2018：201.

世界和平，促进共同发展。其主要内容包括：始终奉行独立自主的原则；反对霸权主义，维护世界和平；主张顺应世界多极化和经济全球化的历史潮流，积极推动建立公正合理的国际政治经济秩序；愿意在互相尊重主权和领土完整、互不侵犯、互不干涉内政、平等互利、和平共处五项原则的基础上，同所有国家建立和发展友好合作关系；实行全方位的对外开放政策，愿在平等互利原则的基础上，同世界各国和地区广泛开展贸易往来、经济技术合作和科学文化交流，促进共同繁荣；积极参与多边外交活动，做维护世界和平和地区稳定的坚定力量。

参考文献

1. 习近平. 习近平谈治国理政：第一卷［M］. 北京：外文出版社，2018.

2. 本书编写组. 毛泽东思想和中国特色社会主义理论体系概论［M］. 北京：高等教育出版社，2021.

3. 中国特色社会主义理论与实践研究［M］. 北京：高等教育出版社，2018.

4. 中共中央党史和文献研究院. 习近平关于中国特色大国外交论述摘编［M］. 北京：中央文献出版社，2019.

5. 习近平新时代中国特色社会主义思想三十讲［M］. 北京：学习出版社，2018.

6. 本报评论员. 承历史传统 促和平发展［N］. 人民日报，2005-07-15（1）.

7. 梅红绒. 我是“亲诚惠容”理念的受益者［J］. 当代世界，2021（9）.

专题三

Topic 3

开拓创新

——高质量共建“一带一路”

| 一体化设计目标及思路 |

共建“一带一路”是习近平总书记深刻思考世界百年未有之大变局以及中华民族伟大复兴的战略全局，为推动中国和世界合作共赢、共同发展做出的重大决策。“一带一路”倡议契合了沿线国家共同的需求，继承和发扬了“包容、平等、互利、互信”等古丝绸之路精神，有利于增强中国与沿线国家的经济合作与政治互信，提升中国在国际事务中的话语权。本专题遵循思想政治工作规律和学生成长发展规律，本着循序渐进、螺旋上升的大中小学思想政治理论课一体化教学理念，按照“小学段：可爱的‘一带一路’朋友圈进行情感教育，初中段：从历史中走来的‘一带一路’进行历史教育，高中段：‘一带一路’与新时代对外开放进行政策教育，大学段：“一带一路”与中华民族伟大复兴进行倡议教育”的设计思路，提高学生对于共建“一带一路”的情感认同、历史认同、政策认同、倡议认同，增强其担当民族复兴大任的责任感和使命感。

思维导图：

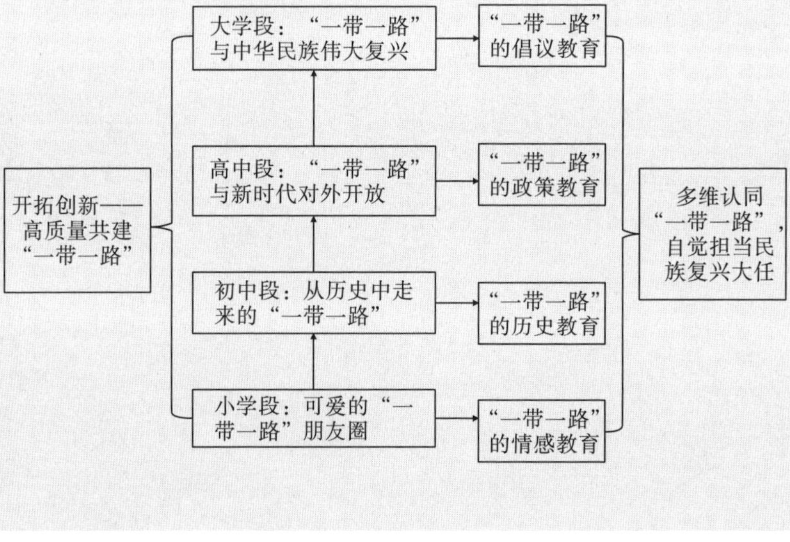

小学段：可爱的“一带一路”朋友圈

教学目标

通过从实际出发，联系时事政治，观看信息化图文资料等，借鉴时下流行的朋友圈分享形式，感受“一带一路”沿线国家的历史传统和风采；通过认识“一带一路”沿线国家风采，了解其外交故事或政策，理解“一带一路”倡议是由中国提出的开放性、包容性区域合作倡议，有利于沿线各个国家共商共享共建，从而实现互利共赢；通过对沿线国家与中国交流的了解，明白建设“一带一路”是求同存异的人文交流之桥梁，是沿线国家民众加强交流、增进理解之桥梁，为不同文化和文明加强对话、交流互鉴织就了新的纽带，从而让小学生懂得从一言一行做起，学会国际间的相互理解、相互尊重、相互信任。

教学内容

一、大道致远：历史流转　穿越时空

（一）驼铃声声　张骞出使

（二）班列轰隆　钢铁驼队

二、海纳百川：各美其美　美美与共

（一）渝新始发　蓉欧紧随

（二）满载希望　源源不断

三、天下一家：求同存异　共建共享

（一）风光无限

（二）历久弥新

教学重难点

一、教学重点

感受“一带一路”沿线国家的历史传统和国家风采，理解“一带一路”是一条在求同存异中寻求合作共赢的道路。

二、教学难点

懂得只有相互尊重和理解才能更好地携手发展，通过政治互信、经济融合、文化包容等方面，从自身做起，学会尊重异域文化，求同存异。

学情分析

小学是学生的“拔节孕穗”期，他们的世界观、价值观等方面还处于启蒙阶段。因此，小学思政课要坚持价值导向，注意引导学生认清是非，牢固树立爱国、爱家、爱人、爱己的朴素感情。此外，小学生虽然有一定的自主学习和思考的能力，但由于自身知识储备、人生阅历、学习能力等方面的限制，因此需要教师主动引导，激发小学生对于“一带一路”沿线国家风土人情、气候地貌等方面的兴趣，增强他们对“一带一路”的情感认同，懂得相互尊重、相互理解、相互包容、相互合作的重要性。

设计思路

一、设计理念

“趣”——有趣引入。通过创设有趣的真实情景，引导学生乘坐“一带一路”班列，以“小小考察者”的身份沿途考察，初步感知“一带一路”倡议的宏伟之处。

“精”——精讲精宣。通过在智慧课堂中设计“精选站台”“深度精访”等环节，精准推送问题指引，利用现代信息技术，整合课前调查资源，课堂现场教师引导学生自主查阅、汇报等形式，帮助学生在有限的课堂时间内走进无限的“一带一路”时空，领略“一带一路”沿线国家的无限风光，感知、体会、理解“一带一路”的重要意义。

“实”——环节落实。通过研究问题“真实”（“一带一路”沿线国家真实的历史、当下风土人情），教学内容“厚实”（广且精的各国国情展示），学习过程“丰实”（线上线下多元的学习方式），以达到学习效果“扎实”。

“活”——教法灵活。通过情景再现、直观演示、任务驱动等多元教法，充分尊重学生的主体地位，避免“走马观花”式地“看”和“模棱两可”地“想”，帮助学生真切地走进“一带一路”。

二、思维导图

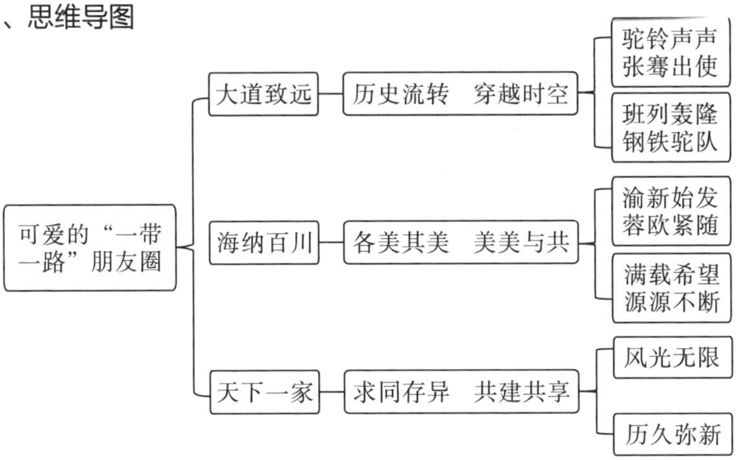

实施方案

一、大道致远：历史流转 穿越时空

（一）驼铃声声　张骞出使

教师提问：张骞为什么要出使西域？看到这条曾经繁华的古代丝绸之路，你有什么感悟？

学生讨论并回答。

（二）班列轰隆　钢铁驼队

以下是拍摄的丝绸之路经济带沿线国家的图片，图片中列车满载货物，车身写着“中欧班列”字样。

教师提问：通过图片，同学们看到了什么？

同桌讨论：通过课前的了解，与古代丝绸之路相比，丝绸之路经济带有什么不一样？

二、海纳百川：各美其美 美美与共

（一）渝新始发 蓉欧紧随

课前学生进行了资料收集和梳理，因此，此环节便使用智慧云课堂开展微型抢答竞赛，教师了解学生课前预习情况并自然地过渡到“一带一路”沿途国家的知识学习。

1．趣味抢答 以赛代练

教师引导：同学们课前收集了许多有关“一带一路”的资料，可以比一比各个学习小组组对于“一带一路”的了解程度！

序号	抢答竞赛题目
1	“一带一路”中的“一带”是指__________，“一路”是指__________。
2	2011年3月19日，中欧班列首次开通，名叫__________，从__________始发，第一个达到的国家是__________，最后顺利抵达__________，拉开了中欧贸易用铁路运输的序幕。
3	2013年4月，首列从成都至波兰罗兹的蓉欧快铁正式开通，途经哈萨克斯坦、俄罗斯等国抵达波兰，全长__________公里。
4	中欧班列途经了哪些国家？______________________________。（至少说出三个不同的国家）

2．创设情景 以点带面

（1）情景创设 教师分享

师生一起乘坐中欧班列，去看看沿途国家风光，游历“一带一路”朋友圈。

首趟中欧班列“渝新欧”始发自中国重庆，途经的第一个国家——哈萨克斯坦共和国（简称哈萨克斯坦），是一个位于中亚的内陆国家，同时也是世界上最大的内陆国。

（2）微课举例

朋友圈形式展示教师自制微课：

哈萨克斯坦地形复杂，境内多为平原和低地。特点是东南高、西北低，大部分领土为平原和低地，西部和西南部地势最低。哈萨克斯坦的东部和东南部是有着崇山峻岭和山间盆地的山地，这里矗立着阿尔泰山、塔尔巴哈台山、准噶尔阿拉套山、外伊犁阿拉套山、天山等。阿尔泰山系在哈萨克斯坦境内分为南阿尔泰山和北阿尔泰山，高度在海拔2300～2600米之间，其最高峰别卢哈峰海拔4506米。准噶尔阿拉套山脉总长450公里，宽100～350公里，被科克苏河和博拉塔尔河分割成北准噶尔阿拉套山和南准噶尔阿拉套山。其最高峰别斯巴坎峰海拔4464米。天山山系位于哈萨克斯坦的东南端，为中国、哈萨克斯坦、吉尔吉斯斯坦三国界山，其雄奇险峻的山峰长年被积雪和冰川所覆盖。最高峰汗腾格里峰海拔6995米，也是哈萨克斯坦境内的最高峰。哈萨克斯坦属大陆性气候，1月平均气温−19℃至−4℃，7月平均气温19℃至26℃。哈萨克斯坦北部的自然条件与俄罗斯中部及英国南部相似，南部的自然条件与外高加索及南欧的地中海沿岸国家相似。这里既有低于海平面几十米的低地，又有巍峨的高山山脉，山顶的积雪和冰川长年不化。哈萨克斯坦共有大小河流8.5万多条，国内湖泊众多，多达4.8万多个，拥有冰川约2700余座。哈萨克斯坦位处之中亚蕴藏了大量的天然资源，因此哈萨克斯坦的经济是以石油、天然气、煤炭为主。哈萨克斯坦的石油资源和矿产资源丰富，已经探明石油储量近140亿吨（陆上和里海地区），已经探明的矿藏90多种。

1992年1月3日中哈建交。2002年12月签署中哈睦邻友好合作条约。2005年7月中哈建立战略伙伴关系。2011年双方宣布发展全面战略伙伴关系。两国教育、文化、科技领域合作成果丰硕，常年互派文艺团组演出。我国在哈萨克斯坦设立了5所孔子学院。截至2019年5月，中哈已建立18对友好省州和城市，其中北京市和努尔苏丹市互为友好城市。

（3）学生思考

通过微课，你看到了一个怎么样的哈萨克斯坦共和国？你有什么感受？你可以在朋友圈为你喜欢的内容点赞，也可以留下你的评论。

（二）满载希望 源源不断

1．视听盛宴　学生展示

（1）教师串联

搭乘上“钢铁驼队”，你们还想去沿途的哪些国家？你们都了解到哪些多彩的异域风情？

（2）小组根据导学单发布“一带一路”朋友圈

满载希望 源源不断——“一带一路”沿途国家风光（导学单）			
班级：__________		姓名：__________	
国家名称		国土面积	
地形地貌		自然风光	
人文特色		政治外交	
你最喜欢的一幅照片（简要说明）			

2．共享反馈　综合评价

小组展示后上传至智慧云课堂，其他学生用平板进行点赞和评论，评选出：“我最喜欢的‘一带一路’朋友圈”（点赞数最多的朋友圈获得）和最佳评论。

三、天下一家：求同存异 共建共享

（一）风光无限

1．地图展示中欧铁路通道规划图

教师引导：截至2021年1月，中国与171个国家、地区和国际组织签署了205份共建“一带一路”合作文件。合作不断走深走实，成果超出预期。

目前，中欧班列铺划了西中东三条通道。

第一，西通道。一是由新疆阿拉山口（霍尔果斯）口岸出境，经哈萨克斯坦与俄罗斯西伯利亚铁路相连，途经白俄罗斯、波兰、德国等，通达欧洲其他各国。二是由阿拉山口（霍尔果斯）口岸出境，经哈萨克斯坦、土库曼斯坦、伊朗、土耳其等国，通达欧洲各国；或经哈萨克斯坦跨里海，进入阿塞拜疆、格鲁吉亚、保加利亚等国，通达欧洲各国。三是由吐尔尕特（伊尔克什坦），与规划中的中吉乌铁路等连接，通向吉尔吉斯斯坦、乌兹别克斯坦、土库曼斯坦、伊朗、土耳其等国，通达欧洲各国。

第二，中通道。由内蒙古二连浩特口岸出境，途经蒙古国与俄罗斯西伯利亚铁路相连，通达欧洲各国。

第三，东通道。由内蒙古满洲里（黑龙江绥芬河）口岸出境，接入俄罗斯西伯利亚铁路，通达欧洲各国。

2．现场调查 引发思考

朋友圈问卷调查：这么多的国家和城市有不同的自然环境和人文环境，为什么他们之间还能合作？请使用平板自主检索信息，经过思考后，提交答案。

（二）历久弥新

1. 资料呈现　深度解析

2013年3月23日，习近平主席在莫斯科国际关系学院发表演讲，首次在国际场合向世界提出“命运共同体”这一概念：“这个世界，各国相互联系、相互依存的程度空前加深，人类生活在同一个地球村里，生活在历史和现实交汇的同一个时空里，越来越成为你中有我、我中有你的命运共同体。”它是以习近平同志为核心的党中央就人类未来发展提出的“中国方略”。

2015年9月28日，中国国家主席习近平在出席第七十届联合国大会一般性辩论时发表题为《携手构建合作共赢新伙伴 同心打造人类命运共同体》的讲话，讲话指出要建立平等相待、互商互谅的伙伴关系，营造公道正义、共建共享的安全格局，谋求开放创新、包容互惠的发展前景，促进和而不同、兼收并蓄的文明交流，构筑尊崇自然、绿色发展的生态体系。

2. 引发思考　回归当下

“见出以知入，观往以知来。”中国始终坚定不移维护真正的多边主义，坚定不移同世界共享市场机遇，坚定不移推动高水平开放，坚定不移维护世界共同利益。作为中国未来接班人的我们，可以怎么做呢？

3. 微课分享　总结升华

教师自制微课内容概要：2020年，新型冠状病毒肺炎疫情席卷全球，多地中欧班列逆势跑出“加速度”。2020年4月14日，从中国武汉始发的中欧班列（武汉）X8015次列车抵达德国北威州杜伊斯堡港货运场站，本次班列承载的货物包括支援各国的新型冠状病毒肺炎疫情防控用品、匈塞铁路建设物资、出口汽车零配件等。班列抵达杜伊斯堡后，随车货物将分拨至德国、法国、匈牙利、捷克、波兰等国。5月9日，开往塞尔维亚贝尔格莱德的中欧班经过近18天的列（武汉）从吴家山站驶出。日夜兼程，满载290多吨国际合作防疫物资的75041次中欧班列驶抵塞尔维亚。这批防疫物资包括武汉等地生产的口罩、防护服、护目镜、医疗器械等。中塞员工立即进行清点、搬运，力争第一时间将物资分拨至塞尔维亚各地及周边国家，支援当地抗击疫情。疫情时期，中国携手“一带一路”沿途各国，基于共商、共建、共享的原则，在互信、互敬、互助的氛围中，共同努力再创辉煌。

考核评价

专题：开拓创新——“一带一路”建设专题	本课主题：“一带一路”沿线国家风采	等 级 □A □B □C □D
从实际出发，联系时事政治，观看信息化图文资料等，感受“一带一路”沿线国家的历史传统和国家风采	A 能清晰描述“一带一路”沿线国家风采（至少4个国家），能清楚表达本课学习后的学习收获	口头评价
	B 能清晰描述“一带一路”沿线国家风采（至少3个国家），能清楚表达本课学习后的学习收获	
	C 能清晰描述“一带一路”沿线国家风采（至少2个国家），能清楚表达本课学习后的学习收获	
	D 未达到C级	
感知“一带一路”沿线国家风采，了解其外交故事或政策，理解“一带一路”是由中国提出的开放、包容性区域合作倡议，有利于沿线各国家共商、共享、共建，从而实现互利共赢	A 能准确理解“一带一路”的“求同存异美美与共”的重大意义，能自主自觉收集分析资料进行拓展学习	多元评价：抢答竞赛积分、学生展示大众评审
	B 能清楚地理解“一带一路”带来的互利共赢效应，能自主收集分析资料进行拓展学习	
	C 能较清楚地理解“一带一路”的共商、共建、共享的合作原则，能在老师、同学的帮助下进行后续的拓展学习	
	D 未达到C级	

续表

<table>
<tr><td>专题：开拓创新——“一带一路”建设专题</td><td>本课主题：“一带一路”沿线国家风采</td><td>等　级
□A　□B
□C　□D</td></tr>
<tr><td rowspan="4">初步理解建设“一带一路”是求同存异的人文交流之桥梁，是沿线国家民众加强交流、增进理解之桥梁，为不同文化和文明加强对话、交流互鉴织就了新的纽带，从而懂得从一言一行做起，学会国际间的相互理解、相互尊重、相互信任</td><td>A 能积极参与“一带一路”相关知识的学习和思考，明白国际间的相互理解、相互尊重、相互信任的重要意义，并能付诸实践</td><td rowspan="4">多元评价：现场问卷调查、口头评价</td></tr>
<tr><td>B 能辨别什么是国际间的相互理解、相互尊重、相互信任，并能付诸实践</td></tr>
<tr><td>C 能在老师和同学的帮助下，学会国际间的相互理解、相互尊重、相互信任</td></tr>
<tr><td>D 未达到C级</td></tr>
</table>

初中段：从历史中走来的“一带一路”

教学目标

了解陆上丝绸之路和海上丝绸之路发展的基本史实，初步掌握我国古代历史上中原地区与边疆地区的经济文化联系和东西方经济文化交流的历史过程，培养学生独立认识、分析、思考历史问题的能力。

通过自主学习、合作学习、探究学习，让学生比较张骞两次出使西域的不同，认识张骞通西域的重大意义。研读相关史料，获取有效信息，做到论从史出。识读《张骞出使西域图》《丝绸之路路线图》《汉代海上丝绸之路》，运用比较法获取有效的历史信息。

通过学习张骞为报效国家不屈不挠、勇于冒险开拓的精神，强化学生的爱国情感和开拓进取的意识。正确理解历史上的丝绸之路与当下“一带一路”倡议的关系。

教学内容

一、勇于探索拓新路

（一）陆上丝绸之路的来源

（二）海上丝绸之路的来源

二、文明交流通商路

（一）陆上丝绸之路的人员、商贸、文化、互通的内容

（二）海上丝绸之路的人员、商贸、文化、互通的内容

三、丝绸之路意义非凡

（一）海上丝绸之路的影响

（二）陆上丝绸之路的影响

教学重难点

一、教学重点

陆上丝绸之路和海上丝绸之路的起源、路线、发展历程。

二、教学难点

如何正确认识丝绸之路的文化内涵及其在中西方交流史上的重要地位。

学情分析

通过小学阶段的学习，学生已经对“一带一路”沿线国家有了初步认识和了解。初中生正处于性格塑造、价值认同、情感选择的重要阶段。从知识构建方面来看，他们的历史知识积累还比较少，尤其对重大历史事件还缺乏理性思考，同时对历史地理的概念还比较模糊，需要教师进行相关的引导和说明。从学生思维特点来看，初中生尚不具备较强的分析能力。本学段将通过对历史故事的分享、社会实践的参与、基础知识的了解，让学生领悟古代丝绸之路的重大历史意义，从而提升初中生对史实的兴趣，培养学生的政治认同、理性精神和公共参与素养。

设计思路

一、设计理念

在增强学生历史认同感和培养学生民族自豪感理念指导下，以“历史中走来的‘一带一路’”为主题，通过故事讲解、视频感知、交流探讨、历史再现等基本教学方式，既深化学生对“一带一路”基本史实的理解，又引导他们深刻感悟“一带一路”对促进民族融合和中西方交往的深远影响，最终推动转化为同学们积极践行“丝路精神”的自觉行动。

二、思维导图

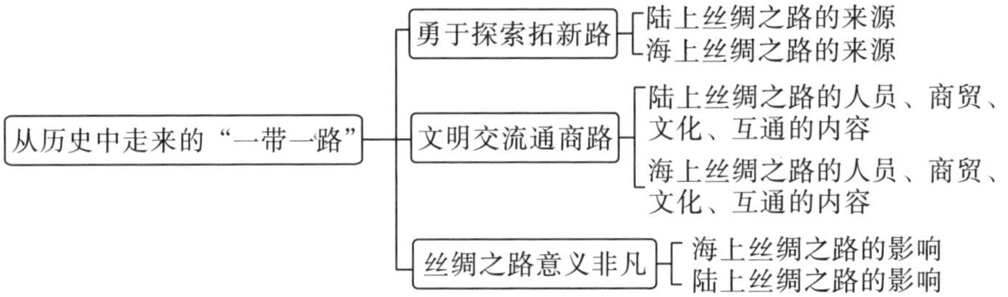

实施方案

本议题名为“从历史中走来的‘一带一路’”，分为“勇于探索拓新路”“文明交流通商路”“丝绸之路意义非凡”三个部分。第一部分，以德国地质学家李希霍芬的著作《中国》中展示的丝绸之路地图切入，让学生初步了解丝绸之路分为陆上和海上两条路线。陆上丝绸之路以诗歌鉴赏引入分析西域的地理概念，引出张骞出使西域。海上丝绸之路以视频《海上丝绸之路的发现，来自千年之前的“中国制造”》引入，让学生了解中国的海上丝绸之路最早萌芽于商周时期，发展于春秋战国时期，形成于秦汉时期，兴盛于唐宋时期，转变于明清时期，是已知的最为古老的海上航线。第二部分，具体讲述海上丝绸之路和陆上丝绸之路的人员、商贸、文化交流和互通的内容。第三部分，探究丝绸之路的历史意义，即探究丝绸之路对于今天倡导文明共进所具有的历史意义。最后设计学生活动，培养学生的参与能力。

一、勇于探索拓新路

教师导入：展示德国地质学家李希霍芬的照片和他的著作《中国》一书。设计两个问题：同学们知道李希霍芬是谁吗，他是做什么的？明白老师为什么要把他的照片在大家面前呈现吗？什么是丝绸之路？

这个环节的设计目的在于，让学生对丝绸之路有一个初步的认识和了解。第一个问题比较难，需要教师告知学生。李希霍芬是德国地质地理学家，他最早提出“丝绸之路”这个概念，他在著作《中国》一书中用红线标注了丝绸之路的路线。可以借用李希霍芬在书中的描述：“从公元前114年至公元127年间，中国与中亚、中国与印度间以丝绸贸易为媒介的这条西域交通道路”来回答第二个问题。

教师总结：丝绸之路，简称丝路，广义上讲丝绸之路分为陆上丝绸之路和海上丝绸之路。1877年，德国地质地理学家李希霍芬在其著作《中国》一书中最早提出。李希霍芬把“从公元前114年至公元127年间，中国与中亚、中国与印度间以丝绸贸易为媒介的这条西域交通道路”命名为“丝绸之路”，这一名词很快被学术界和大众所接受，并正式运用。

（一）陆上丝绸之路的来源

环节一：展示地图《传统的丝绸之路》

提问：从地图上可以看出，传统的丝绸之路分为哪两条路线？陆上丝绸之路的起点和终点分别是哪座城市？途经哪些重要城市？请说一说海上丝绸之路的形成过程和范围。

教师总结：陆上丝绸之路起源于西汉，汉武帝派张骞出使西域开辟的以首都长安（今西安）为起点，经甘肃、新疆，到中亚、西亚，并连接地中海各国的陆上通道。东汉时期丝绸之路的起点在洛阳。它的最初作用是运输中国古代出产的丝绸，在明朝时期成为综合贸易之路。海上丝绸之路是古代中国与外国交通贸易和文化交往的海上通道，主要以南海为中心，所以又称南海丝绸之路。海上丝绸之路形成于秦汉时期，发展于三国至隋朝时期，繁荣于唐、宋、元、明时期，是已知的最为古老的海上航线。

（过渡：接下来，我们一起来详细了解两条丝绸之路的来源。首先，一起来看看陆上丝绸之路。）

环节二：陆上丝绸之路

提问：播放视频《丝绸之路》，设计以下几个问题，为什么这条古老的路线被称为丝绸之路？谁是丝绸之路最早的开辟者？丝绸西传最早是什么时候？通往西方的丝绸之路有几条？除了这条陆上丝绸之路，是否还有其他陆上丝绸之路呢？

教师总结：

第一问：位于欧亚大陆东西两端的中国和欧洲国家，之间横亘着辽阔的欧亚内陆地区，也就是现在的中亚地区。两千多年前，一条以汉朝都城长安为出发地的贸易交通线途经中亚地区向西延伸，或通往西亚，或绕过里海，到达终点欧洲。由于丝绸是这条陆上交通线上运输最多的商品，所以，后人把这条古老的路线称为“丝路”或者“丝绸之路”。

第二问：一提到丝绸之路，会想到张骞通西域，事实上，张骞并不是第一位开拓西域的人，丝绸之路有着比这更悠久的历史。史料记载，公元前10世纪西周时期的周穆王，从今陕西西安出发，向西长途跋涉，到达了今天中亚的吉尔吉斯斯坦，并以丝绸作为国礼，赠送给所出访的国家，这大概就是丝绸西传最早的历史了。

第三问：经现代考古发现证实，在公元前5世纪，已有一条从黑海北岸经土耳其平原、哈萨克丘陵到准噶尔盆地、河套地区以及蒙古高原的草原丝绸之路。希腊史学家希罗多德在公元前5世纪所著的《历史》一书中也曾提到这条古道。在张骞开通西域以前，居住在蒙古高原的游牧民族，就充当了东西方交通的使者，他们先通过战争或其他方式，从中原获得大量丝绸，然后通过草原丝绸之路运往西方贩卖，换取自己所需的物品。

（过渡：公元前138年，发生了一件具有深远影响的历史事件，在了解详细情况之前，我们先来了解两个地名。）

1．诗歌鉴赏

展示阳关、玉门关的图片，配上诗词内容：

《送元二使安西》

（唐·王维）

渭城朝雨浥轻尘，客舍青青柳色新。

劝君更尽一杯酒，西出阳关无故人。

《凉州词》

（唐·王之涣）

黄河远上白云间，一片孤城万仞山。

羌笛何须怨杨柳，春风不度玉门关。

设计以下问题：先来看王维的《送元二使安西》这首诗歌。

第一，这首诗歌里提到了阳关，阳关是指现在的什么地方？

阳关这个地名最早出现在西汉时期，汉武帝为抗击匈奴在河西走廊设置了酒泉郡和敦煌郡。敦煌郡包括六个县，其中一个县城叫龙勒，龙勒下辖玉门关和阳关两座都尉治所。著名的丝绸之路就是从长安出发，途经河西走廊到敦煌，过玉门关或阳关直通西域各国。到了魏晋时期，阳关由都尉治所升格为阳关县。这时中原地区连年战乱，丝绸之路逐渐湮灭在黄沙之中，阳关仅剩驻军守边。到了唐代随着国力的强盛，丝绸之路复兴，阳关又成了重要的关隘。玄奘大师从西域求法返回长安时就途经阳关，一路东行重回长安。

唐诗中的阳关未必就是地理位置上的阳关，更多是一种文化意象。而后又有乐师创作了《阳关曲》，让阳关名扬天下。久而久之，大家只知道阳关在西北边塞，具体地处何方就不得而知了。此后阳关成为文学作品中的典故，传诵千年。

经过实地考证才发现，史料记载的阳关没有山口，由此推测阳关是在平地上建成的。由于此地有大量流沙，发现了耕地水渠遗迹，可以推测此地在历史中应该是人口聚居区。至于没有发现关隘，大概是由于阳关被掩埋在黄沙之下。还有另外一种可能，阳关和汉代长城曾经连为一体，并不是独立的关口。

第二，为什么王维会告诉友人说“西出阳关无故人”？

在唐代，阳关成为边塞的代名词，常用来形容远离京城的远方。出了阳关就意味着远离故土，远离家人，读来有种依依惜别的悲凉之感。

第三，标题中的安西指的是哪里？

安西是唐中央政府为统辖西域地区而设的安西都护府的简称，治所在龟兹城，即今新疆库车附近。

再来看看王之涣的《凉州词》。

第一，玉门关指的是什么地方？为什么会得此名？

玉门关位于今天的甘肃省敦煌市龙勒县西北的小方盘城，是汉武帝设置河西四郡时所设立的一道关隘。玉门关扼守河西走廊西端，是中原进入西域的门户。丝绸之路贯通以后，商人往来不绝，西域于阗（今新疆和田）的美玉经此关进入中原，玉门关因此得名。由此可见，玉门关是连接西域和中原的交通要道。

不过，到了唐朝时期，随着海上丝绸之路的兴起，玉门关逐渐冷清下来，显得有些荒凉了。只有驻扎的军队还坚守在这里，守着这座地处边塞的孤城。

第二，为什么说“春风不度玉门关”？

王之涣用这首《凉州词》，描写了边塞的荒凉和戍边士卒的思乡之情。从地理学的角度分析，此句并不是说玉门关春天不刮风，而是指湿润的暖湿气流很难到达这里。玉门关所处的河西走廊西端，是比较明显的大陆性干旱气候，各个方向距离海洋都很远，暖湿气流受地形阻挡，很难影响到这里。

（过渡：综上所述，两首诗歌中提到的阳关和玉门关，都涉及一个地方，那就是西域，从而引出下一个问题。）

知识总结：阳关和玉门关是中原王朝与西域交流的咽喉之地，具有重要的战略地位。

2．识图标注

展示《西域历史地图》和资料《汉书·西域传》。

《汉书·西域传》："西域以孝武时始通，本三十六国，其后稍分至五十余，皆在匈奴之西，乌孙之南。南北有大山，中央有河，东西六千余里，南北千余里。东则接汉，阸以玉门、阳关，西则限以葱岭。"

设计以下问题：认真阅读《汉书·西域传》，知道西域的大致范围。

知识总结：西域是一个古代的地理概念，汉代的西域，是指今天甘肃阳关、玉门关以西，也就是现在的新疆和更远的广大地区。玉门关、阳关都在敦煌附近，为古代西域之门户。

3. 周边关系

材料一：匈奴骑兵西进，......征服乌孙及楼兰许多小国。控制商道，掠夺财富，"敛税重刻，诸国不堪命"。"至匈奴老上单于，杀月氏王，以其头颅为饮器"。

材料二：秦末汉初，中原长期动乱，匈奴乘机再次夺取河套地区，并继续南下，威胁中原。

设计以下问题：匈奴是如何控制西域各国的？请举例说明。西汉初年，西汉政权与匈奴的关系如何？匈奴控制西域对西汉有什么影响？西汉与西域是否存在共同的利益？对于匈奴，汉初统治者对其和亲，而汉武帝时为什么积极备战，对匈奴进行大规模的军事反击？

根据材料一，学生可以很清楚地知道。匈奴贵族在征服西域的过程中，对当地人民十分残暴。匈奴贵族的暴行，引起了各国人民的强烈仇恨。西汉初年经济尚未恢复，国力不足，被迫对匈奴采取和亲政策，以避免匈奴的骚扰。匈奴控制西域并以此为据点进攻西汉，使西汉边疆不得安宁，匈奴成为西域和西汉共同的威胁。经过汉初几代统治者的休养生息政策，汉朝的国力在汉武帝即位后已相当厚实，也有实力对匈奴进行大规模的军事反击。

知识总结：汉初国力较弱，被迫对匈奴采取和亲政策。到汉武帝时期国力增强，汉武帝决定武力对抗。

（过渡：这样的状况会一直持续下去吗？）

西汉初年，匈奴不断南下侵扰，当时的西汉国力较弱，只能通过和亲等怀柔措施来应对和解决。后来随着汉初的休养生息，西汉国力逐渐增强，到汉武帝时，决定要北击匈奴。这时汉武帝听说在匈奴的西边有一个游牧民族叫作大月氏，匈奴打败了大月氏，大月氏对匈奴怀恨在心，但是只有被迫西迁。于是，汉武帝希望能够联络大月氏一起夹击匈奴。汉武帝一时找不到合适的人选去联络大月氏，决定在全国张榜纳贤。

4．情境设置

情境一：拟写招贤令（也可以让学生分组拟写汉武帝招募人员自愿赴大月氏的诏书，包括目的、人才的条件、会遇到的威胁等，写好之后全班交流，然后教师再展示汉武帝的招贤令，有利于提高学生参与课堂的积极性和主动性）。

设计以下问题：

问题一：招贤令招募的使者需完成什么使命？

汉武帝派遣使者出使西域，希望找到被匈奴驱逐向西迁离的大月氏人，希望能够说服他们返回故土，一同夹击匈奴。

问题二：假如你生活在那个朝代，你会去吗？为什么？

同学们可以畅所欲言，分析去或者不去的原因，从而引出第三个问题。

问题三：最后是谁接受了这一挑战？

当时对于大月氏究竟迁到哪里，路途究竟有多遥远，谁也不知道。因此，上至诸侯王公，下至文武百官尽皆不敢冒险。但在这时，一个小小的郎官应征接受了任务，他就是张骞。

（过渡：张骞是谁？一个小小的郎官，居然有如此过人的胆识，他是“丝路第一人”，被后人誉为伟大的外交家、冒险家、旅行家。司马迁称他是“凿空西域”的人，梁启超赞他“坚忍磊落奇男子，世界史开幕第一人”。翦伯赞说他“是一个冒险家，又是一个天才的外交家，同时又是一员战将，真可谓中国历史上出类拔萃的人物也”。接下来我们就来深入了解当时的情况。）

情境二：展示《张骞拜别汉武帝出使西域图》。

教师先介绍背景资料：图为敦煌莫高窟第323窟《张骞拜别汉武帝出使西域图》，顾名思义，描述的是张骞出使西域这一历史事件，它是现在我们能看到的描述张骞出使西域的最早的一幅绘画作品。

再设计以下问题：汉武帝派遣张骞出使西域的目的是什么？汉初前往西域，可能会遇到哪些困难？

西域的地形，有高山、戈壁、沙漠，气候条件也很恶劣，说明环境恶劣是张骞一行可能遇到的第一个困难；史书记载，在当时的西域，存在着三十六个国家，而这些国家主要是被西汉的劲敌匈奴控制，如果前往西域，就存在被匈奴抓走的危险，这是第二个困难；再加上当时的人们对西域知之甚少，甚至不知道大月氏究竟在哪里，这就使出行的难度系数再次攀升。在这样的情况下，汉武帝下令在全国张榜纳贤，当时担任郎官的张骞位卑不忘报国，毅然应募，于是就有了壁画中反映的历史事件。

知识总结：第一，汉武帝希望联络大月氏夹击匈奴，于是派人前往西域。第二，汉初前往西域，可能会遇到环境恶劣、匈奴威胁、对西域知之甚少等困难。

议题情境：展示《张骞出使西域图》，并设计以下问题，结合张骞出使西域的具体路线分析当时的具体情况。

教师分析：公元前138年，张骞率领100多人组成的使团，从长安出发一路向西，希望能够寻找到大月氏。不过刚刚出陇西郡，就被匈奴抓住。匈奴人为了让他屈服，采取了威逼利诱等各种手段，甚至帮他娶了妻子。被扣十余年，但张骞一直持汉节不失，不忘自己的使命，找到机会逃出，历尽艰险终于找到大月氏。但是大月氏已经对自己的现状很满意，不愿再出兵。于是张骞只好返回，结果在返回途中又被匈奴抓住，历经一年多，终于回到了长安。

学生可以把详细的情况浓缩成这个的图标展示在地图上：

前138年，率100余人出发 → 被扣匈奴十余年，持汉节不失 → 继续西行，历尽艰险。 → 再次被扣留 → 前126年回到长安，随行者仅剩1人

力劝大月氏终无果（情景剧）

大月氏女王帐内。

张骞：汉使张骞拜见女王。（单膝跪地）

女王：起来吧，你就是汉朝来的那位贵使？

张骞：尊敬的女王，听闻大月氏与匈奴有血海深仇，皇上特派我出使贵国，希望两国能够结为同盟，共同打击匈奴。

女王：但是大月氏人已经不想看见战争了，宁愿忘记痛苦的过去。

张骞：（急切加焦虑）难道您忘记了当年匈奴突袭大月氏，前任王被匈奴杀害，头颅竟然被当作酒器？

女王：（悲愤而气怒）不要再说了！（良久平复情绪）我心意已决，多说无益。我宁愿与贵国加强往来。

旁白：张骞百般无奈只好无功而返。

（剧情也可以让学生编写，并表演，增强学生对张骞出使西域这一历史事件的了解。）

知识总结：张骞出使西域，历尽艰险，但他始终持汉节不失，不怕困难，百折不挠，为国家利益，不顾个人安危，值得赞赏和学习。

5. 对比总结

展示图表“张骞出使西域”，设计以下问题：

时间	目的	结果

张骞第一次出使西域的目的达到了吗？张骞出使西域还有哪些收获？张

骞第二次出使西域的目的是什么？结果如何？张骞曾两次被匈奴抓住，被扣留了十几年，但他仍坚持完成使命。他的这种精神对我们有什么启示？

从环节四的分析可以看出，张骞第一次出使西域的目的是联络大月氏夹击匈奴，这个目的虽然没有达到，但是张骞在出使西域的途中，了解了沿途国家的风土人情以及各国与西汉交好的愿望，西汉对西域从知之甚少到开始逐渐了解。

公元前119年，张骞第二次出使西域，这次出行的目的是联络乌孙夹击匈奴。出使的队伍更加庞大，有300多人，使者带着牛羊、丝绸、金币等物品。由于汉武帝曾经派卫青、霍去病打败了匈奴，这次的行程比较顺畅。可惜乌孙国王不同意汉朝的主张，不过他热情地接待了张骞的使团，而且还派使臣一同返回长安致谢。张骞出使不仅访问了乌孙，还派副使访问了大宛、大月氏、大夏，这些国家也先后派出使者来到汉朝。在此之后，西域与汉朝互派使者的情况越来越多，出现了史书《史记·大宛列传》中记载的“使者相望于道，商旅不绝于途”的局面，汉朝和西域的沟通和交流不断加强。《汉书·张骞传》：“然骞凿空，诸后使往者皆称博望侯，以为质于外国，外国由是信之。”将张骞通西域的壮举用“凿空”一词来称谓，因为张骞曾经被封为“博望侯”，所以后来使者都被冠以此名。

张骞主动请缨，并始终持汉节不失，他以不畏艰险、勇于担当、敢于探索、坚持不懈等优秀品质完成自己的使命，他具有的高度的责任感、神圣的使命感、强烈的爱国主义精神、坚贞不屈的精神，值得我们学习和铭记。引导学生认识到成功者必须具备的素质：有胆有识，有行有恒。

（以下图表让学生先填，然后全班交流分析。）

时间	目的	结果
公元前138年	联合大月氏共同夹击匈奴	未完成使命，但是了解到西域的政治、经济、文化情况，以及他们想和汉朝往来的愿望
公元前119年	访问西域各国	完成使命，西域各国回访长安，建立联系。汉朝与西域的交往日趋频繁，为丝绸之路的开通奠定了基础

接下来让我们踏上漫漫古丝路，一起来总结和梳理整个陆上丝绸之路的路线。

介绍：商人运载着货物，从长安出发，一路向西，穿过河西走廊，经过西域地区，送到中亚、西亚，最终转运到欧洲各国。

示意图：长安→河西走廊→西域→中亚→西亚→欧洲。

知识总结：张骞出使西域具有重要的历史意义，了解了西域各国的情况，沟通了西域各国与西汉的联系，为汉朝经营西域打下了良好的基础。打通了一条当时世界上最长的交通路线，即陆上丝绸之路，促进了东西方经济文化的交流。

（过渡：汉唐时期，朝廷通过陆上丝绸之路与其他国家做生意，但宋朝建立没多久，西北的党项人建立西夏之后，阻断了宋朝与中亚、西亚的陆上贸易通道。不得已，宋朝的对外贸易转向了东南沿海，先后在现在的广州、泉州、宁波等十几个沿海地区设立了市舶司，专门管理海外贸易，朝廷开辟出了繁荣的海上丝绸之路）

（二）海上丝绸之路的来源

环节三：海上丝绸之路

1．播放视频《海上丝绸之路的发现，来自千年之前的“中国制造”》

提问：关于海上丝绸之路的奥秘是怎么被打开的？勿里洞岛的渔民打捞的长沙窑青釉褐斑贴花椰枣纹瓷壶有什么独特之处？这说明了什么？为什么说早在1200年前，就输出了中国制造的文化标签？

这一部分，学生可以通过视频了解一艘名叫黑石号的沉船被发现，揭开了海上丝绸之路奥秘，其中90%以上为陶瓷制品，长沙窑瓷器就有5.6万件，这些陶器经由海上丝绸之路远销亚非两洲，有力地见证了早在1200年前，中国制造就经由海上丝绸之路远播海外。

教师补充：早在西汉时期，汉武帝就曾派人招募海员从雷州半岛的徐闻港出海，沿海岸线西行直达印度，随船载上丝绸和黄金等货物，转销到中亚、西亚和地中海各国。

（过渡：15世纪，人类生活的舞台开始由陆地转向海洋，出现了人类文明史上的大航海时代。中国人对海洋的探索，从来没有停止过。汉唐时期，海上丝绸之路已经形成。到元朝时，航海的黄金时代已经来临了，海上贸易空前活跃，它们为明朝早期的对外交流奠定了基础，最终产生了世界航海史上更璀璨的奇迹——郑和下西洋）

2. 展示郑和下西洋和欧洲航海家远航比较表

船队	郑和	哥伦布	达·伽马	中国特色
时间	1405—1433年	1492—1504年	1497—1498年	
次数	7次	4次	1次	
船数	200多艘	17艘	4艘	
船只规模	长150米，宽60米	长24.5米，宽6米		
人数	27000人左右	1000 ~ 1500人	160人	
范围	最远达红海沿岸和非洲东海岸	到达美洲	绕过非洲南端到达印度	

设计以下问题：

相比同时代的欧洲航海家，郑和船队表现出浓厚的中国特色。请认真对比三支船队的相关内容，用一个字概括出郑和船队表现出了哪些中国特色？（时间：早，次数：多，船数：多，船只规模：大，人数：多，范围：广）

师生共同讨论填表之后，教师补充：郑和下西洋时间之长、规模之大，在世界航海史上是规模空前的一次尝试，是意义重大的壮举。二十八年间，七次浩大的远航，郑和下西洋将中国乃至世界的航海事业推向了高峰。

3. 展示《郑和下西洋路线图》和《古代海上丝绸之路》

设计以下问题：郑和七下西洋的路线是怎样的？

郑和下西洋是中国千年航海史的延续和拓展。有学者研究指出，郑和的航线有56条，从郑和下西洋路线图，我们可以清晰地看到郑和船队开辟了一些新航路，从西太平洋穿越印度洋，直达西亚和非洲东岸，形成了多点交叉的海上交通网络，具有历史性的突破，开创了西太平洋与印度洋之间的亚非海上交通线。

在郑和下西洋开拓的路线基础上，古代海上丝绸之路的路线更加丰富，在地图中可以看到有以下几条路线：北起辽宁丹东，南至广西白仑河口南北沿海航线；从山东沿岸经黄海通向朝鲜、日本；海上丝绸之路：徐闻、合浦航线。从东南沿海的港口出发，到达中南半岛，绕过马来半岛，穿越马六甲海峡，到达孟加拉湾沿岸，最远到达印度半岛南端，以及锡兰（斯里兰卡）。

教师补充：其实中国的海上丝绸之路比汉朝张骞打通的陆路丝绸之路历史更为悠久。中国的海上丝绸之路最早萌芽于商周时期，发展于春秋战国时期，形成于秦汉时期，兴于唐宋时期，转变于明清时期，是已知的最为古老的海上航线。

知识总结：郑和下西洋形成了多点交叉的海上交通网络，具有历史性的突破，开创了西太平洋与印度洋之间的亚非海上交通线。中国的海上丝绸之路最早萌芽于商周时期，发展于春秋战国时期，形成于秦汉时期，兴于唐宋时期，转变于明清时期，是已知的最为古老的海上航线。

二、文明交流通商路

（一）陆上丝绸之路的人员、商贸、文化、互通的内容

环节一：展示材料，设计以下问题

材料一：近几十年来，在我国新疆发现许多汉代的丝织品，在马来西亚发掘出汉代的陶片，在印度尼西亚出土了汉代的钱币和陶器。

材料二：在疏勒（今新疆喀什）的一间丝绸店里，老板向我们炫耀：店里有一种丝绸，是古罗马的执政官恺撒（公元前1世纪）曾经穿过这种材料制成的衣服。

材料三：展示胡豆、胡桃、胡麻的图片。

材料一中的考古发现说明了什么？材料二中丝绸店的老板是不是在吹牛？为什么？你知道材料三中的植物叫什么名字吗？为什么它们都以“胡”字命名呢？你还能想出一些以“胡”字命名，而且是从西域传入内地的东西吗？除此以外，还有哪些物品在传入或者传出？

答案：随着时间推移，整个丝绸之路的路线和内涵都在不断拓展。新疆是陆上丝绸之路必经之地，马来西亚和印度尼西亚是海上丝绸之路的交通要道，从这些地方考古发掘了汉代的丝织品、钱币和陶器，证实了当时两条丝绸之路的存在，说明当时我国对外贸易已经相当繁荣。学生很容易从前面的学习中找出答案。

最早提出“丝绸之路”的德国地理学家李希霍芬认为，作为一条沟通东西方的要道，这条道路上最具代表性的商品是丝绸，古罗马出土的汉代绢，就是经由丝绸之路运送到古罗马的。古罗马人称中国为“丝国”，他们非常喜欢中国的丝织品。在公元前1世纪，古罗马执政官恺撒，穿着丝袍进入剧场看戏，轰动一时。后来，穿着中国锦衣绣服，成为当时罗马贵族的时尚。许多罗马的商人纷纷贩运中国的丝绸。公元1世纪左右，罗马城内的豪华市区，设有专售中国丝绸的市场。

学生可能只认识前两种，也可能不知道原来的名字，可以让学生查询，或者老师补充。

胡豆（蚕豆）、胡桃（核桃）、胡麻（亚麻），因为它们都是从西域传入中原的，另外还有诸如胡食（抓饭）、胡饼（烧饼）、胡笳、胡琴、胡葱、胡椒、胡萝卜、胡箜篌（乐器）等物品由西域传入中原。在丝绸之路上，除了丝绸，在汉代还有漆器等商品，开渠、凿井、铸铁等技术不断地传向西域，而西域的核桃、葡萄、石榴、苜蓿、良种马、香料等物种，宝石等饰品，乐器、歌舞等艺术成果也传入中原。在整个过程中，这样的交流一直在持续着。

知识总结：作为一条沟通东西方的要道，丝绸之路上最具代表性的商品是丝绸。在丝绸之路上，除了丝绸，在汉代还有漆器等商品，开渠等技术不断地传向西域，而西域的葡萄等物种，宝石等饰品，歌舞等艺术成果也传入中原。

（二）海上丝绸之路的人员、商贸、文化、互通的内容

环节二：展示《郑和下西洋五百八十周年》纪念邮票

图片介绍：为了纪念郑和下西洋，1985年7月11日中国邮政总局发行了一套邮票，里面很多细节耐人寻味。设计以下问题：三张邮票分别描述了什么场景，从哪些细节可以看出？三张邮票的关键词是什么，共同说明了什么？对比欧洲的新航路开辟，郑和下西洋有着怎样的不同，为什么六百多年以后他还会受到东南亚人民的怀念？梁启超曾提出这样的疑问：为什么哥伦布之后有无数哥伦布，郑和之后则无一郑和！领先世界的中国航海在郑和去世后戛然而止，原因及影响呢？

对于第一问，教师要引导学生认真观察，找出具有代表性的图案，思

考图案所代表的国家和地区，再仔细分析图中场景所要表达的主要思想。

学生在完整分析了三张邮票的基础上，很容易就能总结出三者的关键词是友好交流，共同说明了郑和下西洋促进了中国和亚非各国的经济往来和友好关系的建立。

欧洲新航路的开辟，在发现了非洲之后，开始进行罪恶的黑奴贸易；发现了美洲之后，大量屠杀印第安人；发现亚洲之后，又发动侵略战争，侵占殖民地。郑和在发现了亚非各国之后所进行的友好交往，显得尤为珍贵。正因为如此，在六百年后，纪念郑和的不仅仅是中国人，在《郑和下西洋》一书中，这样写道：爱好和平和自由的东南亚人民是最严正的法官，数百年中，各种郑和庙宇香火旺盛，各种遗迹经久不损，各种传说经久不衰，这正是东南亚人民对来自中国的友好使者怀念、敬仰的表现。

重在引导学生思考海上丝绸之路的衰落。以一组数据为例，在苏门答腊和柯枝，100斤胡椒售价1两白银，郑和船队收购价却为20两白银，这种厚往薄来，不计得失的贸易方式真是让人瞠目结舌。难怪当时人指责“三保下西洋费钱粮数十万，军民死且万计，纵得奇宝而回，于国家何益！”《明史》中还记载：“和经事三朝，先后七奉使……所取无名宝物，不可胜计，而中国耗废亦不赀。”规模空前的航海事业，最终造成了沉重的经济负担，难以为继。

知识总结：郑和下西洋促进了中国和亚非各国的经济往来和友好关系的建立，但是也因为厚往薄来、不计得失的贸易方式最终造成了沉重的经济负担，难以为继，此后再无壮举。

环节三：视频《探秘敦煌莫高窟第285窟，这是敦煌有建造纪年最早的洞窟》

提问：像莫高窟这样的历史遗存在丝绸之路上还有不少，这说明丝绸之路是一条什么样的路呢?

放眼整个丝路，经由丝绸之路，中华文明、中亚文明、西亚文明、印度文明、埃及文明、欧洲文明联系在一起，各国各地区的人们相互对话交流和学习，正如联合国教科文组织的评价：丝绸之路是一条“商品交易之路、文化交流之路、东西方对话之路”。丝绸之路是古代东西方往来的大动脉，促进了中外经济文化交流。

知识总结：丝绸之路是一条“商品交易之路、文化交流之路、东西方对话之路”，它是古代东西方往来的大动脉，促进了中外经济文化交流。

过渡：丝绸之路”因其名中的“丝绸”一词，长久以来被人们普遍认为这是一条古代中国与西方世界进行丝绸贸易的通道。不过牛津大学拜占庭研究中心主任彼得·弗兰科潘认为，丝绸之路远不止是一条连接东西方的贸易道路，而是贯穿推动两千年人类文明历程和世界史的伟大道路，“丝绸之路之于人类历史的重要性，就像一个人的动脉和静脉”。一直以来“丝绸之路并不处在世界的边缘，恰恰相反，它一直是世界的中心，而且它还将持续影响当下的世界”。

三、丝绸之路意义非凡

丝绸之路不仅仅是一条连接东西方的贸易通路，而是贯穿和推动两千年人类文明历程的伟大道路。

（一）海上丝绸之路的影响

环节一：展示《陆上丝绸之路和海上丝绸之路路线图》和《世界四大文明发祥地》

设计以下问题：仔细观察，认真对比两幅地图共同说明了什么问题。

这个问题对初中学生来说有一定的难度，教师要从区域是否重合引导学生思考，并进行讨论。主要围绕丝绸之路不是世界的边缘，恰恰相反，在工业革命之前，丝绸之路一直是世界的中心。而且丝绸之路还将持续影响当下的世界。

环节二：播放视频《“一带一路”与海上丝绸之路：海上丝路的世界影响》

设计以下问题：“南海一号”沉船的发掘，有什么重要的历史意义？海上丝绸之路的影响？分为哪两个方面？

本环节，学生可以通过观看视频，很清晰地了解这两个问题。

1987年，在中国广东省阳江海域，人们意外发现了一艘古代沉船。据考证，这是南宋初期，在海上丝绸之路向外运送瓷器时，失事沉没的一艘贸易商船。截至2019年8月，从这艘神秘的沉船共出土了18万件文物精品，包括大量的国宝级文物，它为复原海上丝绸之路历史提供了珍贵的实物资料，将海上丝路曾经的繁荣与辉煌重新展现在世人面前。

海上丝绸之路的影响分为两个方面：对中国的影响和对世界的影响。具体来说，海上丝绸之路对中国的影响：海上贸易的繁荣带动了港口的发展。海上丝绸之路从港口通向世界各地，往东通达日本、朝鲜，向西延伸到了东南亚，通过印度洋，直达地中海地区，将中国的丝绸、瓷器等物品源源不断地输出，特别是瓷器的输出在元代超越了丝绸，成为中华文明的象征。

海上丝路对世界的影响：首先，对世界经济贸易的影响。古代海上丝绸之路从中国、东南亚沿海启航，是中国与世界其他地区各国贸易往来和文化交流的海上通道，推动了沿线各国的共同发展。中国输往世界各地的主要货物，从丝绸、瓷器到茶叶，形成了一股持续吹往全球的东方文明之风。特别是在宋元时期，中国造船和航海技术的大幅提升及指南针的航海运用，全面提升了商船的远航能力，海上贸易得到了极大的发展。这一时期，中国同世界六十多个国家建立海上商贸往来。

其次，对世界文明的影响。通过海上丝绸之路，中国向全世界传播着民族工艺和儒道思想，对沿线国家和地区及欧洲各地都产生了不同程度的影响。在某些国家和地区，甚至掀起了“中国热”。其中，中国的瓷器和茶叶对世界文明的影响格外显著。在中国瓷器的影响下，世界各国的制瓷工业都得到了迅速发展，从阿拉伯国家仿制中国式的瓷坛，到伊朗结合中国瓷造型的波斯陶器，之后法国、德国、英国、西班牙等欧洲国家也都陆续掌握了制瓷技术。甚至通过中国瓷器工艺与本国文化的结合，创造出许多新产品。中国的茶文化也随着丝绸之路地不断延伸传播到世界各地，日本的茶道文化，17—19世纪英国的饮茶之风都源自中国茶叶经由海上丝绸之路的输入。由于这些国家崇尚中国的瓷器和茶文化，他们的生活方式和审美观念也都随之发生了改变。由此可见，海上丝绸之路不仅是重要的商贸路线，更是联系古代中国与世界的文明纽带。

最后，对世界格局的影响。历史证明，由海上丝绸之路带动的不同文化之间的交流碰撞，推动了世界的进步和发展，国际化视野的开放交流也因此成为世界发展的共识。通过古代海上丝绸之路的发展总结出的海洋经济观念、和谐共荣意识、多元共生意愿，为国家发展战略提供了丰厚的历史积淀，从中提炼出的友善、包容、互惠、共生、坚韧的海上丝绸之路文化内涵，对于实现中国与世界更深层次的互动，具有重要的启迪价值和当代意义。

知识总结：海上丝路的范围和影响是世界性的，早已超越了东南亚的范围，对全世界都产生了多方面的深远影响。通过古代海上丝绸之路的发展总结出的海洋经济观念、和谐共荣意识、多元共生意愿，为国家发展战略提供丰厚的历史积淀，从中提炼出的友善、包容、互惠、共生、坚韧的海上丝绸之路文化内涵，对于实现中国与世界更深层次的互动，具有重要的启迪价值和当代意义。

（二）陆上丝绸之路的影响

环节三：播放视频《新丝路密码之融通古今》

设计以下问题：陆上丝绸之路的影响有哪些？海上丝绸之路概念首先

是由谁提出的？为什么它会取代陆上丝绸之路的主导地位？海上丝绸之路的标志性事件是什么？从古丝绸之路和海上丝绸之路传承而来的“一带一路”，到底包含着什么样的内涵和现实价值，又会对中国的未来和世界的未来产生怎样深远而巨大的影响？

丝绸之路从中国西汉的张骞出使西域“凿空”以来，一直是东西方之间经济文化交流的重要通道，“丝绸之路”这四个字也逐渐成为东方和西方之间文化交流的代名词。在丝绸之路的历史上，丝绸、瓷器、茶叶、香料和马匹是流通最多的大规模交易产品，交易跨度最大的是丝绸，处于价值链顶端的也是丝绸。说到底，丝绸是一个重要的贸易符号，也是有生命的一个文化符号，它代表着很长时期亚欧的繁盛与繁荣。以丝绸生产技术而言，大约在唐代早期，就已经传到小亚半岛。伊斯坦布尔东南200公里处，至今还有一座又名“丝绸城”的古城布尔萨，那里是中国古代丝绸西传的重要节点。

当15世纪航海技术发展起来以后，海路在中西交通中所起的作用越来越重要，海上丝绸之路不断兴盛，逐渐取代了传统陆上丝绸之路的主导地位。海上丝绸之路的概念，由法国汉学家爱德华·沙畹于1913年首先提出，他在所著的《西突厥史料》中提到“丝路有陆、海两道，北道出康居，南道为通印度诸港之海道”。明永乐、宣德年间，郑和先后七次率领庞大的远洋舰队，出访亚非各国，他的远航开辟了古代海上丝绸之路历史上航程最长的远洋航线，成为海上丝绸之路的标志性事件。

时光流转，千年浮沉，陆上丝绸之路与海上丝绸之路一直绵延不绝，在历史和现实交织的土壤里诞生的“一带一路”倡议，正是从历史上的丝绸之路精神传承而来的共同发展之路。对丝绸之路的历史回顾足以证明，不同文明之间虽存在差异，并不必然导致对抗和冲突，相反，不同文明的和平共存、相互尊重、取长补短，才是世界文明发展的正道。“一带一路”的构想，由中国倡议，它是开放的、包容的、平等的，并不局限于沿线的丝路国家，它欢迎各类经济体和国家的参与投入，它尊重各国各地区自身的发展愿景，它是一曲人类文明的大合唱。从古丝绸之路到今日的

“一带一路”，串联起了人类亘古不变的发展探索之路。

知识总结：丝绸之路从中国西汉的张骞出使西域“凿空”以来，一直是东西方之间经济文化交流的重要通道，“丝绸之路”这四个字也逐渐成为东方和西方之间文化交流的代名词。海上丝绸之路的概念由法国汉学家爱德华·沙畹于1913年首先提出。郑和下西洋是海上丝绸之路的标志性事件。在历史和现实交织的土壤里诞生了“一带一路”倡议，正是从历史上的丝绸之路精神传承而来的共同发展之路。

环节四：出示使者、商人、僧人行走在丝绸之路上的图片

设计以下问题：这些人为什么会始终坚持行走在这条充满艰险的丝绸之路上？

教师解说：充满艰险的大漠之路本身不会传播文化，而是行走在丝路上的人，恶劣的环境阻挡不了他们前行的脚步，在他们身上这样一种精神：肩负使命、不畏艰险、包容互鉴、合作共赢，经过历史的沉淀就成了丝路精神。

环节五：设计学生活动，提升参与能力

请根据自身实际，从下面活动任选一个进行。

第一，通过互联网，查询古代丝绸之路的相关资料，并绘制古丝绸之路路线图。结合查询和绘制地图的过程，说一说张骞出使西域具有怎样的历史意义。

第二，结合本节课的知识和自己学习的体会，围绕如何传承丝绸之路的价值和精神，写一篇发言稿。

第三，如果你喜欢写诗，请为丝绸之路写一首短诗；如果你喜欢旅游，请把你喜欢的景点设计成一份丝绸之路的旅游路线图；如果你喜欢画画，请用你的画笔画出楼兰古国昔日繁华的景象；如果你喜欢写作，请写一篇丝绸之路的散文。

第四，活动探究：中华文明曾经以博大绚丽之姿影响世界，历经曲折之后，今天的中国以世界第二大经济体的姿态逐步回到世界舞台中心。

从2013年开始，中国国家主席习近平在多个国际重要场合提出了共同建设“丝绸之路经济带”和“21世纪海上丝绸之路”的发展构想，迅速在世界范围内产生了巨大影响。中国，正在历史的时空坐标里，再次把握文明复兴的历史机遇。从古丝绸之路和海上丝绸之路传承而来的“一带一路”到底包含着怎样的内涵和现实价值？又会对中国的未来和世界的未来产生怎样深远而巨大的影响？

考核评价

一、知识评价

对本堂课涉及的基本内容和知识，通过课堂提问、课后练习测评等形式进行评价。

二、实践评价

一方面关注学生的课堂发言、活动参与的积极性与效果，评价学生的参与意识、合作精神和责任担当；另一方面，通过学生参与查询资料、绘制地图、撰写发言提纲等活动，观察学生表现出来的参与能力，评价学生的实践能力与核心素养。

资源链接

一、案例资源

1877年，德国地质地理学家李希霍芬在其著作《中国》一书中，把“从公元前114年至公元127年间，中国与中亚、中国与印度间以丝绸贸易为媒介的这条西域交通道路”命名为“丝绸之路”，这一名词很快被学术界和大众所接受，并正式运用。

李希霍芬是19世纪著名的地理学家，是他提出了让人们津津乐道的“丝绸之路”概念。

传统的丝绸之路，起自中国古代都城长安，经中亚、阿富汗、伊朗、伊拉克、叙利亚等而达地中海，以罗马为终点，全长6440公里。这条路被认为是连接亚欧大陆的古代东西方文明的交汇之路，而丝绸则是路上最具代表性的货物。数千年来，游牧民族或部落、商人、教徒、外交家、士兵和学术考察者沿着丝绸之路四处活动。

下图为《张骞拜别汉武帝出使西域图》（来源：敦煌研究院官网）。

二、视频、音频资源

1. 视频：《丝绸之路》。

2．视频：《海上丝绸之路的发现，来自千年之前的“中国制造”》，长沙博物馆官网。

3．视频：《探秘敦煌莫高窟第285窟：这是敦煌有建造纪年最早的洞窟》，环球网。

4．视频：《“一带一路”与海上丝绸之路：海上丝路的世界影响》，央视网。

5．视频：《新丝路密码之融通古今》，中国经济网。

参考文献

1．杨元勇.联合国教科文组织官员认为丝绸之路是人类互动典范［EB/OL］. 中国政府网，（2018-10-30）［2022-03-14］. http://www.gov.cn/xinwen/2018-10/30/content_5335786.htm.

2．1877年德国地理学家李希霍芬最早提出“丝绸之路”［N/OL］. 人民网，（2014-04-01）［2022-03-14］. http://culture.people.com.cn/n/2014/0401/c172318-24795711.html.

3．丝绸之路还是玉石之路［N/OL］. 凤凰网，（2013-11-01）［2022-03-14］. https：//finance.ifeng.com/a/20131101/10985189_0.shtml

4．揭“一路一带”历史秘密：“丝绸之路”名称是谁“发明”？［N/OL］. 人民网，（2015-04-15）［2022-03-14］. http://culture.people.com.cn/n/2015/0415/c87423-26848892-2.html.

高中段："一带一路"与新时代对外开放

教学目标

通过"一带一路"提出的背景和丰富的实践案例介绍，拓宽学生的国际视野，了解"一带一路"基本原则和核心内容，正确认识共建"一带一路"的丰富内涵和深远意义，理解我国"共商、共建、共享"的全球治理观，科学认识共建"一带一路"倡议的历史必然性。

通过对当前国际上有关"一带一路"言论的辨析与思考，理性认识"一带一路"建设面临的机遇与挑战，理解国际交往需要建立在一定的规则之上，坚持正确的义利观。通过对国际交往的宏观分析，引导学生理性认识国家对外政策，坚定道路自信和政治认同，增强国际交往能力，积极参与国际治理，在国际交往中自觉维护国家利益，共同构建人类命运共同体。

教学内容

一、议题一："一带一路"倡议的前世今生

（一）"一带一路"倡议提出的背景

（二）"一带一路"倡议发展的基本脉络

二、议题二：“一带一路”：国家间守望相助的合作平台

（一）“一带一路”建设的成果

（二）“一带一路”建设的现实意义

三、议题三：“一带一路”：构建人类命运共同体的生动实践

（一）“一带一路”建设过程中的核心举措和原则

（二）“丝路精神”的内涵、作用与“一带一路”建设的未来

教学重难点

一、教学重点

共建“一带一路”的核心内容和重大意义。

二、教学难点

理解“一带一路”的丰富内涵，科学认识共建“一带一路”倡议的历史必然性。

学情分析

经过初中阶段的学习，学生已经初步了解“一带一路”沿线国家的地理区位和发展历史，初步掌握我国古代历史上中原地区与边疆地区的经济文化联系和东西方经济文化交流的历史过程。同时，学生对国家与国际社会的相关知识及我国的外交政策等也有了一定的储备，对国家管理和国际形势有了一定的认知，这就为本专题的教学奠定了知识基础。

从认知水平上看，高中阶段的学生对相关热点问题勇于独立思考、善于合作探究、乐于表达见解，但其认知更多体现在感性具象化的认识上，还缺乏抽象概括能力。同时，高中阶段正是青少年价值观初步形成的关键时期，是非判断还带有强烈的感性色彩，需要教师在课堂上引导学生树立正确的价值观，正确理性地认识生活现象。为此，在课堂教学中应多选取

学生熟悉和感兴趣的案例，通过情境教学法、活动教学法和议题式教学法等方式设置学习情境、开展学生活动，将问题设置融入生活中，把理论知识纳入课堂活动和问题设置中，实现构建学科知识与生活现象、理论逻辑与生活逻辑的有机结合，引导学生从生活中的情景出发进行感知和分析，在生活体验和合作探究中培养兴趣、生成知识，在辩证思考中提升能力、提高素养，培养适应学生发展和社会发展需要的人文底蕴、科学精神、责任担当和公共参与等必备品格和关键能力。

设计思路

一、设计理念

基于建构主义教学理论和“教学即生活”等教育教学思想，围绕培育中学生“核心素养”这一中心目标，在教学过程中要通过引导学生观察和体验社会生活，引发学生辩证思考、合作探究，生成构建知识，启发正确观念，反思践行提升。因此本学段教学设计中，主要选择视频切入，再辅之以文字材料，引导学生在整体感知“一带一路”的发展历程、现实意义和核心内容的基础上，结合具体的情境进行具体分析，在生活体验和合作探究中培养兴趣，在辩证思考中培养素养，积极参与到国家“一带一路”建设实践中。

基于该部分内容的特点，本专题以“一带一路”倡议提出的背景为逻辑起点，主要围绕共建“一带一路”实践的发展历程、丰富内涵，对中国、沿线国家和整个世界的意义及当前共建“一带一路”的基本原则和核心内容，“丝路精神”的内涵和意义等方面展开，在整合相关素材的基础上进行宏观呈现，让学生在感知、了解“一带一路”倡议的基础上进行理性分析，从而正确地认识国家的对外政策。

二、思维导图

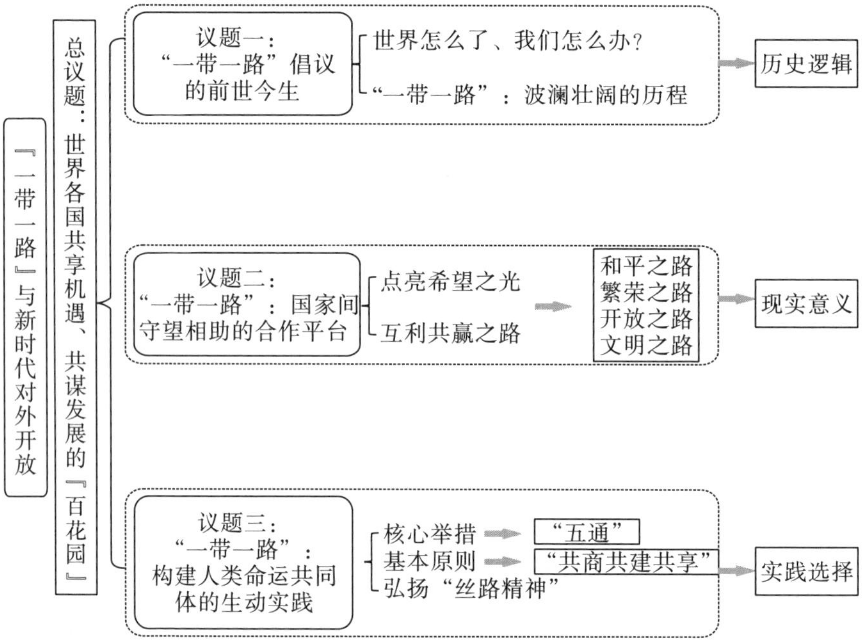

实施方案

导入新课：正式上课之前，教师播放歌曲《路的呼唤》，并展示歌词，引导学生从歌词中猜测这首歌中的这条"路"究竟是指什么？教师引导，得出结论。

教师点拨：这首歌中唱的这条"路"，就是从古丝绸之路绵延千年到今天的"丝绸之路经济带"和"21世纪海上丝绸之路"，即由中国倡议建设的"一带一路"。今天我们就一起来了解一下"一带一路"的发展历程，了解我国是怎么把"一带一路"打造为世界各国共享机遇、共谋发展的"百花园"的。

一、议题一："一带一路"倡议的前世今生

（一）"一带一路"倡议提出的背景

环节一：世界怎么了，我们怎么办？

教师展示习近平主席2017年1月18日在联合国总部日内瓦的演讲材料《世界怎么了，我们怎么办？》，并设计探究问题：请结合材料概括当今世界面临的现实问题有哪些？我们应该怎样解决人类面临的这些现实问题？结合历史和现实，说明中国提倡共建"一带一路"的正确性。

操作建议：本环节问题的解决以学生之间合作探究、小组讨论为主，通过小组内的交流与讨论，了解当今世界的现状和面临的突出问题，理解这些问题的解决需要全世界共同参与。学生回答后，老师应从当今世界面临的突出问题和解决之道两个角度进行点拨。

学生1：世界的和平与发展面临挑战，需要建立国际政治经济新秩序，反对霸权主义和强权政治。

学生2：当今世界面临着"和平赤字、发展赤字、治理赤字"等问题，解决这些问题需要全世界携起手来。

学生3："一带一路"倡议是顺应时代发展大势、实现全球长远发展的必由之路。

议学总结："和平赤字、发展赤字、治理赤字"是全人类面临的严峻挑战。让和平的薪火代代相传，让发展的动力源源不断，让文明的光芒熠熠生辉，是各国人民的期待，也是政治家应有的担当。解决这些问题的中国方案是构建人类命运共同体，实现共赢共享。

"一带一路"倡议把我国发展同沿线国家和世界其他国家发展结合起来，把中国梦同沿线国家和世界其他国家人民的梦想结合起来，赋予古代丝绸之路全新的时代内涵，顺应经济全球化的历史潮流，顺应全球治理体系变革的时代要求，顺应各国人民过上更好日子的强烈愿望，是面向未来

的正确抉择。

（二）“一带一路”倡议发展的基本脉络

环节二：“一带一路”波澜壮阔的历程

教师播放视频《五年记：了解中国倡议的“一带一路”》，视频播放完成后展示材料“这就是‘一带一路’简史！”，并设计探究活动：请结合视频和材料，概述“一带一路”建设中的重大历史节点。

操作建议：本问题以学生自主阅读、自我总结为主，学生通过视频的描述和材料的概述，结合自己的判断，找出“一带一路”发展中的重大历史节点。若学生回答的内容不准确，老师应该引导学生着重抓住几个历史节点，理念的提出、理念进入国家战略层面、亚投行的成立、与重点国家或经济体签署合作文件、理念和行动写入联合国决议和两届“一带一路”国际合作高峰论坛，让学生厘清“一带一路”倡议发展的基本脉络。

二、议题二：“一带一路”：国家间守望相助的合作平台

（一）“一带一路”建设的成果

环节一：“一带一路”点亮希望之光

教师播放视频《“一带一路”普惠之路》，视频结束后再展示材料“2020年‘一带一路’助力抗疫”，并提问：结合视频和材料概括，“2020年‘一带一路’”建设取得了哪些具体成果？结合上述成果，分析共建“一带一路”对沿线国家和世界发展有何具体意义？

操作建议：本环节先播放视频，让学生边看视频边从视频中概括“一带一路”建设的具体成果，过程中教师可以给予及时的提示；视频播放完后展示“2020年‘一带一路’”建设成就的材料，再让学生根据视频和材

料进行合作探究，分析概括“一带一路”建设对沿线国家和世界的意义。

学生1：“一带一路”带动了沿线国家的投资和就业，推动了沿线国家经济的发展。

学生2：“一带一路”带动了沿线国家的基础设施建设，为沿线国家经济带来了新的发展动力。

学生3：“一带一路”建设中主张平等和相互尊重，推动了人类命运共同体的建设。

议学总结：“一带一路”倡议是中国立足自身、面向世界提出的全球多边治理体制，是跨越欧亚大陆的共同心声，是携手构建人类命运共同体的重要路径，为破解和平赤字、发展赤字、治理赤字提供了中国方案。

“一带一路”倡议自实施以来，实实在在造福沿线人民，给当地带去了就业、合作。“一带一路”倡议为发达国家和地区再工业化、基础设施再更新提供了源头活水，为发展中国家和地区带去了发展的新动能和渴求已久的基础设施。

（二）“一带一路”建设的现实意义

环节二：“一带一路”是国家之间的互利共赢之路

教师播放视频《丝路探秘：“一带一路”书写广州新画卷》，并提问：请结合视频信息，概括深度参与“一带一路”建设给广州带来的变化。据此，分析共建“一带一路”对我国发展的意义。结合上述材料和问题，总结和概括“一带一路”建设的基本内涵。

操作建议：观看视频的同时引导学生从视频中总结广州的具体变化，教师同时可以把这些变化简单写到黑板上，视频结束后再由学生进行合作探究，分析共建“一带一路”对我国发展的意义。

可以以辩论的方式展开，但教师应该把握好总的原则：要引导学生理解共建“一带一路”不仅是一条普惠之路，是一条互利共赢之路，更是一条和平发展、开放发展之路，从而增强学生的政治认同和理性精神，使其积极支持和参与到经济社会建设中去。

学生1："一带一路"有利于广州的对外开放，促进广州更好地融入世界。

学生2："一带一路"有利于广州对外贸易的发展、海外市场的扩大。

学生3："一带一路"对中国、沿线国家和世界的长远发展都是有利的，是国家之间互利共赢之路，因此不是一种"新殖民主义"。

学生4："一带一路"建设中国家之间的合作建立在平等基础上，彼此之间相互尊重、开放合作、美美与共，因此不是"新殖民主义"。

议学总结："一带一路"倡议的实施，有利于中国与世界各方携手应对世界面临的经济困境，开创发展新机遇，谋求发展新动力，拓展发展新空间，实现优势互补、互利共赢。"一带一路"是各国尊重彼此主权、领土完整，尊重彼此的发展道路和社会制度，尊重彼此的核心利益；是聚焦发展这个根本性问题，释放各国发展潜力，实现经济大融合、大发展、大联动、成果大共享的繁荣之路；是打造开放型合作平台，维护多边贸易体制，解决经济增长和平衡问题的开放之路；是坚持创新驱动发展、优化创新环境，集聚创新资源的创新之路；是以文明交流超越文明隔阂、以文明互鉴超越文明冲突、以文明共存超越文明优越的文明之路。

三、议题三："一带一路"：构建人类命运共同体的生动实践

（一）"一带一路"建设过程中的核心举措和原则

环节一："一带一路"联通世界

教师播放视频《"一带一路"成绩单 影响你的未来生活》，视频结束后再展示材料《共建"一带一路"倡议：进展、贡献与展望》，并提问：结合视频和材料，列举我们在共建"一带一路"中的具体做法。结合这些

做法，分析我们在推动共建“一带一路”中的核心举措有哪些？核心举措说明中国倡议的“一带一路”建设有何特点？共建“一带一路”过程中遵循了什么原则？

操作建议：本环节应该引导学生从感性到理性慢慢地深入分析。首先引导学生边看视频边找具体做法，并引导学生将做法进行分类。然后让学生对不同类型的做法进行概括，从而得出“一带一路”建设的五大核心举措。最后引导学生在整体感知的基础上，进行概括和分析“一带一路”建设的特点，从而理解共建“一带一路”过程中遵循的原则。

学生1：“一带一路”国家之间协调政策措施，共同推动重大项目建设，促进基础设施的联通。

学生2：“一带一路”国家之间协调开放市场，促进沿线国家贸易合作，更好地满足人民的生活需要。

学生3：“一带一路”国家之间推动文化交流，促进各国文明互鉴，促进人民之间互信友好。

学生4：“一带一路”各国相互尊重、共同协商、交流共建，且各国都从合作中获得了好处，共享了合作发展的成果。

议学总结：第一，政策沟通、设施联通、贸易畅通、资金融通和民心相通，是“一带一路”建设的核心内容。政策沟通：形成政策协调、规划对接的合力，促进相关国家协同联动发展，不断夯实“一带一路”建设的政治基础。设施联通：以重大项目和重点工程为引领，不断完善“一带一路”建设的基础设施网络。贸易畅通：促进贸易和投资自由化、便利化，不断释放互利合作的活力。资金融通：深化金融领域合作，不断健全“一带一路”建设的多元化投资融资体系。民心相通：不断搭建沿线和世界各国的友好桥梁，让“一带一路”建设更好造福沿线和世界各国人民。

第二，“一带一路”倡议秉持和遵循“共商、共建、共享”原则。“共商”就是沟通协商，充分尊重各国发展水平、经济结构、法律制度、营商环境和文化传统的差异。“共建”就是共同参与，深度对接有关国家和区域发展战略。“共享”就是实现互利共赢，充分调动各方面积极性。

（二）“丝路精神”的内涵、作用与“一带一路”建设的未来

环节二：“丝路精神”圆梦未来

教师播放视频《习近平：传承丝路精神》，视频结束后再展示材料《丝绸之路上的“凉州文化：（摘编）》，并设计问题：请阅读材料并结合历史知识，列举古丝绸之路上经济、科技、文化等方面交往的典型案例，并说一说这些案例在当时的历史价值。结合上述古丝绸之路交往中的典型案例，说一说你对“丝路精神”内涵的理解。结合上述材料，联系历史与现实，说一说今天传承和弘扬“丝路精神”有何现实意义。

学生1：张骞出使西域后，传入了西域的良种马，葡萄、石榴、核桃、苜蓿等植物及乐器和歌舞，传出的有铸铁、开渠、凿井等技术和丝绸、漆器、金属工具等。

学生2：班超出使西域——公元73年，班超随奉车都尉窦固出击匈奴，并奏请汉明帝派遣他出使西域。班超先到鄯善鄯善国首先归汉。接着，班超马不停蹄出使于阗、疏勒，镇服两国，又粉碎了受匈奴指使的焉耆、龟兹两国的进攻，恢复西域与汉朝中断了65年的关系。

学生3：玄奘西行——玄奘是唐代著名的高僧、虔诚的佛教徒、杰出的翻译家，也是享有世界声誉的旅行家和最全面地记述古代丝绸之路沿途情况的伟大著作家。贞观三年（629），他深感佛说分歧，难得定论，“誓游西方”，到佛教的发源地天竺（古印度）取经，探求答案，“以释众疑”。贞观十九年（645），玄奘带七十五部经论返归长安，受到热烈欢迎。唐太宗将他安置在太子李治修建的慈恩寺译经，又在寺内专门建佛塔一座，收藏他带回的经典，这就是现在西安的大雁塔。

学生4：古代丝绸之路上，各民族之间相互尊重、互相学习，在合作中实现了共同发展。

学生5：古代丝绸之路交往中，中国往往都是采取包容、开放的态度。

议学总结：

第一，“丝路精神”的内涵：古丝绸之路绵亘万里、延续千年，积淀了以和平合作、开放包容、互学互鉴、互利共赢为核心的丝绸之路精神。

第二，新时代弘扬“丝路精神”的意义：“丝路精神”与和平、繁荣、开放、创新、文明之路的理念内在契合，显示出中国决不信奉战争崛起和“国强必霸”的陈旧逻辑，开拓出一条不同于西方的和平发展新路，开辟了整个人类文明发展的新方向，引领人类不断走向和谐世界的新境界；“丝路精神”内在地连接中国梦同各国人民的梦想，是打造人类命运共同体的精神力量，为实现中国梦与世界梦、打造人类命运共同体提供了正能量；“丝路精神”跨越民族界限、国家界限，为人类世界梦扩展新内涵、注入新动力，彰显出中国梦的世界价值。在实践中坚持“丝路精神”，携手推进“一带一路”建设，我们必将抵达和平、发展、合作、共赢的远方，不断朝着人类命运共同体方向迈进。

总之，“道虽辽远，终将到达。”“一带一路”倡议在世界发展百年未有之变局的历史条件下，实现了发展中国家与发达国家之间的联通，实现了海洋国家与大陆国家之间的联通，实现了传统全球化向新全球化转型路径的联通，实现了全球治理体系坚持多边与完善多边之间的联通，实现了全球发展倡议与各国发展战略的联通，实现了古丝绸之路与现代丝绸之路的联通，实现了全球新旧动能转换与发展的联通，实现了中国全面扩大开放与世界开放发展的联通，实现了各国以人民为中心发展与为世界求大同发展的联通。

考核评价

学生的学习评价是思想政治课教学评价的主要组成部分，具有反馈信息、调控教学，并促进学生全面发展的重要作用。在教学中，课程遵循重视结果也重视过程的原则，灵活运用多种评价手段，力争对学生各方面的表现进行科学有效的评价。

一、知识评价

对本堂课涉及的“一带一路”倡议的历史过程、现实意义、核心做法、基本原则、本质特征等知识，通过课堂提问、课后练习等方式进行评价。

二、过程评价

通过对学生在课堂活动中听课、思考、发言、合作学习等的参与度和有效性的考量，评价学生的思维表达能力、参与意识、合作精神和责任担当。

在对本堂课涉及的基本内容的分析、点拨与梳理的基础上，结合复杂的社会生活情境，设置开放式问题，由学生来分析解决，评价学生知识掌握情况和解决实际问题的能力。

三、实践评价

通过组织学生就“实施共建倡议”撰写调研报告、为成都市的“蓉欧班列”发展撰写建议书、探讨“一带一路”发展中面临的困境及其解决办法和模拟参与“一带一路”国际合作高峰论坛等形式，评价学生的参与实践能力和核心素养的养成状况。

资源链接

一、案例资源

案例1

共同构建人类命运共同体[①]

——2017年1月18日，习近平主席在联合国日内瓦总部的演讲（摘编）

女士们、先生们、朋友们！

大道至简，实干为要。构建人类命运共同体，关键在行动。我认为，国际社会要从伙伴关系、安全格局、经济发展、文明交流、生态建设等方面作出努力。

坚持对话协商，建设一个持久和平的世界。国家和，则世界安；国家斗，则世界乱。从公元前的伯罗奔尼撒战争到两次世界大战，再到延续40余年的冷战，教训惨痛而深刻。“前事不忘，后事之师。”我们的先辈建立了联合国，为世界赢得70余年相对和平。我们要完善机制和手段，更好化解纷争和矛盾、消弭战乱和冲突。

坚持共建共享，建设一个普遍安全的世界。世上没有绝对安全的世外桃源，一国的安全不能建立在别国的动荡之上，他国的威胁也可能成为本国的挑战。邻居出了问题，不能光想着扎好自家篱笆，而应该去帮一把。“单则易折，众则难摧。”各方应该树立共同、综合、合作、可持续的安全观。

坚持合作共赢，建设一个共同繁荣的世界。发展是第一要务，适用于各国。各国要同舟共济，而不是以邻为壑。各国特别是主要经济体要加强

① 习近平主席在联合国日内瓦总部的演讲（全文）［EB/OL］. 中国共产党新闻网，（2017-01-19）［2022-03-14］. http://cpc.people.com.cn/n1/2017/0119/c64094-29034230.html.

宏观政策协调，兼顾当前和长远，着力解决深层次问题。要抓住新一轮科技革命和产业变革的历史性机遇，转变经济发展方式，坚持创新驱动，进一步发展社会生产力、释放社会创造力。要维护世界贸易组织规则，支持开放、透明、包容、非歧视性的多边贸易体制，构建开放型世界经济。如果搞贸易保护主义、画地为牢，损人不利己。

坚持交流互鉴，建设一个开放包容的世界。“和羹之美，在于合异。”人类文明多样性是世界的基本特征，也是人类进步的源泉。世界上有200多个国家和地区、2500多个民族、多种宗教。不同历史和国情，不同民族和习俗，孕育了不同文明，使世界更加丰富多彩。文明没有高下、优劣之分，只有特色、地域之别。文明差异不应该成为世界冲突的根源，而应该成为人类文明进步的动力。

每种文明都有其独特魅力和深厚底蕴，都是人类的精神瑰宝。不同文明要取长补短、共同进步，让文明交流互鉴成为推动人类社会进步的动力、维护世界和平的纽带。

坚持绿色低碳，建设一个清洁美丽的世界。人与自然共生共存，伤害自然最终将伤及人类。空气、水、土壤、蓝天等自然资源用之不觉、失之难续。工业化创造了前所未有的物质财富，也产生了难以弥补的生态创伤。我们不能吃祖宗饭、断子孙路，用破坏性方式搞发展。绿水青山就是金山银山。我们应该遵循天人合一、道法自然的理念，寻求永续发展之路。

案例2

共建“一带一路”倡议：进展、贡献与展望（摘编）[①]

2013年以来，共建“一带一路”倡议扎实推进，取得明显成效，一批具有标志性的早期成果开始显现。5年多来，中国与有关国家和国际组织充分沟通协调，形成了共建“一带一路”的广泛国际合作共识。共建“一带一路”倡议及其核心理念已写入联合国、二十国集团、亚太经合组织以及其他区域组织等有关文件中。截至2019年3月底，中国政府已与125个国家和29个国际组织签署173份合作文件，与49个国家和地区签署85份标准化合作协议。

在尊重相关国家主权和安全关切的基础上，由各国共同努力，以铁路、公路、航运、航空、管道、空间综合信息网络等为核心的全方位、多层次、复合型基础设施网络正在加快形成，区域间商品、资金、信息、技术等交易成本大大降低，有效促进了跨区域资源要素的有序流动和优化配置，实现了互利合作、共赢发展，基础设施互联互通水平大幅提升，截至2018年底，中欧班列已经联通亚欧大陆16个国家的108个城市，累计开行1.3万列，运送货物超过110万标箱。

共建“一带一路”促进了沿线国家和地区贸易投资自由化便利化，降低了交易成本和营商成本，释放了发展潜力，进一步提升了各国参与经济全球化的广度和深度，贸易与投资自由化便利化水平不断提升。中国发起《推进“一带一路”贸易畅通合作倡议》，83个国家和国际组织积极参与。2013—2018年，中国与沿线国家货物贸易进出口总额超过6万亿美元，年均增长率高于同期中国对外贸易增速，占中国货物贸易总额的比重达到27.4%。

① 共建“一带一路”倡议：进展、贡献与展望［EB/OL］. 新华网，（2019-04-22）［2022-03-14］. http://www.xinhuanet.com/2019-04/22/c_1124400071.htm.

国际多边金融机构以及各类商业银行不断探索创新投融资模式，积极拓宽多样化融资渠道，为共建“一带一路”提供稳定、透明、高质量的资金支持。截至2018年底，中国人民银行与世界银行集团下属的国际金融公司、泛美开发银行、非洲开发银行和欧洲复兴开发银行等多边开发机构开展联合融资，已累计投资100多个项目，覆盖70多个国家和地区。已有11家中资银行在28个沿线国家设立76家一级机构，来自22个沿线国家的50家银行在中国设立7家法人银行、19家外国银行分行和34家代表处。

5年多来，各国开展了形式多样、领域广泛的公共外交和文化交流，增进了相互理解和认同，为共建“一带一路”奠定了坚实的民意基础。中国与沿线国家互办艺术节、电影节、音乐节、文物展、图书展等活动，合作开展图书广播影视精品创作和互译互播，形成了“丝路之旅”“中非文化聚焦”等10余个文化交流品牌，打造了丝绸之路（敦煌）国际文化博览会、丝绸之路国际艺术节、海上丝绸之路国际艺术节等一批大型文化节会，在沿线国家设立了17个中国文化中心，丝绸之路沿线民间组织合作网络成员已达310家，成为推动民间友好合作的重要平台。

二、视频资源

1. 五年记：了解中国倡议的“一带一路”[EB/OL].央视网，（2018-09-08）[2022-03-14]. http://v.cctv.com/2018/09/08/VIDEHita0bYOuEBJnvRf77B5180908.shtml.

2. “一带一路”普惠之路[EB/OL].央视网，（2019-04-29）[2022-03-14]. http://v.cctv.com/2019/04/29/VIDE4myRxutzByLwluVLInLJ190429.shtml.

3. 丝路探秘：“一带一路”书写广州新画卷[EB/OL].央视网，（2017-05-07）[2022-03-14]. http://v.cctv.com/2017/05/07/VIDEJsIuXxR4OFfDuitjEsHH170507.shtml.

4．“一带一路”成绩单 影响你的未来生活［EB/OL］．央视网，（2019-04-28）［2022-03-14］．http://v.cctv.com/2019/04/28/VIDEwed8doRTDMd76CRytkJ8190428.shtml.

5．习近平：传承丝路精神［EB/OL］．央视网，（2017-05-16）［2022-03-14］．http://v.cctv.com/2017/05/16/VIDEvyqvKOOC2fDXJiEWdBHC170516.shtml.

参考文献

1．习近平. 携手推进“一带一路”建设［M］//习近平. 习近平谈治国理政：第二卷. 北京：外文出版社，2017.

2．习近平. 推动共建“一带一路”高质量发展［M］//习近平. 习近平谈治国理政：第三卷.北京：外文出版社，2020.

3．中共中央宣传部. 习近平新时代中国特色社会主义思想学习问答［M］. 学习出版社/人民出版社，2021.

4．孙俊香. 普通高中思想政治课程标准理解与实践［M］. 山东科学技术出版社，2020.

大学段：“一带一路”与中华民族伟大复兴

教学目标

大学段的教学与高中学段的教学相衔接，通过更有针对性的教学方式和教学活动，首先使学生准确把握共建“一带一路”的背景，了解大变局的世界与中国特色社会主义进入新时代的内外部环境，懂得中国以“朋友遍天下”应对变局和把握方位的基本策略。其次帮助学生深刻领悟共建“一带一路”在推动民族复兴、构建人类命运共同体方面的功能。最后引导学生认真思考“一带一路”建设带给我们的经验启示。

教学内容

一、准确把握共建“一带一路”的背景

二、深刻领悟共建“一带一路”的功能

三、认真思考共建“一带一路”的启示

（一）以大国担当回答时代之问

（二）以历史文化促进经济建设

（三）以经济共赢突破军事围堵

教学重难点

一、教学重点

共建“一带一路”的背景，共建“一带一路”的功能，共建“一带一路”的启示。

二、教学难点

如何理解我国内外部环境变化及其策略选择？如何理解对外开放与民族复兴的关系？如何评价资本逻辑下的全球治理体系？

学情分析

经过高中段关于“一带一路”的框架思路、共建原则等方面的政策学习，学生基本把握住了关于共建“一带一路”的基础知识。大学阶段的教学更加侧重于从国家发展战略角度来理解“一带一路”，帮助学生把握“一带一路”的背景、领悟“一带一路”的功能、思考“一带一路”带给我们的启示。这样的教学安排符合当代大学生思维活跃、敢于创新、独立自主、知识面广、积极探究的群体特点，同时要注意的是，不同学生在基础知识、学习能力、自身兴趣等方面存在个体差异，因此在课程设计的过程中要注意因材施教。

设计思路

一、设计理念

一方面，课程设计遵循大中小学生思想政治工作规律、学生成长规律、教育教学规律，在小学段“可爱的‘一带一路’朋友圈”的兴趣激发与情感教育、初中段“从历史中走来的‘一带一路’”的历史教育、高中段“‘一带一路’与新时代对外开放”的政策解读基础上，推进到从政策高度审视共建“一带一路”上来。另一方面，课程充分贯彻“双主体”的教学理念，紧紧围绕共建“一带一路”的背景、功能和启示三大问题进行教学设计，既注重既定教学目标和任务的充分贯彻，提升学生对于“一带一路”的理解，激发学生为民族复兴贡献力量的使命担当，也注重发挥学生的主体作用，多采用探究式、开放式、启发式的教学方式，让学生能够充分思考，提高独立运用马克思主义立场、观点和方法认识问题、分析问题和解决问题的能力。

二、思维导图

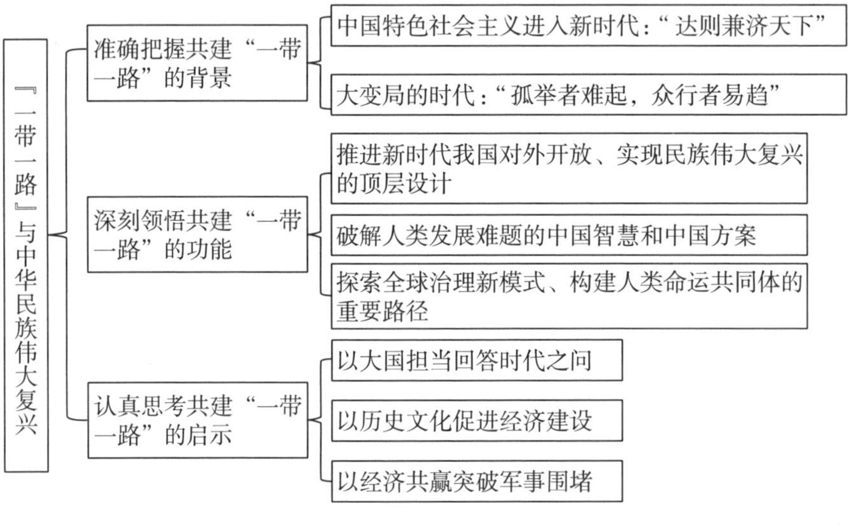

实施方案

一、准确把握共建“一带一路”的背景

“一带一路”倡议的提出有着极其重要的国际国内背景。从国际来看，当今世界正处于大发展、大变革、大调整时期。新一轮科技和产业变革深入

发展，国际体系和国际秩序深度调整，国际政治和社会思潮深刻变革。人类处在一个挑战层出不穷、风险日益增多的时代。从国内来看，党的十八大以来，中国特色社会主义进入了新时代，这是我国发展新的历史方位。

我国以“孤举者难起，众行者易趋”的历史智慧，积极发展全球伙伴关系来应对更加不确定、不稳定的世界变局。同时，我国也以“达则兼济天下”的博大胸怀欢迎“一带一路”沿线国家搭乘中国发展的列车，共享中国跨入新时代的红利。

案例导入：引入案例“加拿大最后一个完整北极冰架坍塌，全球变暖再发信号”，气候变化对环境的影响越来越明显，加拿大北极地区冰架坍塌无疑是全球变暖的又一个信号。

分组讨论：引导学生思考当今世界正面临着哪些问题与挑战。面对这些问题与挑战，我们又该怎么办?

教师点评：2017年1月18日，习近平主席在联合国日内瓦总部所做的“共同构建人类命运共同体”的主旨演讲中发出了“世界怎么了，我们怎么办”的中国之问。同时，他也给世界提交了一份中国方案：构建人类命运共同体，实现共赢共享。这份中国方案体现了“孤举者难起，众行者易趋”的历史智慧，尊重了当今世界相互联系和依存日益加深的现实，表明了团结合作、加强沟通、共同面对才是当前解决问题的正确方式。同时，该方案也是共建“一带一路”倡议最终要推动实现的目标。

引入案例“中华民族的伟大光荣——论全面建成小康社会”，让学生充分感受到自党的十八大以来，党和国家事业取得的以“全面建成小康社会”为突出代表的历史性成就和历史性变革，进而增强学生对“中国特色社会主义进入新时代”的情感认同、理论认同和实践认同，掌握住中国这一全新的历史方位。

教师借助老挝政府原副总理宋沙瓦在人民日报发表的文章《共建一带一路，实现美好梦想》，深入阐述虽然中国特色社会主义进入了新时代，中华民族迎来了从站起来、富起来到强起来的伟大飞跃，但是我国永远不会搞霸权主义和强权政治，永远记得照顾其他国家的发展利益，坚持以“穷则独善其身，达则兼济天下”的高尚情怀，欢迎“一带一路”沿线国家搭上中国发展的列车。

二、深刻领悟共建“一带一路”的功能

“一带一路”倡议是推进新时代我国对外开放、实现民族伟大复兴的顶层设计，是破解人类发展难题的中国智慧和中国方案，是探索全球经济治理新模式、构建人类命运共同体的重要路径。

教师导入：引入“改革开放使中华民族最大程度上接近了复兴的目标”，从1956年算起的22年间，我国经济总量始终在占美国总量的9%上下浮动。相对差距没有缩小，绝对差距不断扩大。2022年，我国的GDP有望突破20万亿美元，稳居世界第二位，GDP增速、增量均超过美国。

分组讨论：引导学生运用古今中外的具体案例思考对外开放与民族复兴的内在关联。

教师点评，并结合习近平总书记的相关讲话，进一步阐述对外开放是中国发展、民族复兴的关键一招，中国开放的大门永远不会关上，只会越开越大。“一带一路”就是“对外开放—民族复兴”逻辑下的必然产物，是新时代我国扩大对外开放、推进民族复兴的重要顶层设计。

引入案例“世界贫富多级分化与资本国际侵蚀”，通过讨论分析，让学生认识到当今世界正面临着贫富分化加剧、反全球化、民粹主义思潮抬头等重大全球问题。这些问题的背后反映的是世界发展不平衡的问题。

教师指明，习近平总书记提出“一带一路”重大合作倡议，紧紧抓住发展这个最大公约数，着眼于世界各国人民追求和平与发展的共同梦想，致力于推动经济全球化朝着更加开放、包容、普惠、平衡、共赢的方向发展。这一重大合作倡议，为全球发展合作提供了创新思路，为破解全球发

展难题贡献了中国智慧、中国方案，体现了中国将自身发展同世界发展相统一的全球视野、世界胸怀和大国担当。

教师指出："一带一路"建设不是封闭的，而是开放包容的；不是中国一家的独奏，而是沿线和世界各国的合唱。这一重大合作倡议，坚持继承创新、主动作为，强调求同存异、兼容并蓄，致力于打造不同文明和谐共融的利益共同体、责任共同体、命运共同体，推动现有国际秩序、国际规则增量改革，为完善全球治理体系提供了新思路、新方案，成为有关各国实现共同发展的巨大合作平台。

教师总结："一带一路"是推进新时代我国对外开放、实现民族伟大复兴的顶层设计，是破解人类发展难题的中国智慧和中国方案，是探索全球治理新模式和构建人类命运共同体的重要路径。

三、认真思考共建"一带一路"的启示

（一）以大国担当回答时代之问

教师导入：通过引入案例"共建'一带一路'为世界作出重要贡献"，教师引导学生深入了解"一带一路"建设十年来的发展历程。从理念的提出到行动的实施，从愿景的构想到现实的成就，学生将认识到"一带一路"倡议所取得的显著成果及其深远的意义，以及它对全球发展所作出的积极贡献。

分组讨论：引导学生探讨"一带一路"十年的发展成就以及遇到的困难。

教师总结：过去十年，"一带一路"倡议已经从理念转化为行动，从愿景转变为现实。它促进了更广泛、更深入、更高层次的区域合作，致力于维护全球自由贸易体系和推动开放型世界经济的发展。这一倡议还推动了不同文明间的交流与互鉴，展现了人类社会的共同理想与美好追求，为世界和平与发展注入了新的活力。推进"一带一路"建设不仅是中国进一步扩大和深

化对外开放的需求，也是加强与亚欧非以及其他国家互利合作的需求。它是关乎中华民族伟大复兴和全人类可持续发展的重要长远规划。

（二）以历史文化促进经济建设

教师通过讲述“琥珀之路”的历史沿革以及波兰倡导的新“琥珀之路”，引导学生思考波兰的“琥珀之路”倡议为何要以历史文化符号为载体？

教师点评：两千多年前，我们的先辈怀着友好交往的朴素意愿，开辟了古丝绸之路，为东西方商贸互通、文化交融做出了重大贡献，形成了和平合作、开放包容、互学互鉴、互利共赢的丝绸之路精神。共建“一带一路”倡议以此为切入点，既唤醒了沿线国家对于与中国友好交往史的记忆，也有利于各个国家的文化交流和民心相通，最终实现经济、文化的协同推进。

（三）以经济共赢突破军事围堵

教师通过解析“美国是南海地区安全的最大祸源”案例，指明当前中国的发展进步已经触动了西方主要资本主义国家的神经，引发了中美关系是否要陷入“修昔底德陷阱”的讨论。但是通过“一带一路”建设，我国努力寻求不同合作者之间发展利益上的契合点，以潜移默化的方式破解了军事集团的围堵，巧妙地规避了“修昔底德陷阱”。

教师总结：综上可知，中国正以大国担当回答时代之问，以历史文化促进经济建设，以经济共赢突破军事围堵，取得了举世瞩目的成就。

考核评价

一、理论考核

通过课堂问答、课后测试、案例分析等方式对学生掌握本专题的基本知识进行考核。

二、能力考核

通过小组讨论、案例征集、撰写调研报告等方式考查学生运用马克思主义的立场、观点、方法来认识问题、分析问题、解决问题的能力。

三、考核模式

注重过程考核与结果考核、理论考核与实践考核相统一，综合评价学生的课程表现；高度重视学生的课程评价，注意把教师评价与学生评价相结合。

资源链接

案例1

加拿大最后一个完整北极冰架坍塌 全球变暖再发信号[①]

加拿大科研人员消息称，加拿大最后一个完整北极冰架坍塌，仅在7月底的两天内就消失40%的面积。渥太华大学冰川学家卢克·科普兰德说，加拿大北极地区今年夏季的气温比近30年平均气温高出5摄氏度。

气候变化对环境的影响越来越明显，加拿大北极地区冰架坍塌无疑是全球变暖的又一个信号。科学家们关于全球变暖的很多预测正在发生：平均气温上升、极端天气频发、冰川融化加速、海平面上升、野生动物种群和栖息地的变化等。

世界各地野火频发

全球变暖使旱季突发大火的概率增加，在过去一年里，全球范围内野

① 林经纬. 加拿大最后一个完整北极冰架坍塌　全球变暖再发信号［EB/OL］. 新华网，（2020-08-09）［2022-03-14］. http://www.xinhuanet.com/world/2020-08/09/c_1126344767.htm.

火频发。2019年夏季，被称为“地球之肺”的亚马孙地区森林大火持续燃烧数周，引发全球关注。2019年7月下旬，澳大利亚暴发森林大火，由于极端高温加上长期干燥的气候，这场森林大火持续了数月之久。西伯利亚和阿拉斯加等高纬度地区也发生了远甚于往年的火灾。世界气象组织近日发表公告称，因受到西伯利亚地区长期高温影响，北极圈连续第二年发生大规模森林火灾。

此外，加拿大不列颠哥伦比亚省、美国阿拉斯加、格陵兰岛部分地区等都发生山火。

高温记录不断更新

《全球季节性气候更新》报告显示，今年5月和6月全球大部分地区海平面温度高于平均水平，这导致陆地温度高于正常水平，尤其是在热带地区和北半球大部分地区，而全球变暖是造成该现象的一个因素。

《国家地理》杂志报道，自1906年以来，全球平均地表温度已经上升了0.9摄氏度（1.6华氏度）。

气候变暖所造成的极端高温正在损害人类健康。2019年，澳大利亚、印度、日本以及欧洲的一些国家均出现了破纪录的高温，其中日本的严重热浪导致100多人死亡，18000人住院治疗。法国2019年6月到9月间的热浪致使1000多人非正常死亡。

极端天气加剧

随着全球气候持续变暖，飓风和热带风暴也变得更频繁、更强烈，一些地区的干旱期持续时间也更长。

气象组织数据显示，2019年全球热带气旋活动高于平均值，北半球共经历了72个热带气旋，南半球则为27个。其中非洲东海岸有史以来最强烈的气旋“伊代”致使马拉维、莫桑比克和津巴布韦近78万公顷农田颗粒无收，超过18.1万人无家可归。

2019年上半年，袭击非洲东南部的热带气旋“伊代”、南亚气旋“法尼”和加勒比飓风“多里安”，以及发生在伊朗、菲律宾和埃塞俄比亚的洪水使670多万人因灾流离失所，预计全年的“气候难民”总人数接近2200万。

海冰融化加剧海平面上升

随着气温逐年升高，冰盖不断萎缩。在美国国家航空航天局（NASA）7月份拍摄的最新图片中，加拿大境内的两座北极冰盖已经消失不见。

NASA今年3月表示，格陵兰和南极的冰盖融化速度比20世纪90年代快了六倍。自2003年以来，格陵兰岛和南极洲平均每年分别损失2000亿吨和1180亿吨冰川。这些年南极和格陵兰的融冰造成全球海平面升高约14毫米。

《国家地理》杂志报道称，如果全球变暖持续，科学家预测在本世纪后期可能出现的后果：预计到本世纪末，海平面可能将上升26至82厘米或更高。洪水和干旱将会更加普遍，飓风和其他风暴可能会更强。由于冰川储存了世界上约四分之三的淡水，冰川的融化将会导致可利用的淡水减少。一些疾病可能再次出现，比如蚊子传播的疟疾等。一些物种继续将向北迁移，还有些物种因无法适应生存环境或将面临灭绝。

世界气象组织表示，不断加剧的气候变化和极端天气事件已严重影响社会经济、人类健康、人口移徙、粮食安全以及陆地和海洋生态系统。未来要如何保护我们赖以生存的星球，仍将是值得深入思考的重要课题。

案例2

改革开放使中华民族最大程度上接近了复兴的目标（摘编）①

1956年8月，中共八大召开前夕，毛泽东说，中国建设起来，是一个伟大的社会主义国家，将改变落后的状况，而且“会赶上世界上最强大的资本主义国家，就是美国”。“超过美国，不仅有可能，而且完全有必要，

① 陈金龙. 改革开放对中华民族伟大复兴的意义.［EB/OL］. 中国社会科学网，（2019-01-05）［2022-03-14］. http://www.cssn.cn/zzx/yc_zzx/201901/t20190105_4806786.shtml.

完全应该。如果不是这样，那我们中华民族就对不起全世界各民族，我们对人类的贡献就不大。”而1956年中国的GDP只有416.6亿美元，美国4375亿美元，中国经济总量只有美国的9.5%。1964年，三届人大一次会议提出要在不太长的历史时期内，发展成为一个具有现代农业、现代工业、现代国防、现代科学技术的社会主义强国，当年中国GDP只有美国的8.9%。1975年四届人大一次会议再次提出了“四个现代化”的目标，此时GDP只有美国的9.8%。1978年，中国GDP仍只占美国的9.4%。从1956年算起的22年间，我国经济总量始终在占美国总量的9%上下浮动。相对差距没有缩小，绝对差距不断扩大。

改革开放40年后的2017年，我国的GDP达到美国的63.2%，稳居世界第二位，GDP增速、增量均超过美国。中国已经成为世界上最大的工业国家，建立了全世界最完整的现代工业体系，多年来对世界经济增长贡献率超过30%。中国投入的研究发展经费在2013年就超过日本，成为世界第二大研发经费投入国家。

案例3

“琥珀之路”的形成[1]

很早的时候，欧洲人就已经将琥珀看作是宝石，因此那时欧洲各地对琥珀就有了很强的需求。稍微富有的国家和君主，都会像罗马人一样，想方设法得到琥珀，并制作成各种艺术品。那时北欧人把琥珀从北欧运往南方，以兑换同等重量的黄金。

在公元5世纪后，琥珀的价格曾一度低落。不过没有过多久，当人们用琥珀大量制作念珠、制作十字架时，琥珀重新又变得贵重起来。据说，十

① 传奇翰墨编委会　琥珀之路 大国崛起［M］. 北京：北京理工大学出版社，2011：9–10.

字架只能用琥珀来做，因为琥珀被视为人间的圣物。那时欧洲人对琥珀的需求又达到了一个高潮。

在长期的琥珀贸易中，欧洲逐渐形成一条条进行琥珀贸易运输的商路，即琥珀之路。欧洲的“琥珀之路”，大体上可以分为两条，即东线和南线。

其中东线以波罗的海沿岸为起点，沿维斯杜拉河向下，经过基辅一带，向南延伸至黑海。在那里，琥珀之路与该地原有的一条古代交通线——丝绸之路相交汇，通向近东、中亚、东亚的中国和南亚的印度。东线的琥珀之路，是伴随着俄罗斯的诞生而出现的，在商品贸易的背景下，俄罗斯土地上的民族得以融合，相互间的文化得以传播。南线则以北海和波罗的海为起点，越过维斯杜拉河，经过维亚隘口，到达维也纳以东多瑙河畔的卡农土姆，然后沿阿尔卑斯山东麓，翻山南下，到达亚德里亚海北岸的一个很重要的贸易中心阿奎利亚。从这里，经海路，商人们再将琥珀运往意大利南部、希腊、北非、地中海东部和埃及。在这条商路上，先后崛起了一座座城市，如格但斯克、布拉格、日内瓦等，随之波兰、捷克、奥地利等国家也相继出现，并一度辉煌。

在琥珀之路上，商人们所带的商品中，琥珀不是唯一，也不可能是唯一。当时和琥珀一起被贩运的，还有英国的锡、西班牙的银、阿拉伯南部的香、中国的丝绸、西伯利亚的毛皮、阿富汗的青金石、非洲的象牙和印度的宝石等。

总之，“琥珀之路”表面上是一条古代运输琥珀的贸易道路，但实际上，这条从欧洲北部的北海和波罗的海通往欧洲南部的地中海，由水路和陆路结合而成的通商道路，联结了欧洲多个重要的城市，并维持了多个世纪，极大地繁荣了整个欧洲的商业贸易。

案例4

共建“一带一路”为世界作出重要贡献[①]

2023年是共建“一带一路”倡议提出十周年。十年来，共建“一带一路”倡议从理念到行动，从愿景到现实，开展更大范围、更高水平、更深层次的区域合作，致力于维护全球自由贸易体系和开放型世界经济，推动文明交流互鉴，彰显人类社会共同理想和美好追求，为世界和平发展增添了新的正能量。推进“一带一路”建设，既是中国扩大和深化对外开放的需要，也是加强和亚欧非及世界各国互利合作的需要，是关乎中华民族伟大复兴和人类可持续发展的长久大计。

为全球经济注入动力

习近平总书记指出，开放是人类文明进步的重要动力，是世界繁荣发展的必由之路。在经济全球化深入发展、全球价值链分工深刻调整的背景下，“一带一路”建设是我国扩大开放的重大战略举措和经济外交的顶层设计，有利于构建内外联动的开放型经济体系，促进国内国际双循环。

实践证明，推动共建“一带一路”高质量发展，以支持多边贸易体制和区域贸易安排驱动经济全球化发展，积极同沿线国家商建自由贸易区，使我国与沿线国家合作更加紧密、往来更加便利。共建“一带一路”倡议让中国与世界经济深度融合，不断增强国内国际两个市场两种资源的联动效应，不断推进开放与合作。中国经济的增长也对世界和区域经济增长发挥了稳定器作用。

更好惠及沿线国家

基于对世界经济发展状况和经济全球化发展态势的科学判断，中国提出共建“一带一路”倡议，契合了沿线国家和地区发展的需要，顺应了区

① 周进. 共建“一带一路”为世界作出重要贡献［N/OL］. 经济日报，（2023-05-30）［2024-05-05］. http：//www.ce.cn/xwzx/gnsz/gdxw/202305/30/t20230530_38566931.shtml.

域经济合作的潮流，得到沿线国家和地区的积极响应和热情参与。经过多年发展，“六廊六路多国多港”的互联互通架构已基本形成，一批标志性项目落地并取得实质性进展，一些领域的合作项目扎实推进。作为中国与“一带一路”沿线国家互通互惠互联的有效载体，中欧班列已发展成为中欧之间国际物流陆路运输的重要选择，被誉为联通亚欧的“钢铁驼队”。

共建“一带一路”倡议将沿线国家和地区紧密联系在一起，在基础设施实现互联互通基础上开展金融、贸易、投资等各方面广泛合作，既能够促进沿线各国的发展，又能够增进各国间的相互联系。十年来，共建“一带一路”倡议拉动近万亿美元投资规模，形成3000多个合作项目，为沿线国家创造42万个工作岗位，让将近4000万人摆脱贫困，使各国获得更多发展机会，成果更好惠及民生。

完善全球治理体系

当前，多边主义、多边规则、多边机制受到挑战与冲击，全球治理体系亟待改革和完善。面对全球治理赤字加重问题，需要各国携起手来共同应对。习近平总书记强调，“共建‘一带一路’是开放的合作平台，秉持的是共商共建共享的基本原则，没有地缘政治目的，不针对谁也不排除谁，不会关起门来搞小圈子，不是有人说的这样那样的所谓‘陷阱’，而是中国同世界共享机遇、共谋发展的阳光大道”。共建“一带一路”倡议及其共商共建共享的核心理念被写入联合国等重要国际机制成果文件，逐步成为全球治理的重要共识。亚洲基础设施投资银行、丝路基金等多边开发机构和合作平台的设立，推动全球治理体系朝着更加公正合理的方向发展。

高质量共建“一带一路”破除零和博弈思维，推进全球治理体系变革和完善，为解决世界性难题贡献了中国智慧、中国方案。共建“一带一路”合作文件、合作项目，涵盖基础设施建设、产能合作、人文交流、生态环保等领域，充分体现了“一带一路”倡议的共享性与开放性，对促进国际合作非常有益。

增进文明交流互鉴

习近平总书记指出："在各国前途命运紧密相连的今天，不同文明包容共存、交流互鉴，在推动人类社会现代化进程、繁荣世界文明百花园中具有不可替代的作用。""一带一路"沿线各国文化积淀深厚，共建"一带一路"倡议有利于促进不同文明之间的交流，以文明交流互鉴取代文明对抗、文明冲突，把世界的多样性和各国的差异性转化为促进各国共同发展的活力和动力，使文明之花成为增进各国人民友谊的桥梁、推动人类进步的纽带、维护世界和平的润滑剂。十年来，中国与"一带一路"沿线国家互办文化年、艺术节等活动，开展了形式多样的民心相通项目，有效促进了文化交流。

文明交流互鉴，是推动人类文明进步和世界和平发展的重要动力。实践证明，共建"一带一路"倡议，遵循文明发展规律，尊重文明多样性，促进文明价值共通、文明成果共享，不仅有利于彰显中华文明的内涵和特色，也有利于世界文明交流互鉴。

推动人类可持续发展

当前，世界进入新的动荡变革期，世界之变、时代之变、历史之变正以前所未有的方式展开，经济全球化遭遇逆流，世界经济复苏步履维艰。中国提出的共建"一带一路"倡议，对于解决当今世界面临的风险挑战，增强沿线各国应对能力具有重要战略意义。

面对日趋多元复杂的传统与非传统安全问题，中国同沿线国家和地区一道，加强团结合作，科学研判风险挑战，共克时艰、共渡难关。中国积极推动建立共建"一带一路"绿色低碳发展合作机制，与有关国家及国际组织签署50多份生态环境保护合作文件；与31个共建国家共同发起"一带一路"绿色发展伙伴关系倡议，与32个共建国家共同建立"一带一路"能源合作伙伴关系；发起建立"一带一路"绿色发展国际联盟，成立"一带一路"绿色发展国际研究院，建设"一带一路"生态环保大数据服务平台，帮助共建国家提高环境治理能力、增进民生福祉。面对疫情，"一带一路”沿线国家守望相助。中国广泛开展国际抗疫合作，彰显了负责任大国的担当。

历经十年发展，“一带一路”的朋友圈越来越大，好伙伴越来越多，合作质量越来越高，发展前景越来越好。共建“一带一路”搭建了广泛参与的国际合作平台和构建人类命运共同体的实践平台，受到国际社会的普遍欢迎，为提振全球经济复苏信心、促进全球治理体系改革作出了重要贡献。

知识链接

链接1

中华民族的伟大光荣
——论全面建成小康社会[①]

在庆祝中国共产党成立100周年大会上，习近平总书记代表党和人民庄严宣告：“经过全党全国各族人民持续奋斗，我们实现了第一个百年奋斗目标，在中华大地上全面建成了小康社会，历史性地解决了绝对贫困问题，正在意气风发向着全面建成社会主义现代化强国的第二个百年奋斗目标迈进。”千年夙愿，百年奋斗，中华民族孜孜以求的美好梦想成为现实，中华民族伟大复兴向前迈出新的一大步，历史将永远铭记这一光荣的时刻！

“民亦劳止，汔可小康。”小康，是中华民族自古以来追求的理想社会状态。中国共产党一经诞生，就把为中国人民谋幸福、为中华民族谋

① 中华民族的伟大光荣——论全面建成小康社会［N］. 人民日报，2021-07-02（4）.

复兴确立为自己的初心使命。改革开放之初，邓小平同志首先用小康来诠释中国式现代化，明确提出到20世纪末“在中国建立一个小康社会”的奋斗目标。在全党全国各族人民共同努力下，这个目标在20世纪末如期实现，人民生活总体上达到小康水平。习近平总书记指出：“到建党100周年时，全面建成惠及十几亿人口的更高水平的小康社会，是我们党进入新世纪后，在基本建成小康社会基础上提出的奋斗目标，是对人民的庄严承诺。”全面建成小康社会，既深深体现了今天中国人的理想，也深深反映了中华民族千百年来的不懈追求，是我们党向人民、向历史作出的庄严承诺，是14亿多中国人民的共同期盼。

百年岁月峥嵘，百年成就辉煌。自改革开放之初党中央提出小康社会的战略构想以来，我们把人民对美好生活的向往作为奋斗目标，几代人一以贯之、接续奋斗，一茬接着一茬干，一棒接着一棒跑，全面建设小康社会取得了显著成绩。党的十八大以来，以习近平同志为核心的党中央统筹中华民族伟大复兴战略全局和世界百年未有之大变局，统筹推进“五位一体”总体布局、协调推进“四个全面”战略布局，团结带领全国各族人民攻坚克难、砥砺前行，吹响了决胜全面建成小康社会的冲锋号。2020年我国国内生产总值超过100万亿元，人均国内生产总值超过1万美元；8年来现行标准下9899万农村贫困人口全部脱贫，脱贫攻坚战取得全面胜利；基本医疗保险覆盖13.6亿人，基本养老保险覆盖超过10亿人，建成世界上规模最大的社会保障体系……一项项彪炳史册的发展成果，激荡国家富强、人民幸福的崭新气象。中华民族迎来了从站起来、富起来到强起来的伟大飞跃，实现中华民族伟大复兴进入了不可逆转的历史进程。

链接2

共建一带一路　实现美好梦想[①]

老挝和中国是山水相连的友好邻邦，自古以来有着深厚的传统友谊。自2019年签署构建老中命运共同体行动计划以来，双方秉持好邻居、好朋友、好同志、好伙伴的“四好”精神，共同推动老中关系迈上了新的台阶。

随着共建“一带一路”步伐加快，老中两国合作领域不断扩大，务实合作的事例不胜枚举。从老挝首条高速公路万象至万荣段正式通车、老挝一号通信卫星在轨交付，到老中铁路即将建成，两国始终心意相通、真诚合作，切实增进了两国人民的福祉。中国是老挝第一大投资来源国，与老方合作推动实施诸多具有战略意义的重要项目，使老挝陆路运输及国内经济发展格局逐步与地区乃至世界相连。

老挝是一个内陆国家。怎么把内陆国的地理劣势转变成发展优势？那就是把自己变成陆上各国的交通枢纽，其中一个重要通道正是老中铁路。老中铁路老挝段北起老中边境磨丁—磨憨口岸，南至老挝首都万象。老中铁路通车的时候，老挝将完成从“陆锁国”到“陆联国”的转变，打造中南半岛陆上交通枢纽的多年期盼与美好梦想将成为现实。

老中铁路老挝段正线轨道已全部铺通，进入通车倒计时。它的开通将提高沿线居民的生活水平，增加就业，助力老挝人民走向富裕之路。老中铁路将为老挝经济社会发展创造巨大效益，铁路运输和项目周边服务产业将带来大量收入，老挝将利用这些收入建设其他基础设施，促进老挝繁荣发展。老中两国以这条铁路为依托，将建设起自中国云南，途经若干重要地区，抵达老挝南部的老中经济走廊，推动老挝经济迈上新的发展水平。

① 宋沙瓦. 共建一带一路　实现美好梦想［N］. 人民日报，2021-09-07（3）.

老中命运共同体建设克服疫情影响全面推进，两国务实合作不断深化，中方对老挝投资稳步上升。老中合作给两国特别是老挝人民带来实实在在的利益，极大促进了老挝经济社会发展。老挝计划在2021年至2025年间实现经济年均增长4%的目标，政府将继续为大型项目建设提供便利。老挝希望抓住共建“一带一路”和构建澜湄国家命运共同体的机遇，学习借鉴先进经验，结合本地实际，以新的理念推动老挝发展。

世界人民渴望和平，期盼安居乐业。作为世界第二大经济体，中国为推动世界和平与发展发挥了积极作用。构建人类命运共同体理念和共建“一带一路”倡议，为促进世界和平发展、各国互利共赢提供了新思路、新方案。在人类命运共同体理念指引下，中国与各国携手合作、共同努力，世界一定会更加美好。

链接3

批判与和重塑：全球治理体系的内在缺陷及其变革转向（摘编）[①]

全球治理体系是国际体系和国际秩序的重要组成部分，并且是以国际体系和国际秩序为前提和基础的。纵观整个资本主义发展历程，可以说资本主义发展史就是一部资本逻辑和权力政治不断扩张的历史，也是一部经济全球化深入发展、全球治理体系日趋演进的历史。自1648年威斯特伐利亚体系确立国家主权原则以来，国际体系和国际秩序先后经历了维也纳体系、凡尔赛—华盛顿体系、雅尔塔体系以及后冷战格局四次重大转变。这四次重大转变，本质上是国际体系和国际秩序的变迁，但同时也伴随着全球治理体系的演进。二者虽然存在一定区别，但从世界历史发展过程中的

① 殷文贵. 批判与重塑：全球治理体系的内在缺陷及其变革转向［J］. 社会主义研究，2021（5）：163-172.

权力等级结构来看，全球治理体系从根本上来说是建立在国际体系和国际秩序基础上的，没有国际体系和国际秩序，全球治理体系就无所适从、无以为继。当然，最值得我们注意的是，与国际体系和国际秩序相伴相生的历次全球治理体系存在一个共同点，即它们都深受资本逻辑和权力政治的驱使，充斥着弱肉强食、强权独霸、零和竞争的丛林法则，是一种典型的霸权政治和均势秩序支配下的全球治理体系。虽然后冷战时代的全球治理体系基本上摒弃了殖民掠夺的血腥手段，提倡“平等”“合作”“共治”等理念，赋予每个参与主体公平“发声”的权利，但这只是西方发达资本主义国家适应全球化时代发展需要的形式和手段而已，事实上全球治理体系仍然由以美国为首的少数西方发达资本主义国家依据自身利益和权力意志所支配和掌控。尽管这样的全球治理体系能够在一定程度上保证国际社会的“秩序”和“稳定”，向世界提供某些国际公共产品，但这完全是以发达资本主义国家的政治权力和国家利益为前提的，完全是建立在大国之间势均力敌基础上的。一个非常明显的事实是，在现存的全球治理框架下，“一旦所谓的‘治理’触及发达资本主义国家的核心利益，资本便会毫不犹豫地撕下温情脉脉的面纱，露出狰狞的獠牙”①；一旦全球治理的规则和方式违背了发达资本主义国家继续主宰世界的意愿，这些国家就会想方设法地进行阻挠和破坏。这种“进退自如”的表现充分说明，当今世界的全球治理体系本质上是由发达资本主义国家所主导的排他性的“单边治理”体系或“西方治理”体系，全球治理体系正日益暴露出世界权力结构深刻重塑而新兴市场国家和发展中国家的代表性和话语权严重缺失的主体性矛盾和缺陷。

---

① 刘同舫. 人类命运共同体对全球治理体系的历史性重构［J］. 四川大学学报（哲学社会科学版），2020（5）：5-13.

参考文献

1. 习近平. 习近平谈治国理政：第三卷［M］. 北京：外文出版社，2020.

2. 中共中央宣传部. 习近平新时代中国特色社会主义思想三十讲［M］. 北京：学习出版社，2018.

3. 中共中央宣传部. 习近平新时代中国特色社会主义思想学习纲要［M］. 北京：学习出版社/人民出版社，2019.

4. 中共中央宣传部、中华人民共和国外交部. 习近平外交思想学习纲要［M］. 北京：人民出版社/学习出版社，2021.

专题四

Topic 4

携手合作

——构建人类命运共同体

| 一体化设计目标及思路 |

推动建设相互尊重、公平正义、合作共赢的新型国际关系，是习近平外交思想的重要组成部分。构建新型国际关系具有与时俱进的鲜明特色，蕴含着博大精深的中华文化智慧，体现了符合历史潮流的人类期盼。面对世界多极化、经济全球化深入发展，文化多元化、社会信息化持续推进，构建新型国际关系是中国领导人立足时代发展潮流和中国根本利益做出的战略选择，反映了中国人民和世界人民的共同心愿。根据大中小学思想政治理论课程目标一体化设计的要求，本着循序渐进、螺旋上升的理念，落实“立德树人”根本任务，遵循思想政治工作规律、教书育人规律、学生成长规律，在大中小学开展构建人类命运共同体教育，弘扬全人类共同价值。

总体设计目标和思路：小学阶段重在感受世界大家庭，进行人类命运共同体的情感启蒙；通过活动对小学生进行人类命运共同体启蒙教育，让学生感受人类生活的世界，是我们共同的家园。初中阶段重在让学生知晓人类命运共同体的科学内涵，打下人类命运共同体的思想基础；通过参与活动让学生理解人类命运共同体是中国智慧、大国担当。高中阶段重在介绍新时代我国新型国际关系，铸牢人类命运共同体意识；通过教师讲授，引导学生探究中国提出的人类命运共同体理念和实践。大学阶段主要讲继承中华民族优秀传统文化基因，抢占人类社会发展道德高地，以人类文明新形态引领人类社会发展，增强新时代使命担当，提升人类命运共同体的政治素养，增强实践全人类共同价值的使命感、责任感和高度自觉性。

思维导图

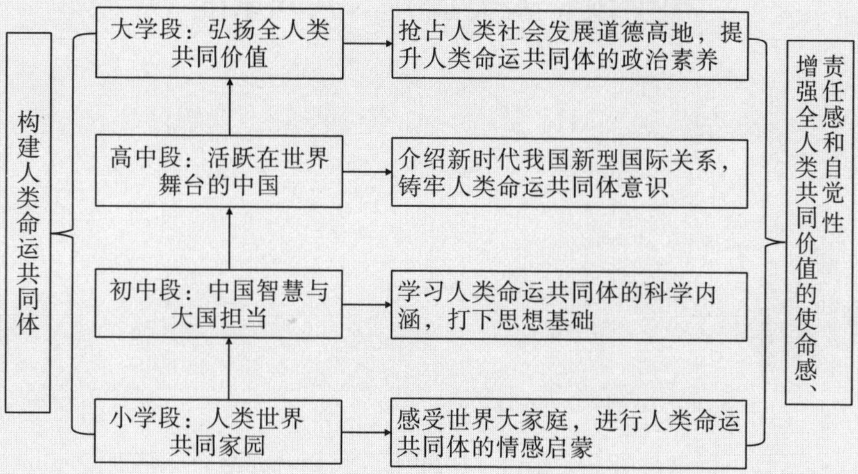

小学段：人类世界　共同家园

教学目标

本专题通过合作探究、交流讨论、视频观看、辩论、情景朗诵等方式，将思政小课堂与历史大舞台、国际生活大舞台相结合，帮助少年儿童初步了解文明多样性是世界的基本特征，文明交流对话才能推动和平共处、和谐共生。让学生明白只有“共商、共建、共享”，才能推进和实现全人类、全世界的“和平、发展、公平、正义、民主、自由”。

教学重点和难点

一、教学重点

初步了解、认识文明多样性是世界的基本特征。

二、教学难点

文明交流对话才能推动和平共处、和谐共生。

学情分析

小学阶段的少年儿童天性纯真，对新鲜事物、新知识具有很强的好奇心，可塑性强。在教师的引领下，在生动丰富的教育教学活动中，小学阶段要记住要求、心有榜样、从小做起、接受帮助。结合“人类世界　共同家园”这一命题，以及小学生对中国历代“贵和”思想和世界动荡格局的理解认识不够的问题，本主题将对“世界是个地球村”的知识进行铺垫，对“人类世界　共同家园”的情感进行铺垫、渗透，并结合多元的学习方式、多样的多元测评，实现对“世情”的基本认识和判断。

设计思路

一、设计理念

本教学设计立足中华民族悠久灿烂的优秀文化，梳理、学习改革开放以来，特别是新时代中国特色社会主义时期具有里程碑意义的、引发国际热烈反响的国家大事。学生在体验、感受和分享中，激发学习热情和积极性。

通过“最牛外交家”“最萌小使者”“最强中国声”，感悟中华民族总是以诚感人、以心暖人、以情动人，促进青少年的文化自信和文化认同，打好“热爱和平”的思想底色；通过“科技创新”“绿色发展”，了解中国高铁领跑世界，以“中国速度”享“世界之美”，感知、理解“绿水青山就是金山银山”；通过“兼容并包”“交流对话”，感受“文明因多样而交流，因交流而互鉴，因互鉴而发展”，让学生既为“勃勃生机的本国文明”自豪，又能欣赏“群芳竞艳的世界文明百花园”，培养胸怀天下、立己达人的“大国公民”。

二、思维导图

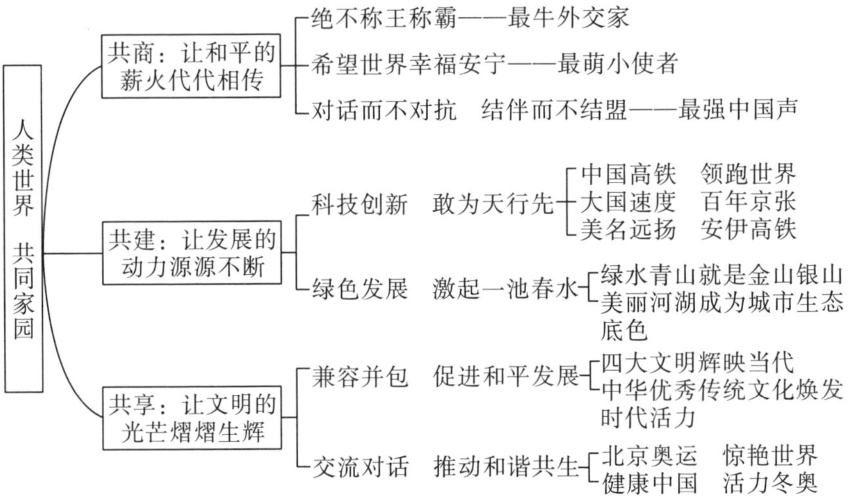

图4–2　小学段思维导图

实施方案

一、共商：让和平的薪火代代相传

古今中外，人们对和平的渴望与追求从未停息。和平与发展是人类社会最大的公约数，是不分种族、肤色、地域、宗教、文化的共同诉求。持久和平、普遍安全，是中国举国上下的共同心愿，也是全世界人民的共同期待。

（一）最牛外交家

教师：古往今来，你知道中国哪些著名外交家的故事呢？

学生：晏子、苏武、张骞、班超、玄奘、文成公主、鉴真、郑和、周恩来……

学生交流相关故事。

教师：这些故事源远流长，相关外交人物至今为人们津津乐道，他们之间有什么共同点吗？

学生：他们都在捍卫祖国和民族的尊严，他们都在传播中国文化，他们总是在传递友好、文明、和平……

教师小结：历史上，中国的对外交往，主要是政治、经济、文化方面的交流，不管综合国力情况如何，总是积极传递友好、和平和文明。中华民族是和平主义的倡导者。

过渡：今天，老师还给大家带来一个最萌小使者。

（二）最萌小使者——熊猫

第一，播放视频《大熊猫“福宝”萌翻韩国》。

教师：你对视频中印象最深刻的是什么？你从“熊猫外交”中体会到了什么？

第二，学生小组讨论。

第三，全班交流：熊猫呆萌可爱，憨态可掬，不仅是中国的“国宝”，也深受世界各国人民的喜爱，是当之无愧的“和平大使”。

…………

第四，教师：全世界人民以熊猫为原型，创作出了哪些经典的熊猫形象？它们有些什么特点？

学生1：功夫熊猫阿宝，性格随和、天真、好动、贪玩，孩子气十足又责任感爆棚，还非常有爱心、孝心。

学生2：北京奥运会吉祥物晶晶，是一只外表憨态可掬的大熊猫，它来自广袤的森林，无论走到哪里，它都能给人们带来无尽的欢乐和笑声。

学生3：即将在成都举办的第31届世界大学生运动会吉祥物蓉宝，手握火炬，耳朵、眼睛、尾巴也呈火焰形状。

…………

教师小结：这就是大熊猫，一位“友好使者”，它的可爱得到全世界人民的喜爱，它的友善给严肃、动荡的世界政坛带来不少暖色。

（三）最强中国声

1．学习二十大精神

教师：2022年10月16日上午10时，中国共产党第二十次全国代表大会在北京人民大会堂开幕。中国共产党第二十次全国代表大会是在全党全国各族人民迈上全面建设社会主义现代化国家新征程、向第二个百年奋斗目标进军的关键时刻召开的一次十分重要的大会。大会主题是：高举中国特色社会主义伟大旗帜，全面贯彻新时代中国特色社会主义思想，弘扬伟大建党精神，自信自强、守正创新，踔厉奋发、勇毅前行，为全面建设社会主义现代化国家、全面推进中华民族伟大复兴而团结奋斗。

PPT展示：

材料：我们真诚呼吁，世界各国弘扬和平、发展、公平、正义、民主、自由的全人类共同价值，促进各国人民相知相亲，尊重世界文明多样性，以文明交流超越文明隔阂、文明互鉴超越文明冲突、文明共存超越文明优越，共同应对各种全球性挑战。我们所处的是一个充满挑战的时代，也是一个充满希望的时代。中国人民愿同世界人民携手开创人类更加美好的未来！

——《高举中国特色社会主义伟大旗帜为全面建设社会主义现代化国家而团结奋斗》

教师：联系前面所学的、所交流的内容，你怎么理解二十大报告里的这段话?

学生1：中国的发展和强大，总是与和平相伴而行。

学生2：熊猫是中国的“友好使者”，中国是世界的“和平使者”。

…………

2．走近日内瓦

教师：2017年1月18日，国家主席习近平在联合国日内瓦总部出席“共商共筑人类命运共同体”高级别会议，发表题为《共同构建人类命运共同体》的主旨演讲，明确阐释了“中国方案”的概念。

PPT播放习近平主席演讲的照片及重要内容。

“让和平的薪火代代相传，让发展的动力源源不断，让文明的光芒熠熠生辉，是各国人民的期待，也是我们这一代政治家应有的担当。中国方案是：构建人类命运共同体，实现共赢共享。”

教师提问：习主席在这段演讲中用的“期待”和“担当”这两个词，你感受到了什么？

学生1：和平、对话对全世界人民来说是众望所归。

学生2：有责任、有担当的大国领导者、大国公民，将“和平”“发展”“文明”作为共同的追求。

3．庆祝中国共产党成立100周年

教师：2021年是中国共产党成立100周年。7月1日，中共中央总书记、国家主席、中央军委主席习近平发表重要讲话。

材料：以史为鉴、开创未来，必须不断推动构建人类命运共同体。和平、和睦、和谐是中华民族5000多年来一直追求和传承的理念，中华民族的血液中没有侵略他人、称王称霸的基因。中国共产党关注人类前途命运，同世界一切进步力量携手前进，中国始终是世界和平的建设者、全球发展的贡献者、国际秩序的维护者！

——《在庆祝中国共产党成立100周年大会上的讲话》

指导学生反复有感情地诵读，交流感受。

教师小结：人类命运休戚与共，各国人民应该秉持“天下一家”理念，共同推动构建人类命运共同体。

二、共建：让发展的动力源源不断

（一）科技创新，敢为天下先

科技是第一生产力，创新永无止境。从时速35公里到350公里，科技创新让中国高铁实现了从“追赶者”到“领跑者”的华丽蜕变。中国高铁也成了中国的一张金灿灿的名片。

1．中国高铁，领跑世界

学生自学“阅读材料”。

材料一：2017年9月21日，我国具有完全自主知识产权的复兴号动车组在京沪高铁率先按时速350公里进行商业运营，创世界高铁商业运营最高速度。

材料二：2019年12月30日，世界首条智能高铁——京张高铁首次在世界实现350公里时速自动驾驶。

材料三：截至2020年底，我国高速铁路运营里程达3.79万公里，较2015年末的1.98万公里增长近1倍，稳居世界第一，“八纵八横”主骨架已搭建七成以上。

材料四：2021年2月8日，正线全长约180公里、设计时速为350公里的徐（州）连（云港）高铁通车运营。至此，我国“八纵八横”高速铁路网最长横向通道——全长3422公里的连云港至乌鲁木齐高铁全线贯通，将为新亚欧大陆桥经济走廊发展提供有力支撑。

教师提问：从这一串和中国高铁有关的数字中，结合自己的亲身体验，你明白了什么？产生了哪些新的疑惑？

学生交流：中国高铁的速度、运营里程数均为世界第一。

学生提问：在高铁这个领域，中国是怎么实现这么多的“世界第一”的？

教师小结：我国自主创新的一个成功范例就是高铁，从无到有，从引进、消化、吸收再创新到自主创新，现在已经领跑世界。我们应该时刻牢记创新始终是一个国家、一个民族发展的重要力量。

2．大国速度，百年京张

观看视频《探访京张高铁张家口站：让你惊艳的不仅是“刷脸”》。

教师讲解（PPT展示）。

京张高铁采用当前世界上最为先进的科学技术，是一条中国首次采用自主研发的北斗卫星导航系统的智能化高速铁路，是世界上第一条最高设计时速350公里/小时的高寒、大风沙高速铁路，运用了云计算、物联网、5G、人工智能等高新科技……京张高铁堪称智慧与速度的完美结合。

出示詹天佑雕像，教师提出：课前，老师让同学们搜集詹天佑和京张铁路的资料，现在请同学进行全班分享。

学生交流。

对比京张铁路和京张高铁的示意图。（PPT展示）

学生交流感受。

教师小结：京张高铁的一“横”与“人”字形的京张铁路形成了“大”字。京张线从“人”字到“大”字，这一笔画了整整一百年。它见证了中国铁路百年的变迁，也同样见证了中华民族百年的变迁。

推荐学生课外阅读《詹天佑》。

学生齐读习近平总书记对京张高铁2019年12月30日开通运营做出重要指示（PPT展示）。

1909年，京张铁路建成；2019年，京张高铁通车。从自主设计修建零的突破到世界最先进水平，从时速35公里到350公里，京张线见证了中国铁路的发展，也见证了中国综合国力的飞跃。回望百年历史，更觉京张高铁意义重大。

3．美名远扬，安伊高铁

学生观看视频《安伊高铁推动土耳其经济发展》。

学生在线答题：

安伊高铁是土耳其首都安卡拉至伊斯坦布尔的高速铁路，全长____公里。这是我国第一条走出国门的高铁，安伊高铁于____年____月____日全线建成通车。安伊高铁开通后，帕穆科瓦市离伊斯坦布尔的距离将由过去的____个小时缩短到____分钟。

教师小结：安伊高铁成功通车运营，标志着相关中国企业成功拿到了进入欧洲高铁建设市场的入场券。这样的“高铁外交”，大大加强了中土两国的交流，从而促进经济的快速发展。

“人类只有一个地球，各国共处一个世界。”全球共同发展、良性发展关乎人类未来，国际社会应该携手同行，共谋全球共同建设、共同发展之路，让发展的成果更好地惠及每个国家、每个民族。

（二）绿色发展，激起一池春水

“蓝天越来越多，生态越来越好”，这个已经成了全国人民的共识。“青山绿水、鸟语花香、幽静宜人”的美丽中国愿景，让老百姓望得见山、看得见水、记得住乡愁。

1．绿水青山就是金山银山

（1）余村的美丽重生

教师：上图为浙江省湖州市安吉县天荒坪镇余村20世纪80年代的资料照片；下图为2018年4月24日，游客在整修一新的余村游览时拍的照。2005

年8月15日，时任浙江省委书记的习近平在安吉考察时来到余村，提出“绿水青山就是金山银山”。

学生结合自己的亲身经历，谈谈自己对“绿水青山就是金山银山”的体会和感受。

（2）“中国绿”带来“世界绿”

PPT展示：

国家林业和草原局发布《中国退耕还林还草二十年（1999—2019）》白皮书显示，20年来，我国实施退耕还林还草5.15亿亩，成林面积占全球同期增绿面积的4%以上。

教师提问：我国人多地少，为何还要退耕还林还草？退耕还林还草可能会遇到哪些困难？

学生在小组合作、讨论交流的基础上，选代表分成两组进行辩论“中国实施退耕还林是‘利’大还是‘弊’大”。

教师小结：美国国家航空航天局日前发布报告称，地球比二十年前更绿了，中国植树造林贡献最大。退耕还林还草造林占同期我国人工造林总面积的27.7%，占林业重点工程造林总面积的40.5%，位居各大林业重点工程之首。以退耕还林工程为代表的生态修复，在增加“中国绿”的同时，也增加了“世界绿”。

2．美丽河湖成为城市生态底色

（1）世界文化遗产都江堰

两千多年前，蜀地郡守李冰，率领蜀郡人民，总结前人经验，主持修建了都江堰水利工程。都江堰水利工程，是全世界至今为止年代最悠久、留存最完整的宏大水利工程。

播放视频《都江堰——世界水利文化鼻祖》。

在线竞答（具体内容见附录1）。

教师小结：始建于2000多年前的都江堰，直至今天还在发挥着重要防洪、灌溉作用。当年李冰父子运用大自然的规律和聪明才智，赋予奔腾暴戾的岷江水灵性和善意，从此成都平原成了“沃野千里，不知饥馑”的“天府之国”。

（2）我为“最美河湖”代言

学生交流参加“小河长巡河志愿服务”等实践体验活动的经历和收获。学生交流参加“水资源保护”实践活动的经历和感受。

全班交流：从两千多年前修建的都江堰水利工程，到今天大家耳熟能详的“绿水青山就是金山银山”，你体会到了什么？

教师小结：2000多年以来，都江堰的创建与维护，一直坚持不破坏自然资源，坚持“乘势利导”、变害为利，使人、地、水三者高度和谐统一，称得上世界范围内的一项伟大“生态工程”。近年来，“母亲河”“幸福河”“美丽河湖”，这些词越来越多地出现在我们的眼前，从“脏”到“清”，从“清”到“美”，从“美”到“亲”，“美丽河湖”是“美丽中国”建设蓝图中最灵动优美的一笔。

三、共享：让文明的光芒熠熠生辉

（一）兼容并包，促进和平发展

数千年的文明，延续着各个民族的精神血脉，告诉我们从何而来；数千年的文明，记录着每一件文物、遗迹的生命轨迹，提示我们将走向何方。承古人之创造，开时代之先河，文明交融之光必将照耀未来。

1．四大文明辉映当代

教师：请问四大文明是哪“四大”？

学生：以长江黄河为中心的华夏文明、以两河流域为中心的古巴比伦文明、以尼罗河为中心的古埃及文明、以印度河为中心的古印度文明。

PPT展示：

四大文明古国形成年代、发源地及早期文明成果

名称	形成年代	发源地	早期文明成果
古巴比伦	公元前6000年	底格里斯河 幼发拉底河	楔形文字 空中花园
古埃及	公元前5500年	尼罗河	象形文字 金字塔
古印度	公元前300年	印度河 恒河	梵文 阿拉伯数字
古中国	公园前2070年	黄河 长江	甲骨文 长城 秦始皇兵马俑

根据课前安排的预习作业，学生分小组介绍四大文明的具体情况。

2．中华优秀传统文化焕发时代活力

五千多年的中华文明发展中孕育的中华优秀传统文化，积淀着中华民族最深沉的精神追求，代表着中华民族独特的精神标识，使中华民族在漫长的历史长河中得以薪火相传、浴火重生、历久弥新。让我们走进一幅画，通过它的前世今生，感受华夏繁荣、祖国强盛的意义。

（1）太平盛世，江山如画

播放微课视频《千里江山图》，师生共同欣赏图画，教师进行相关的介绍。

师生交流感受。

教师小结：这幅《千里江山图》，从纸墨到颜料，均是顶级材质，细细品鉴，方能看出其中的无穷匠心。画卷咫尺，囊括大宋千里江山，画幅绵延不绝，江山万世流传。而隐藏在这幅画卷后的，更是一个朝代的兴盛与辛酸。北宋末期，宋金形成军事对峙之势，北宋的王室衰微，国土沦丧，民不聊生。靖康之变，金军攻破开封城，徽宗、钦宗被俘，《千里江山图》流落民间。直到新中国成立后，才由国家购回，收藏于故宫博物院。

（2）丹青千里，对话千年

欣赏音乐短片《丹青千年》。

教师提问：两位十八岁的少年，通过绘画和演唱的形式，实现了跨越千年的对话。请同学对这场“千年对话”表达自己的感受？

学生交流：科技让艺术重获新生；艺术是一个国家软实力的组成部分；少年强则中国强，国家之未来，在于少年。

…………

教师小结：文化是一个国家、一个民族的灵魂。没有文明的继承和发展，没有文化的弘扬和繁荣，就没有伟大发展梦的实现。

（PPT展示）学生齐读。

不同的历史和国情，不同的民族和习俗，孕育了不同的文明，使世界更加丰富多彩。文明没有高下、优劣之分，只有特色、地域之别。文明差异不应该成为世界冲突的根源，而应该成为人类文明进步的动力。

（二）交流对话，推动和谐共生

1．北京奥运，惊艳世界

播放视频《2008年北京奥运会开幕式》。

结合视频观看，教师重点介绍：多种不同版本的“和”字，在印刷板上被依次展现出来，代表我们中国人“和为贵”的理念；上千名表演者用身上的荧光组成了一只“会飞”的和平鸽，代表我们对世界和平的期许。

教师提问：北京奥运会开幕式，让你感到最震撼、最骄傲的是什么？

学生交流：中华民族“和为贵”的思想，是本次奥运会最大的亮点。

光辉灿烂的中华文化，是世界的伟大财富，也是每个中国人最大的骄傲。

中国人的团结、勤劳、智慧、善良、进取、坚韧，让世界更加美好。

2．健康中国，活力冬奥

学生自学相关图文资料。

结合课前预习，学生展示自制的手抄报，交流有关冬奥会的相关知识。

主要从以下几个维度分享：北京冬奥会的吉祥物、北京冬奥会的新场馆、北京冬奥会的高科技、北京冬奥会的交通、北京冬奥会的赛事赛程、中国健儿的历届参赛成绩。

在线竞答，学生朗诵。

教师小结：平等是人类文明互鉴的前提，包容是文明互鉴的动力。举办奥运会，有利于维护和平、增进友谊、促进文明。举办奥运会，对于中国人民来说，是共享奥运精神、弘扬人类文明、促进东西方文化交流的盛事，也是展示辉煌成就、加强对外开放、促进自身发展的良好契机。

（PPT展示）师生齐读：

文明的繁盛、人类的进步，离不开求同存异、开放包容，离不开文明交流、互学互鉴。历史呼唤着人类文明同放异彩，不同文明应该和谐共生、相得益彰，共同为人类发展提供精神力量。

资源链接

附录1

都江堰相关知识竞答

1. 都江堰为什么叫都江堰?

A. 流经都江堰的这条河叫“都满江”

B. 灌县的老百姓都很高兴

C. 流经成都的这一段江水别名“成都江”

D. 山区中的各条小溪流都汇流于此

2. 都江堰位于成都的________方向，是成都平原________（最高/最低）的地方。

3. 都江堰水利枢纽始建于________时期，在此工程的众多水利建筑中，最早修建也即是最为重要的是________。

A. 战国时期 B. 秦朝 C. 汉朝 D. 宝瓶口 E. 飞沙堰 F. 鱼嘴

4. 都江堰内江中水经过了________流向了________。

A. 百丈堰 B. 长江下游 C. 宝瓶口 D. 鱼嘴 E. 成都平原

5. 关于江水中泥沙的描述，下列的哪一种状况符合现实？

A. 清水在上层，泥沙石砾沉淀在下层

B. 清水在下层，泥沙石砾浮在上层

C. 没有清水、浊水之分，泥沙石砾漂浮在水中

附录2

奥运知识竞赛

1. 第一届现代奥运会于1896年在（　　）举行。

A. 法国巴黎　　B. 希腊雅典　　C. 美国纽约

2. （　　）被人们称为“现代奥林匹克之父”。

A. 帕尔维耶里　　B. 阿尔维尔　　C. 顾拜旦

3. 奥林匹克五环标志由蓝、黄、黑、绿、（　　）五种颜色组成。

A. 红　　B. 紫　　C. 白　　D. 橙

4. 古代奥运会冠军的奖牌是（　　）。

A. 金牌　　B. 牛羊　　C. 橄榄枝官帽

5. 中国第一位奥运冠军是（　　）。

A. 刘长春　　B. 许海峰　　C. 李宁

6. 中国奥运史上获得团体金牌最多的是（　　）

A. 跳水队　　B. 乒乓队　　C. 女排

7. 2021年7月13日，北京获得了第（　　）奥运会主办权。

A. 28届　　B. 29届　　C. 30届

8. 2008年北京奥运会，中国获得51枚金牌，21枚银牌，28枚铜牌，奖牌总数为世界（　　）。

A. 第一　　B. 第二　　C. 第三

9. 世界首个双奥之城（既举办夏季奥运会，又举办冬季奥运会）的城市是（　　）。

A. 伊斯坦布尔　　B. 北京　　C. 伦敦

10. 北京2022年冬奥会延庆赛区将进行4个分项比赛，分别是雪车、钢架雪车、雪橇和（　　）。

A. 跳台滑雪　　B. 高山滑雪　　C. 单板滑雪　　D. 自由式滑雪

附录3

体育颂（节选）

顾拜旦

啊，体育，天神的欢娱，生命的动力！你猝然降临在灰蒙蒙的林间空地，苦难的人们激动不已。你像是容光焕发的使者，向暮年人微笑致意。你像高山之巅出现的晨曦，照亮了昏暗的大地。

啊，体育，你就是正义！你体现了社会生活中追求不到的公平合理。任何人不可超过速度一分一秒，逾越高度一分一厘，取得成功的关键，只能是体力与精神融为一体。

啊，体育，你就是进步！为了人类的日新月异，躯体和精神的改善要同时抓起。你规定良好的生活习惯，要求人们对过度行为引起警惕。你告诉人们遵守规则，发挥人类最大能力而又无损健康的肌体。

啊，体育，你就是和平！你在各民族间建立愉快的联系。你在有节制、有组织、有技艺的体力较量中产生，使全世界的青年学会相互尊重和学习，使不同民族特质成为高尚而和平竞赛的动力。

初中段：中国智慧与大国担当

教学目标

在学生的小学阶段对“人类世界　共同家园”这一主题有了感性认知的基础上，教师基于当前世界各国面临诸多共同问题的现实境遇，让学生在议学活动中自主进行合作与探究，并在教学过程中引导学生梳理中国针对这些全球性问题所提出的实践倡议、所展现的现实担当，感悟中国在应对关乎全人类命运和前途的全球性问题时所展现出的智慧、贡献与担当，逐渐帮助学生建构起对人类命运共同体这一理念的基本认识，进一步明确人类命运共同体的思想内涵，进而将生活逻辑深化为理论逻辑，铸牢人类命运共同体意识，增强学生对这一极具中国智慧的价值理念的政治认同，涵育学生的中国情怀和世界眼光，促进践行提升。

教学内容

一、共同命运——休戚与共

（一）新冠疫情和经济衰退

（二）全球气候变暖加剧

二、共同命运——中国方案

（一）携手构建人类卫生健康共同体

（二）携手构建人与自然生命共同体

三、共同命运——大国担当

（一）疫情后的国际合作与援助

（二）积极参与全球环境治理

四、共同命运——携手前行

（一）多样的世界性难题与境遇

（二）携手构建人类命运共同体

教学重难点

一、教学重点

认知人类命运共同体的内涵。

二、教学难点

感悟人类命运共同体蕴含的中国智慧与展现的大国担当。

学情分析

一方面，初中阶段学生已经对世界文明的多样性和多元性有了感性认识和情感认同；另一方面，随着知识的增长和视野的开拓，初中阶段学生基于自身生活经验对新冠疫情和随之而来的经济衰退、全球气候恶化等世界性难题带来的破坏性后果有了进一步的了解和认识。因此，此次主题教学需要继续发挥学生的主体作用，引导学生在诸多现实情境中进行独立思考与合作探究，进而明确中国为何倡导构建人类命运共同体，并感知这一倡议所蕴含的中国智慧与大国担当。

设计思路

一、设计理念

在“建构主义”教学理念的引领下，本学段采用多媒体教学法、议题式教学法和小组合作探究法，贯穿整个教学过程。以“中国智慧与大国担当”为核心主题，我们的教学内容将从休戚与共、中国方案、大国担当、携手前行四个维度展开，旨在引导学生深入理解全球性危机下世界各国的相互联系。通过分析新冠疫情和全球变暖对全球经济社会造成的负面影响，我们将展示中国在应对这些全球性问题时所提出的解决方案，以及中国在抗疫胜利后所采取的具体行动举措。

二、思维导图

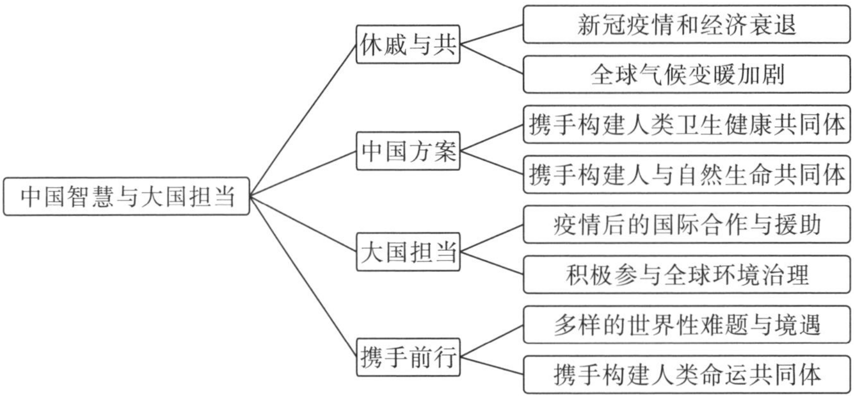

实施方案

在信息技术和科技革命日新月异的今天，人与人之间的距离得以缩短。以互联网和物联网为标志的新兴技术的运用使世界经济一体化的进程加速，各国之间的经济文化交流也愈加丰富，世界成了一个地球村，世界各国、各地区、各民族之间相互联系、相互依存的程度空前加深，铸就成了“你中有我、我中有你”的共同体。与此同时，新冠疫情、全球变暖等世界性难题对人类世界的影响也越来越突出。正如习近平所指出：“这个世界，各国相互联系、相互依存的程度空前加深，人类生活在同一个地球村里，生活在历史和现实交汇的同一个时空里，越来越成为你中有我、我中有你的命运共同体。”①

一、共同命运——休戚与共

（一）新冠疫情和随之而来的经济衰退

当前世界正处于百年未有之大变局之中。我们站在历史的十字路口，面对合作与对立、开放与封闭的选择，这不仅是对人类社会的重大考验，同时也为全球治理带来了新的要求和挑战。

根据国际货币基金组织2020年年报，疫情作为一场前所未有的危机，“引发了‘大萧条’以来最严重的经济衰退”，“经济崩溃的程度和速度是前所未有的”。同时，危机也使得“世界各国民众的生活都发生了深远的变化：经济衰退、失业率上升、气候变化、技术进步与工业自动化、数字货币兴起、储蓄收益率下降、不平等现象加剧以及债务水平走高。

2024年5月25日至26日，“第十届中国与全球化论坛”在京举行。意大利国际事务研究所主席、意大利原驻欧盟大使费迪南多·内利·费洛奇表示：“新冠疫情和随之而来的经济衰退是当前全球化和全球治理面临的重要挑战。”虽然当前全球经济正在逐渐恢复，但疫情余波仍然存在，同时还要应对气候变化、能源转型、粮食安全、全球公共卫生安全等诸多

① 习近平. 习近平谈治国理政［M］. 北京：外文出版社，2014：272.

挑战。

议学活动：观看《全球战“疫”进行时》，教师请学生回答以下问题，新冠疫情的动态变化反映了世界各国的命运在全球性危机之下具有什么样的联系？（一荣俱荣、一损俱损）

议学总结：2020年是人类历史进程中具有分水岭意义的一年。突如其来的新冠疫情肆虐全球，各国人员往来按下了“暂停键”，世界经济增长缓慢，历史雄辩地证明了没有任何一个国家、任何一个人能够在这一全球性危机中独善其身。从这个角度看，习近平在2013年提出来的，中国政府这些年通过多种方式构建的“人类命运共同体”理念是非常值得我们思考的。病毒没有国界，疫情不分种族，人类是休戚与共的命运共同体。人类命运共同体，就是每个民族、每个国家的前途命运都紧紧联系在一起。

（二）全球气候变暖加剧

联合国气候组织表示，气候变暖大会从1995年召开以来，各国都在为遏制全球变暖而努力，但在气候迅速恶化的情况下仍显得微不足道，全球气候还在以可怕的速度恶化。可以看到，2021年全球极端气候出现的频率比往年增长了很多，北美地区出现的异常高温、亚太地区的台风、东亚地区的强降雨现象，都在给人类敲响警钟。需要注意的是，全球平均气温上升不是一个潜移默化的过程，其间必然伴随着激烈的气候变化，极端高低温、干旱、暴雨、台风等都是表象之一，已经确确实实地危害到了人类的安全。

议学活动观看《全球气候变暖宣传片》，教师请学生回答以下问题，气候变暖对全球经济社会产生了哪些消极影响？（海洋、天气、食物、健康）

议学总结：冰川融化、海平面上升、生物多样性减少、极端天气气候事件增加等，都是全球气候变暖带来的严重后果。但它不止危及沿海城市和岛国，对全球的每一个国家都会产生难以估量的影响。我们正是多米诺骨牌中的一个，我们都正在经历这种后果，如2021年7月至8月我国部分省份遭遇特大暴雨、2021年11月以来我国大范围地区遭遇强劲的西伯利亚寒潮侵袭。同一个世界，同一个地球。地球是我们目前赖以生存的唯一载体，气候变暖给全球经济社会带来的消极影响是巨大的，人类在应对全球气候变化等方面是休戚与共的命运共同体，携起手来保护人类共同的家园是每个人应尽的责任和义务。

二、共同命运——中国方案

（一）携手构建人类卫生健康共同体

材料一：

2021年5月21日晚，国家主席习近平应邀在北京以视频方式出席全球健康峰会，并发表题为《携手共建人类卫生健康共同体》的重要讲话。他指出："在这场史无前例的抗疫斗争中，中国得到很多国家支持和帮助，中国也开展了大规模的全球人道主义行动……在产能有限、自身需求巨大的情况下，中国履行承诺，向80多个有急需的发展中国家提供疫苗援助，向43个国家出口疫苗。中国已为受疫情影响的发展中国家抗疫以及恢复经济社会发展提供了20亿美元援助，向150多个国家和13个国际组织提供了抗疫物资援助，为全球供应了2800多亿只口罩、34亿多件防护服、40多亿份检测试剂盒。中非建立了41个对口医院合作机制，中国援建的非洲疾控中心总部大楼项目已于去年年底正式开工。中国同联合国合作在华设立全球人道主义应急仓库和枢纽也取得了重要进展。

——摘编自新华网

材料二：

出席世界卫生大会的中国代表团2024年5月25日在瑞士日内瓦举办媒体

吹风会。国家卫生健康委副主任曹雪涛、中国常驻联合国日内瓦办事处和瑞士其他国际组织代表团公使衔参赞杨志伦和国家卫生健康委新闻发言人米锋出席吹风会并答记者问。

曹雪涛表示，中国同160多个国家和国际组织签署卫生合作协议，建成“一带一路”公共卫生合作网络等合作平台，扩大合作“朋友圈”，促进全球及区域卫生发展。同时，中国还持续向有需要的国家派出中国医疗队员，与43国48家医院开展对口合作，在30多个国家实施白内障复明和心脏病手术义诊，挽救了无数生命。

杨志伦在吹风会上表示，当前，全球各方正在就如何防范和应对大流行病、促进全人类健康福祉等开展对话与合作，探讨完善全球卫生治理体系的方法和路径。米锋表示，中国积极参与全球卫生治理，增进世界人民健康福祉。中国政府坚持向发展中国家派遣医疗队，用实际行动推动发展中国家实现人人健康。

——摘编自《人民日报》

议学活动：结合材料一和材料二，请学生说说中国在全球抗疫中的具体行动，以及反映了中国在全球抗疫中秉承的何种理念。

学生归纳：中国积极履行承诺，向其他国家提供援助；与非洲国家建立对口医院合作机制，同联合国合作在华设立全球人道主义应急仓库和枢纽也取得了重要进展；与多个国家和国际组织签订卫生合作协议，建成公共卫生合作网络等合作平台；积极参加全球会议，开展对话与合作；等等。体现了我国秉承人类命运共同体理念，推动构建人类卫生健康共同体。

议学总结：共同携手构建人类卫生健康共同体，是我们面对全球性健康威胁时的必然选择。这不仅是为了有效应对当前的疫情挑战，预防和控制未来可能出现的公共卫生危机，更是为了奠定经济复苏和社会稳定的重要基础。通过强化国际间的协作，我们能够更有效地共享医疗知识和技术，优化资源配置，提升全球公共卫生体系的整体效能。

此外，构建卫生健康共同体还能够促进医疗创新，加速疫苗和药物的研发与分发，这对于挽救生命、减少疾病负担具有不可估量的价值。在全球范围内提高疾病预防和应对能力，可以减少因健康危机导致的经济损失，为各行各业的复工复产提供保障。

同时，通过国际合作，我们可以更好地协调宏观经济政策，为受疫情影响的行业和地区提供支持，确保经济活动的平稳过渡和逐步恢复。这不仅涉及到财政和货币政策的调整，也包括对中小企业、就业市场和全球供应链的扶持。

（二）携手构建人与自然生命共同体

生态文明建设关乎人类未来，建设绿色家园是人类的共同梦想。气候变化给人类生存和发展带来严峻挑战。面对全球环境治理前所未有的困难，国际社会要以前所未有的雄心和行动，共商应对气候变化挑战之策，共谋人与自然和谐共生之道，勇于担当，勠力同心，共同构建人与自然生命共同体。

材料：

中国坚定不移走绿色、低碳、可持续发展之路，将继续引领全球生态环境治理，为保护地球家园做出新的更大贡献。习近平主席多次在国际舞台上发出守护地球家园的中国倡议，提供完善全球生态治理的中国方案。在二十国集团领导人利雅得峰会“守护地球”主题边会上，呼吁国际社会携手应对气候环境领域挑战，守护好这颗蓝色星球；在“领导人气候峰会”上，呼吁国际社会勇于担当、勠力同心，共同构建人与自然生命共同体；在第七十六届联合国大会一般性辩论上，提出完善全球环境治理，积极应对气候变化，构建人与自然生命共同体。

——摘编自《人民日报》

议学活动：结合材料说说中国在全球生态环境治理方面的主张有哪些？这些主张集中反映了中国在全球生态环境治理中秉持了何种理念？

学生归纳：走绿色、低碳、可持续发展之路；积极参与全球生态环境治理；呼吁国际社会携手应对气候环境领域挑战，积极应对气候变化，共同构建人与自然生命共同体……

议学总结：气候变化是国际社会共同面临的严峻挑战，需要全球合力应对。面对全球气候变化对人类社会带来的消极影响，应该迅速采取行动，进一步加大减排力度，加强技术创新，大力发展清洁能源，创造更多就业机会和更大增长空间，实现绿色、更可持续发展，保护好人类共同的星球，使人与自然和谐共生，造福子孙后代。可见，中国倡导走绿色、低碳、可持续发展道路，携手守护共同的地球家园，完善全球环境治理，积极应对气候变化，构建人与自然生命共同体，展现了中国在应对全球生态环境危机时的方案与智慧。

三、共同命运——大国担当

（一）疫情后的国际合作与援助

疫情过后，中国继续发挥其在国际舞台上的积极作用，通过一系列合作与援助措施，支持全球的恢复与重建工作。中国与世界各国分享了疫情后经济复苏的经验和策略，提供了技术和资金支持，帮助受影响严重的国家重建经济和社会秩序。中国还积极参与全球公共卫生体系的建设，通过援助医疗设施升级、提供培训和技术支持，加强了各国应对未来公共卫生挑战的能力。

此外，中国通过“一带一路”等国际合作平台，推动了基础设施建设和互联互通项目，为全球经济的复苏注入了活力。中国还倡导多边主义和国际合作，参与国际规则的制定，为构建更加公正合理的国际秩序贡献智慧和力量。

中国的这些行动不仅体现了其作为全球发展伙伴的责任感，也展现了其致力于推动构建人类命运共同体的长远愿景。通过这些合作与援助，中国与国际社会一道，共同应对后疫情时代的挑战，促进世界的和平与发展。

（二）积极参与全球环境治理

中国坚定维护多边主义，积极参与全球环境治理。中国始终秉持人类命运共同体理念，积极参与全球环境治理，加强应对气候变化、海洋污染治理、生物多样性保护等领域国际合作，认真履行国际公约，主动承担同国情、发展阶段和能力相适应的环境治理义务，为全球提供更多公共产品，不断增强制度性权利，实现义务和权利的平衡，展现了我国负责任大国形象。

材料：

建设生态文明，中国是重要的贡献者。从将生态文明建设纳入“五位一体”总体布局，到把生态文明建设写入宪法，近年来，中国以前所未有的决心和力度推动生态文明建设，生态环境保护发生历史性、转折性、全局性变化。过去10年，中国森林资源增长面积超过7000万公顷，居全球首位；长时间、大规模治理沙化、荒漠化，实现从“沙进人退”到“绿进沙退”；90%的陆地生态系统类型和85%的重点野生动物种群得到有效保护……一长串绿色发展“成绩单”，见证中国在生态文明建设道路上的奋进步伐。美国国家人文科学院院士小约翰·柯布指出，中国的生态文明建设，意味着中国关心的不仅是全中国人民的福祉，更是整个人类的可持续发展。

建设生态文明，中国是坚决的行动派。“中国将力争2030年前实现碳达峰、2060年前实现碳中和，这需要付出艰苦努力，但我们会全力以赴。”在第七十六届联合国大会一般性辩论上发表重要讲话时，习近平主席重申一年前提出的“双碳”目标，彰显出中国坚持生态优先、咬定绿色发展不动摇的决心。强调把碳达峰、碳中和纳入生态文明建设整体布局，“十四五”时期严控煤炭消费增长；正式接受《〈蒙特利尔议定书〉基加利修正案》，加强非二氧化碳温室气体管控；启动全国碳市场上线交易……今年以来，从顶层设计到具体措施，中国以实实在在的行动践行绿色发展承诺，给世界以重要激励与启迪。塞尔维亚总理阿娜·布尔纳比奇表示，中国在协调经济快速发展与环境保护之间取得的经验非常重要。

建设生态文明，中国是坚定的引领者。截至2020年底，中国与100多个国家开展生态环境国际合作与交流，与60多个国家、国际及地区组织签署约150项生态环境保护合作文件。从设立气候变化南南合作基金，到启动中非环境合作中心，再到强调将生态文明领域合作作为共建“一带一路”重点内容，中国行动受到国际社会广泛赞誉。联合国环境规划署执行主任英厄·安诺生认为，一个强有力的、中国深度参与其中的多边体系，是扭转全球生物多样性保护形势的关键。不久前，中国宣布将大力支持发展中国家能源绿色低碳发展，不再新建境外煤电项目。国际社会普遍认为，中方的决定“为实现更宏伟的气候目标打开了大门”，体现了中国在应对气候变化问题上的领导力，彰显了中国负责任大国的格局与担当。

——摘编自《人民日报》

议学活动：结合材料思考中国在全球生态环境治理中扮演了什么样的角色？依据是什么？

学生归纳：贡献者、行动派、引领者，依据是……

议学总结：生态文明是人类命运共同体永续存在的前提，关系到各国的共同利益，需要各国携手担责。在全球气候治理与国际环境合作中发挥积极建设性作用、为全球绿色发展提供公共产品和贡献中国智慧，是中国的责任担当。

综上所述，中国无论是在新冠疫情防控还是在参与全球环境治理方面都担当起了负责任的大国角色，展现了大国的责任与担当，以打造“人类命运共同体”实现了“为中国谋”和“为世界谋”的有机统一，有利于凝聚全球价值共识，携手应对全球性危机。

四、共同命运——携手前行

（一）多样的世界性难题与境遇

除两大突出性世界难题外，当今世界也面临着其他问题和困境。我们要反思人类的未来到底应该是一种什么样的状态，这也印证了科幻大片《流浪地球》片头的一句话：“最初，没有人在意这场灾难，这不过是一场山火，一次旱灾，一个物种的灭绝，一座城市的消失。直到这场灾难和每个人息息相关。”

议学活动：观看《2020年地球到底怎么了？为什么会发生那么多灾难？》，当前，除新冠疫情这一世界卫生挑战以外，教师请学生思考以下问题，当今世界还面临着哪些共同问题和困境呢？它的表现是什么？

议学总结：当今世界，各国互联互通，命运休戚与共。时至今日，人类所处的安全环境仍然堪忧。逆全球化此起彼伏，民粹主义有所抬头，某些国家推行单边主义、保护主义、霸权主义，对世界和平与发展构成威胁。地区冲突和局部战争持续不断，恐怖主义依然猖獗，一些国家的民众特别是儿童饱受战火摧残。气候问题给所有国家带来越来越多的挑战。网络信息安全越来越与人们的生产生活息息相关。今天的世界比以往任何时代都更突显“同呼吸、共命运”的人类历史境遇，每个人、每个民族、每个国家的生存和发展都与世界其他人、其他民族、其他国家的生存和发展息息相关。

（二）携手构建人类命运共同体

经济危机、局部战争、环境问题、移民问题、新冠病毒大流行等世界难题对人类的影响都是世界性的。面对全球性挑战，没有任何一个国家、任何一个人可以成为旁观者，没有哪个国家能够独自应对，也没有哪个国家能够退回到自我封闭的孤岛。人类彼此命运相连、休戚相关。携手构建人类命运共同体，“建设持久和平、普遍安全、共同繁荣、开放包容、清洁美丽的世界”[①]，守护好我们的共同家园，是各国人民的共同愿望。这要求各国要超越国家、民族、文化、意识形态界限，站在全人类高度，推动构建人类命运共同体，共同建设好我们赖以生存的地球家园。

议学总结：当前，世界面临的共同难题有很多，世界各国的政治制度和文化观念也有所区别，在关乎人类命运和前途的重大问题上还需要不断对话磋商、求同存异。我相信当我们站在全球视野、人类关怀这样的视域去看待和解决这些共同困境时，我们会更加成熟、自信和从容。可以说，“人类命运共同体”理念遵循了人类社会由民族历史走向世界历史的规律，且是中国基于当今世界历史的境遇，站在整个人类社会共同命运的高度审视和理解世界的重要理论成果，不仅展现了中华“和”文化独特的思维方式，也是中国对全球公共思想产品的重要贡献。

考核评价

人类还须携手面对哪些共同的难题或困境？任选以上困境中的一个，以小组为单位，撰写一份300字左右的全球合作倡议书。（要求：主题明确、有理有据、表述清晰）

① 习近平. 决胜全面建成小康社会 夺取新时代中国特色社会主义伟大胜利——在中国共产党第十九次全国代表大会上的报告［M］. 北京：人民出版社，2017：58-59.

参考文献

［1］习近平. 决胜全面建成小康社会　夺取新时代中国特色社会主义伟大胜利——在中国共产党第十九次全国代表大会上的报告［M］. 北京：人民出版社，2017.

［2］习近平. 习近平主席在出席世界经济论坛2017年年会和访问联合国日内瓦总部时的演讲［M］. 北京：人民出版社，2017.

［3］张弛，郑永年. 新冠疫情、全球化与国际秩序演变［J］. 当代世界，2020（7）.

［4］赵龙跃. 新冠疫情下的经济全球化与中国的引领作用［J］. 当代世界，2020（11）.

［5］卜凡. 人类命运共同体：应对全球化困境的中国方案［J］. 思想政治教育研究，2019，35（4）.

高中段：活跃在世界舞台的中国

教学目标

学生能懂得新型国际关系的含义、构建新型国际关系的含义和核心，掌握由中国倡导、国际社会认同的新型国际关系的必备知识。

学生能运用新型国际关系的知识，分析活跃在中国–东盟、上海合作组织、二十国集团、金砖国家等国际组织中的中国，如何构建相互尊重、公平正义、合作共赢的新型国际关系。

学生能形成新型国际关系的价值取向，坚定中国特色社会主义道路自信、理论自信、制度自信、文化自信。构建新型国际关系是习近平外交思想的重要内容，它实现了历史使命与时代潮流的高度统一、民族精神与国际主义的高度统一、中国气派与世界情怀的高度统一，展现出鲜明的理论创新品格。学生能自觉用习近平新时代中国特色社会主义思想武装头脑，指导实践。

教学内容

一、构建新型国际关系的含义

（一）新型国际关系的含义

（二）构建新型国际关系的含义和特点

（三）构建新型国际关系的核心是合作共赢

二、推动构建新型国际关系

（一）计利当计天下利——推动构建合作共赢的中国–东盟关系

（二）单则易折，众则难摧——推动构建相互尊重的上海合作组织

（三）道虽迩，不行不至——推动构建公平正义的二十国集团

（四）因时而变，随事而制——推动构建务实合作的金砖五国

三、推动构建新型国际关系的意义

（一）国际秩序的维护者——活跃在联合国舞台上的中国

（二）大道之行，天下为公——大力弘扬全人类共同价值的中国

教学重点和难点

一、教学重点

推动构建新型国际关系。

二、教学难点

新型国际关系的含义。

学情分析

通过初中段学习，高中段学生已经对中国在应对全球性问题时所展现出的智慧与倡议、贡献与担当有了直观感悟和政治认同，为进一步辩证分析我国的外交实践奠定了良好基础。高中段学生的理性思维逻辑分析能力相比初中段有明显的发展，能够深入理解我国推动全球治理机制改革中的主动作为。在高中阶段学习“构建新型国际关系”的内容，学生将运用联系的观点、发展的观点、对立统一的观点，深入理解我国在上海合作组织、中国–东盟、金砖五国、二十国集团、联合国等国际组织的外交实践中

推动构建的新型国际关系，学生能通过学习，树立理论自信、制度自信、道路自信、文化自信，大力弘扬全人类共同价值，培养起面向未来的大国公民的素养。

设计思路

一、设计理念

21世纪，国际格局持续深刻演变，面对“建设一个什么样的世界，如何建设这个世界”的重大课题，以习近平同志为核心的党中央坚持推动构建人类命运共同体，在外交实践中推动构建新型国际关系，促进全球治理机制改革。本课围绕构建新型国际关系的“是什么”“怎么做”“为什么”三方面的逻辑与实践，以情境探究法、互动式教学法、案例式教学法、启发式教学法等，分析我国与上海合作组织、中国-东盟、金砖五国、二十国集团、联合国等组织的外交实践活动，使学生能深入理解我国推动构建的“相互尊重、公平正义、合作共赢”的新型国际关系之“新”，懂得打造全球伙伴关系，大力弘扬全人类共同价值的重要意义。

二、思维导图

活跃在世界舞台的中国——新型国际关系建设

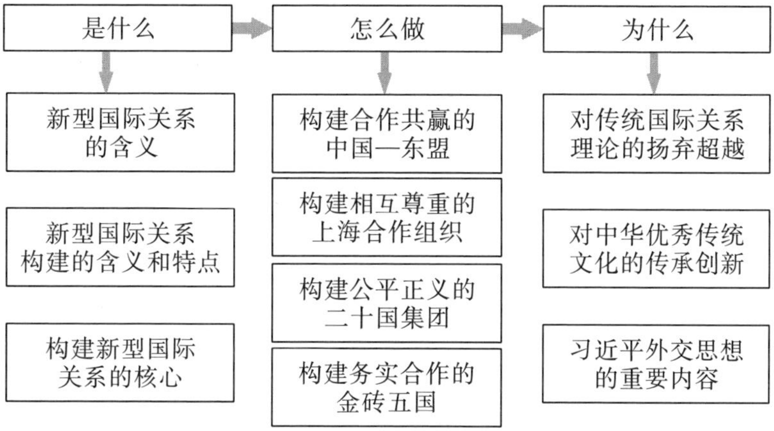

实施方案

新时代我国张开双臂拥抱世界，积极发展全球伙伴关系，打造更加紧密的全球伙伴关系网络，扩大同各国利益交汇点，把相互尊重、公平正义、合作共赢理念体现到政治、经济、安全、文化等对外合作的方方面面，推动建设新型国际关系。

一、构建新型国际关系的含义

当今世界百年未有之大变局加速演进，如何在世界百花园中扩大中国“朋友圈”？如何向世界提供中国方案，贡献中国智慧，对新时代新型国际关系之问做出了响亮的回答。

【探究与分享】

视频展示我国参与联合国、上海合作组织、中国-东盟关系、金砖五国、二十国集团等组织的活动，以及我国国家领导人在这些活动上的风采。

学生提问：我国参与的国际组织有哪些？它们在国际政治事务中发挥着怎样的重要作用？列举我国参与这些国际组织的具体活动。我国在这些国际组织中推动建设的新型国际关系是什么样的？

教师点评：中国-东盟、上海合作组织、金砖国家、二十国集团、联合国等组织是我国参加并发挥重要作用的国际组织。国际组织发挥着促进国家之间的政治、经济、文化、科学技术的交流与合作，协调国际政治、经济关系，调节国际争端，缓解国家间矛盾，维护世界和平等作用。

我国推动建设相互尊重、公平正义、合作共赢的新型国际关系。

（一）新型国际关系的含义

新型国际关系的含义是相互尊重、公平正义、合作共赢。新型国际关系要“新”在相互尊重、“新”在公平正义、“新”在合作共赢。

维护世界和平、促进共同发展，是我国外交政策的宗旨。推动建设相互尊重、公平正义、合作共赢的新型国际关系，是立足时代发展潮流和我国根本利益做出的战略选择，反映了中国人民和世界人民的共同心愿。

【探究与分享】

视频展示一：冷战结束以后，世界局势依然很不太平，霸权主义、强权政治依然存在，归根结底是一些西方国家抱持西方优越论和欧洲中心论，置国际公平和正义于不顾。全球金融危机以来，尤其是新冠疫情在全球肆虐，一直引领世界发展方向的欧美发达国家纷纷陷入了难以自拔的困境，西方国家在国际政治、经济、军事等领域采取各种手段，软硬兼施转嫁危机，在全球化作用下，发展失衡、治理困境、数字鸿沟、公平赤字等问题日益突出，弱小国家的国际国内形势更加雪上加霜。

视频展示二：习近平总书记在党的十九大报告中提出，要“推动建设相互尊重、公平正义、合作共赢的新型国际关系”“中国积极发展全球伙伴关系，扩大同各国的利益交汇点，推进大国协调和合作，构建总体稳定、均衡发展的大国关系框架”。这为新时代中国特色的大国外交指明了方向。构建新型国际关系是新时代中国特色社会主义思想的重要组成部分，是新时代中国大国外交的指导思想，是实现人类命运共同体的基础。

学生提问：推动建设以相互尊重、公平正义、合作共赢为核心的新型国际关系是在什么样的背景下提出的?

教师点评：新型国际关系是我国立足世界百年未有之大变局，为破解当今世界面临的重大问题、引领国际秩序和国际体系变革贡献的中国智慧、中国方案。

（二）构建新型国际关系的含义和特点

含义：构建新型国际关系，就是要倡导各国秉持相互尊重原则，共同塑造国际关系和国际秩序的公平正义，携手合作，迎接挑战，实现共赢共享。

特点：构建新型国际关系旨在摒弃传统的以强凌弱的丛林法则、我赢你输的零和竞争，建立大小国家一律平等、合作共赢的新型国际关系。新型国际关系的构建既借鉴了世界文明的优秀成果，又坚持了符合我国国情的中华优秀文化传统，既是历史的总结回顾，又顺应了时代发展潮流，既考虑到中国利益，又包容了世界各国的利益。

（三）构建新型国际关系的核心是合作共赢

习近平指出：“今天的人类比以往任何时候都更有条件朝着和平和发展的目标迈进，而合作共赢就是实现这一目标的现实途径。”

1．新型国际关系，体现在“合作共赢”的新观念上旧的国际关系建立在零和竞争的理论上，以国家间的敌对和生存竞争为前提，强调国家利益冲突的不可调和。不同国家组成国家集团，一致对外，并且内部分工。一方面，将大量资源消耗在了国家集团之间的竞争与对抗之中；另一方面，突出维护了处于主导地位的西方国家的利益，忽略了其他国家对和平与发展的正当诉求。

新型国际关系从中华文明崇尚“和合”的思想境界出发，以和平共处五项原则为依托，主张国家间的相互尊重，无论大小一律享有发展的权利，不断做大共同利益的蛋糕，致力于进步与发展，强调国与国之间的合作共赢，为理解国际关系提供了全新的观念与思路。

2. 新型国际关系，体现在“合作共赢”的新实践上

政治上，超越传统国际关系中“不结盟就对抗”的旧现象，树立“对话而不对抗，结伴而不结盟”的伙伴关系新思路；经济上，积极应对发展不平衡的现象，开创共同发展的新前景；安全上，进一步摒弃一切形式的冷战思维，营造各国共享安全的新局面；文化上，避免居高临下和相互排斥，形成不同文明包容互鉴的新气象。以合作取代对抗，以共赢取代独占，超越传统国际关系理论，弘扬了《联合国宪章》的宗旨和原则。

二、推动构建新型国际关系

推动构建新型国际关系，要积极参与全球治理体系改革和建设。中国秉持共商、共建、共享的全球治理观，倡导国际关系民主化，坚持国家不分大小、强弱、贫富一律平等，支持扩大发展中国家在国际事务中的代表性和发言权。积极倡导和践行多边主义，积极参与多边事务，高度重视联合国的作用，推动“10+1”中国-东盟关系、上海合作组织、二十国集团、金砖五国等发挥积极作用，推动国际秩序和国际体系朝着公正合理的方向发展。

（一）计利当计天下利——推动构建合作共赢的中国－东盟关系

【探究与分享】

2021年11月22日上午，国家主席习近平在北京以视频方式出席并主持中国-东盟建立对话关系30周年纪念峰会，正式宣布建立中国-东盟全面战略伙伴关系。

材料一：1991年，时任中国外长钱其琛出席第24届东盟外长会开幕式，中国—东盟对话进程正式启动。

2003年，中国成为首个加入《东南亚友好合作条约》的对话伙伴，并创造性地与东盟建立战略伙伴关系。

2010年，中国-东盟自贸区全面建成。

2013年，习近平主席访问东南亚，提出携手建设更为紧密的中国—东盟命运共同体。

2018年，中国和东盟共同发表《中国—东盟战略伙伴关系2030年愿景》。

2020年，面对突如其来的新冠肺炎疫情，中国与东盟同舟共济、互施援手，抗疫情、促增长、保民生，带动整个东亚成为全球抗疫的示范区和经济复苏的领头羊。

中国开创了东盟对外关系提质升级的多个“第一”，全面性、引领性和创新性成为双方关系的最好注脚。2020年11月，习近平主席在第17届中国—东盟博览会和中国—东盟商务与投资峰会开幕式上表示，“中国—东盟关系成为亚太区域合作中最为成功和最具活力的典范，成为推动构建人类命运共同体的生动例证。”

——摘编自中国驻东盟大使邓锡军《乘势而上 扬帆再启航》

材料二：2021年9月24日，由外交部、教育部、贵州省人民政府共同主办的2021中国—东盟教育交流周以线上线下相结合的方式在贵阳开幕。本届教育交流周主题为“知行合一——共建可持续发展合作的教育愿景”。教育部部长怀进鹏作视频致辞表示，中国与东盟建立对话关系30年来，各领域交流蓬勃发展，教育交流周已成为双方在教育领域互联互通、互学互鉴的重要机制化平台。过去的一年，中国与东盟国家克服新冠疫情影响，实现了教育交流合作不断线，成为双方共克时艰的缩影。

2021年交流周项目活动覆盖国别和区域广泛，来自中国多地以及马来西亚、泰国等国家的学校和教育机构主办活动。马来西亚—中国（贵州）教育合作论坛、第三届中泰高等教育合作论坛、中国—东盟语言文化论坛、贵州与湄公河国家职业教育助力乡村振兴研讨会等一批特色项目活动在2021交流周开幕期间精彩呈现。中国、东盟国家以及白俄罗斯共和国、乌克兰等特邀伙伴国的线上、线下嘉宾代表约2400人参加交流周开幕期相关活动。老挝副总理宋赛，印尼人类发展与文化统筹部长穆哈吉尔，东盟秘书长林玉辉及东盟有关国家教育部部长、驻华大使、贵州省委书记谌贻琴及外交部、教育部有关部门负责同志通过视频或线下方式出席开幕式。

——摘编自中国新闻网

学生提问：习近平主席引用“计利当计天下利”谈中国—东盟关系，这里的“天下利”是指什么？

教师点评：“天下”指世界。“天下利”不是一个简单的国家利益观念，而是世界各国的共同利益和互利互惠。

【探究与分享】

材料一：自1991年中国—东盟建立对话关系30年间，我国与东盟国家交往日益密切，双边贸易年均增长率为16.5%。东盟已成为我国第一大贸易伙伴。

海关统计，中国—东盟双边贸易由1991年的83.6亿美元增长到2020年的6852.8亿美元，年均增长16.5%，比同期中国外贸整体年均增速高出3.4个百分点。其中，出口由44.5亿美元增长到3836.8亿美元，年均增长16.4%；进口由39.1亿美元增长到3016亿美元，年均增长16.5%。2020年，东盟成为我国第一大贸易伙伴，我国连续第12年保持东盟第一大贸易伙伴地位。

自中国–东盟自由贸易区实施以来，中国海关牵头与东盟完成原产地规则升级谈判并顺利实施。截至2020年底，中国企业享惠进口中国—东盟自由贸易区货物3.3万亿元，年均增幅27%；双方之间90%以上的货物可享受零关税待遇，共计减让税款3149亿元。

随着共建“一带一路”不断走深走实，中老铁路、印尼雅万高铁、中新共建国际陆海贸易新通道、中印和中马“两国双园”等一批重大基础设施项目顺利实施，有效提升了我国与东盟国家互联互通水平，双方跨境物流更加顺畅。

目前，西部陆海新通道海铁联运班列线路从2017年的“渝桂新”1条线路拓展为6个方向常态化开行，开行频次由每周1列增至每天10列以上，已成为西部地区货物出海出边的主通道和RCEP（《区域全面经济伙伴关系协定》）框架下连接中国与东盟地区最快速、最便捷的通道。

2021年前8个月西部陆海新通道沿线14省区市对东盟进出口812.2亿美元，增长28.7%，拉动我国对东盟进出口增长4.4个百分点。

——摘编中国经济网

材料二：通过扩大同东盟国家各领域务实合作，互通有无、优势互补，同东盟国家共享机遇、共迎挑战，实现共同发展、共同繁荣。

——习近平《携手建设中国–东盟命运共同体》

材料三：2021年，由东盟发起，邀请中国、日本、韩国、澳大利亚、新西兰等对话伙伴国参加，旨在通过削减关税及非关税壁垒，建立一个15国统一市场的《区域全面经济伙伴关系协定》（RCEP）于11月15日签订。RCEP15个成员国涵盖全球人口的30%，GDP总和超过25万亿美元，标志着世界上人口数量最多、成员结构最多元、发展潜力最大的自贸区终于建成，是区域经济一体化的重要里程碑。

学生提问：运用国际社会的相关知识，说明我国重视与东盟合作的依据。

教师点评：国家利益是国际关系的决定性因素，国家间的共同利益是国家合作的基础。重视与东盟合作有利于维护我国的国家利益，也符合相关国家的共同利益。和平与发展是当今时代的主题。重视与东盟合作有利于促进地区乃至世界的和平发展。当前国际竞争的实质是以经济和科技实力为基础的综合国力的较量。重视与东盟合作有利于加快增强我国及东盟国家的综合国力，推动世界多极化发展。我国坚持独立自主的和平外交政策。维护世界和平、促进共同发展是我国外交政策的宗旨；维护我国的主权、安全和发展利益，促进世界的和平与发展是我国外交政策的基本目标。重视与东盟合作符合我国外交政策的宗旨和基本目标。

（二）单则易折，众则难摧——推动构建相互尊重的上海合作组织

习近平2017年1月18日在联合国日内瓦总部演讲《共同构建人类命运共同体》时指出："世上没有绝对安全的世外桃源，一国的安全不能建立在别国的动荡之上，他国的威胁也可能成为本国的挑战。邻居出了问题，不能光想着扎好自家篱笆，而应该去帮一把。"

【探究与分享】

公输盘（bān）为楚造云梯之械成，将以攻宋。子墨子闻之，起于齐，行十日十夜而至于郢（yǐng），见公输盘。

公输盘曰："夫子何命焉为？"

子墨子曰："北方有侮臣，愿借子杀之。"

公输盘不说。

子墨子曰："请献十金。"

公输盘曰："吾义固不杀人。"

子墨子起，再拜曰："请说之。吾从北方闻子为梯，将以攻宋。宋何罪之有？荆国有余于地，而不足于民，杀所不足而争所有余，不可谓智；宋无罪而攻之，不可谓仁；知而不争，不可谓忠；争而不得，不可谓强；义不杀少而杀众，不可谓知类。"

公输盘服。

子墨子曰："然，胡不已乎？"

公输盘曰："不可，吾既已言之王矣。"

子墨子曰："胡不见（xiàn）我于王？"

公输盘曰："诺。"

子墨子见王，曰："今有人于此，舍其文轩，邻有敝舆，而欲窃之；舍其锦绣，邻有短褐（duǎn hè），而欲窃之；舍其粱肉，邻有糠糟，而欲窃之。此为何若人？"

王曰："必为窃疾矣。"

子墨子曰："荆之地方五千里，宋之地方五百里，此犹文轩之与敝舆也；荆有云梦，犀兕（sì）麋鹿满之，江汉之鱼鳖鼋鼍（yuán tuó）为天下富，宋所为无雉兔狐狸者也，此犹粱肉之与糠糟也；荆有长松文梓楩（pián）楠豫章，宋无长（zhàng）木，此犹锦绣之与短褐也。臣以三事之攻宋也，为与此类同。"

王曰："善哉！虽然，公输盘为我为云梯必攻宋。"

于是见公输盘，子墨子解带为城，以牒为械。公输盘九设攻城之机变，子墨子九距之。公输盘之攻械尽，子墨子之守圉（yù）有余。

公输盘诎（qū）而曰："吾知所以距子矣，吾不言。"

子墨子亦曰："吾知子之所以距我，吾不言。"

楚王问其故。

子墨子曰："公输子之意，不过欲杀臣，杀臣，宋莫能守，可攻也。然臣之弟子禽滑（gǔ）釐等三百人，已持臣守圉之器，在宋城上而待楚寇矣。虽杀臣，不能绝也。"

楚王曰："善哉。吾请无攻宋矣。"

学生提问：墨子是如何做到"不战而屈人之兵"的？

教师点评：墨子主张"亲仁善邻、兼爱非攻"，做到了"不战而屈人之兵"。

【探究与分享】

上海合作组织是在哈萨克斯坦共和国、中华人民共和国、吉尔吉斯共和国、俄罗斯联邦和塔吉克斯坦共和国于1996年和1997年分别在上海和莫斯科签署的关于在边境地区加强军事领域信任和关于在边境地区相互裁减军事力量的两个协定基础上建立的。

五国元首2000年7月5日签署的“上海五国”杜尚别声明指出，各方将致力于使“上海五国”成为各领域开展多边合作的地区机制。

2001年6月15日，哈萨克斯坦共和国、中华人民共和国、吉尔吉斯共和国、俄罗斯联邦、塔吉克斯坦共和国和乌兹别克斯坦共和国元首在上海通过《上海合作组织成立宣言》。

建立本组织的目的是：加强成员国间的相互信任和睦邻友好，加强多领域协作，维护和巩固地区和平、安全与稳定，共同应对新的威胁和挑战，鼓励在不同领域开展有效互利合作，促进成员国的经济、社会和文化发展。

中亚是上合组织的核心区。打击任何形式的恐怖主义、分裂主义、极端主义，打击非法贩运毒品、武器弹药、爆炸物，打击跨国有组织犯罪，保障国际信息安全，加强边界安全，共同打击非法移民、贩卖人口、洗钱、经济犯罪和腐败仍是本组织维护地区安全稳定的优先任务。

——《上海合作组织二十周年杜尚别宣言》

学生提问：上海合作组织建立的意义何在？

教师点评：加强成员国间的相互信任和睦邻友好，加强多领域协作，维护和巩固地区和平、安全与稳定，共同应对新的威胁和挑战，鼓励在不同领域开展有效互利合作，促进成员国的经济、社会和文化发展。打击恐怖主义、分裂主义、极端主义，打击非法贩运毒品、武器弹药、爆炸物，打击跨国有组织犯罪，保障国际信息安全，加强边界安全，共同打击非法移民、贩卖人口、洗钱、经济犯罪和腐败等，维护地区安全稳定。

【探究与分享】

“伙伴”一词来源于“火伴”。古代兵制，五人为列，二列为火，十人为一伙炊煮，同火者称为火伴，指在同一军营的人。乐府古诗《木兰辞》中有句话：“出门看火伴，火伴皆惊惶。”“伙伴”引申为生活或工作在一起的同伴。

材料：上合组织奉行不结盟、不针对其他国家和地区的原则，在兼顾彼此利益及对国际地区问题持有共同立场的基础上，将根据《联合国宪章》宗旨原则及国际法准则，同其他国家和国际组织开展广泛合作。

——《上海合作组织二十周年杜尚别宣言》

学生提问：上海合作组织奉行的“结伴不结盟”，这样的国际关系新在哪里？

教师点评：上海合作组织奉行“结伴不结盟”，体现了“上海精神”：坚持互信、互利、平等、协商、尊重多样文明、谋求共同发展，强调求同存异、合作共赢，构建这样的新型国际关系在国际上获得广泛认同和支持。

（三）道虽迩，不行不至——推动构建公平正义的二十国集团

【探究与分享】

材料：二十国集团财政部长和中央银行行长2021年7月10日在意大利北部城市威尼斯结束为期两天的会议。各国代表讨论了全球经济和健康、促进经济复苏、向绿色可持续经济和社会过渡等问题，同意继续推进全球税制改革，以便为跨国企业设定全球最低税率。

这是二十国集团2021年以来举行的第三次财长和央行行长会议，也是新冠疫情暴发以来首次举行面对面会议。会后发表的公报说，与会者就更稳定和更公平的国际税收结构达成历史性协议。二十国集团轮值主席国意大利经济和财政部长达尼埃莱·佛朗哥在会后举行的记者会上说，与会者对国际税收结构两大支柱的关键内容表示支持，即跨国企业的利润分配以

及实施有效的全球最低企业税率。各国达成的共识将有助于在未来若干年使国际税收体制趋于稳定。

——中国政府网

学生提问：二十国集团是全球危机应对和经济治理重要平台，汇聚了主要发达经济体和新兴市场经济体。中国秉持的人类命运共同体理念，发挥了哪些重要作用?

教师点评：中国面对全球重大经济金融热点问题，为推动世界经济复苏及国际金融体系改革做出了重要贡献。中国在全球新冠疫情大流行中，在加强防控合作，推动药物研发，维护经济金融稳定，确保产业链、供应链畅通，缓解发展中国家债务负担等方面发挥了积极的作用，为推动国际关系朝着更加公平正义的方向发展发挥了积极作用。

（四）因时而变，随事而制——推动构建务实合作的金砖五国

【探究与分享】

材料一：金砖国家峰会是由巴西、俄罗斯、印度、南非和中国五个国家召开的会议。传统的“金砖四国”引用了巴西、俄罗斯、印度和中国的英文首字母。由于该词与英语单词的“砖”类似，因此被称为“金砖四国”。南非加入后，其英文单词已变为“BRICS”，并改称为“金砖国家”。

2018年7月25日至27日，金砖国家领导人第十次会晤在南非约翰内斯堡举办。

2019年11月10日至15日，金砖国家领导人第十一次会晤在巴西利亚举行。

2020年11月17日，应俄罗斯联邦总统普京邀请，国家主席习近平于11月17日出席金砖国家领导人第十二次会晤。金砖国家领导人第十二次会晤以视频形式举行。

2021年9月9日，金砖国家领导人第十三次会晤以视频方式举行，中国国家主席习近平出席会议并发表重要讲话。2021年是金砖合作15周年。15年来，“金砖”从一个概念发展为新兴市场和发展中国家合作的重要平台和国际舞台上一支不可忽视的重要力量。尤其是新冠疫情肆虐全球以来，金砖五国克服疫情影响，推动金砖合作保持发展势头，在很多领域取得了新进展。

经济合作是金砖机制的根基，把合作蛋糕做大做实是金砖合作的初衷和主线。金砖国家占地球陆地面积的30%，占全球总人口的42%，经济总量占全球的24%，货物贸易占全球的18%，服务贸易占全球的13%，吸引外资占全球的25%。

金砖国家合作多年以来，成果丰硕，建立了新开发银行、应急储备安排、能源研究平台、新工业革命伙伴关系和科技创新合作框架等成功合作机制。最近，在厦门举办的2021金砖国家新工业革命伙伴关系论坛上，总投资金额超134亿元人民币的28个项目签约。2021年9月2日，总部位于上海的金砖国家新开发银行宣布迎来3个新成员——阿联酋、乌拉圭和孟加拉国。扩大的“朋友圈”，彰显出金砖国家合作机制的磁力和银行逐步提升的全球影响力。

材料二：“我们要继续做全球治理变革进程的参与者、推动者、引领者，推动国际秩序朝着更加公正合理的方向发展，继续提升新兴市场国家和发展中国家代表性和发言权。”

——习近平2016年10月16日在金砖国家领导人第八次会晤发言《坚定信心 共谋发展》

学生提问：金砖国家为什么要合作？为什么能合作？

教师点评：经贸合作是金砖国家的主要议题之一。2020年11月17日，金砖国家领导人第十二次会晤制订了《金砖国家经济伙伴战略2025》，明确了贸易投资和金融、数字经济、可持续发展等三个重点合作领域，为未来金砖国家经贸合作明确了路线图。

近年来，金砖国家致力于完善全球治理，推动了国际货币基金组织和世界银行份额改革，创立了金砖国家新开发银行和应急储备安排。

三、构建新型国际关系的意义

构建相互尊重、公平正义、合作共赢的新型国际关系，大力弘扬全人类共同价值，坚持以公平正义为理念引领全球治理体系改革。世界上的事情越来越需要各国共同商量着办，建立国际机制、遵守国际规则、追求国际正义成为多数国家的共识。在国际关系中要弘扬平等互信、包容互鉴、合作共赢的精神，共同维护国际公平正义。各国都要遵循《联合国宪章》的宗旨和原则，坚持国家不分大小、强弱、贫富一律平等，共同推动国际关系民主化、法治化、合理化，努力使全球治理体系更加平衡地反映大多数国家意愿和利益。

（一）国际秩序的维护者——活跃在联合国舞台上的中国

【探究与分享】

材料：1945年4月，中国、苏联、美国、英国、法国等50个国家在美国旧金山举行联合国制宪会议，6月25日通过《联合国宪章》，宪章于1945年10月24日生效，联合国宣告成立。

联合国是世界人民反法西斯斗争取得胜利的产物，目前拥有193个会员国，成为当代国际社会中最具代表性的世界性、政府间的国际组织。

中国是联合国的创始国和安理会常任理事国。中国一贯遵循《联合国宪章》的宗旨和原则，支持按《联合国宪章》精神所进行的各项工作，积极参加联合国及其专门机构有利于世界和平与发展的活动。

2021年9月21日，习近平主席发表《共建更加美好的世界——第七十六届联合国大会一般性辩论上的讲话》，指出："世界百年未有之大变局和新冠肺炎疫情全球大流行交织影响。各国人民对和平发展的期盼更加殷切，对公平正义的呼声更加强烈，对合作共赢的追求更加坚定。"

坚持人与自然和谐共生。完善全球环境治理，积极应对气候变化，构建人与自然生命共同体。加快绿色低碳转型，实现绿色复苏发展。中国将力争2030年前实现碳达峰、2060年前实现碳中和，这需要付出艰苦努力，但我们会全力以赴。中国将大力支持发展中国家能源绿色低碳发展，不再新建境外煤电项目。

我们必须加强团结，践行相互尊重、合作共赢的国际关系理念。一个和平发展的世界应该承载不同形态的文明，必须兼容走向现代化的多样道路。民主不是哪个国家的专利，而是各国人民的权利。近期国际形势的发展再次证明，外部军事干涉和所谓的民主改造贻害无穷。我们要大力弘扬和平、发展、公平、正义、民主、自由的全人类共同价值，摒弃小圈子和零和竞争。

国与国难免存在分歧和矛盾，但要在平等和相互尊重基础上开展对话合作。一国的成功并不意味着另一国必然失败，这个世界完全容得下各国共同成长和进步。我们要坚持对话而不对抗、包容而不排他，构建相互尊重、公平正义、合作共赢的新型国际关系，扩大利益汇合点，画出最大同心圆。

我们必须完善全球治理，践行真正的多边主义。世界只有一个体系，就是以联合国为核心的国际体系。只有一个秩序，就是以国际法为基础的国际秩序。只有一套规则，就是以《联合国宪章》宗旨和原则为基础的国际关系基本准则。

联合国应该高举真正的多边主义旗帜，成为各国共同维护普遍安全、共同分享发展成果、共同掌握世界命运的核心平台。要致力于稳定国际秩序，提升广大发展中国家在国际事务中的代表性和发言权，在推动国际关系民主化和法治化方面走在前列。要平衡推进安全、发展、人权三大领域工作，制定共同议程，聚焦突出问题，重在采取行动，把各方对多边主义的承诺落到实处。

——摘编自新华网

学生提问：推动构建新型国际关系与《联合国宪章》宗旨具有怎样的一致性？

教师点评：《联合国宪章》的宗旨是维护国际和平与安全，促进国际合作与发展，中国提出的构建相互尊重、公平正义、合作共赢的新型国际关系，大力弘扬全人类共同价值，坚持以公平正义为理念引领全球治理体系改革，得到联合国广大国家的一致认同，多次被写入联合国决议。中国一贯遵循《联合国宪章》的宗旨和原则，支持按《联合国宪章》精神所进行的各项工作，积极参加联合国及其专门机构有利于世界和平与发展的活动。

中国坚决主张世界只有一个体系，就是以联合国为核心的国际体系。只有一个秩序，就是以国际法为基础的国际秩序。只有一套规则，就是以联合国宪章宗旨和原则为基础的国际关系基本准则。

（二）大道之行　天下为公——大力弘扬全人类共同价值的中国

中国提出构建相互尊重、公平正义、合作共赢的新型国际关系，具有三层意义。

构建新型国际关系是对传统国际关系理论的扬弃超越。构建相互尊重、公平正义、合作共赢的新型国际关系，把中国发展和世界发展结合起来，把中国人民的利益同世界人民的共同利益和根本利益结合起来，超越了传统国际关系理论崇尚实力、零和竞争等观点。这一思想蕴含的全球治理观、安全观、发展观、文明观、正确义利观等新型理念，反映了世界各国追求发展进步的共同愿望，既具有鲜明中国特色，又蕴含人类共同价值，凝聚了各国人民共同建设美好世界的最大公约数。

构建新型国际关系是对中华优秀传统文化的传承创新。在人类命运共同体理念中，蕴含着“天下为公”“世界大同”的美好愿景；在周边外交方针的阐发中，体现着亲仁善邻、“兼爱非攻”的历史传承；在全球治理的改革诉求中，借重了和衷共济、协和万邦的传统智慧；在构建全球伙伴关系的过程中，秉持了和而不同、立己达人的和谐理念；在正确义利观的价值取向里，彰显了弘义融利、扶危济困的道德操守；在共建“一带一路”倡议中，创造性地传承了古代丝绸之路精神。

构建新型国际关系是习近平外交思想的重要内容。它立足世界百年未有之大变局，为破解当今世界面临的重大问题、引领国际秩序和国际体系变革贡献了中国智慧、中国方案，实现了历史使命与时代潮流的高度统一、民族精神与国际主义的高度统一、中国气派与世界情怀的高度统一，展现出鲜明的理论创新品格。

考核评价

以“如何应对全球气候变化”为主题，进行模拟联合国大会活动。

参考文献

1. 中共中央党史和文献研究室. 习近平关于中国特色大国外交论述摘编［M］. 北京：中央文献出版社，2020.

2. 习近平. 论坚持推动构建人类命运共同体［M］. 北京：中央文献出版社，2018.

3. 习近平. 习近平谈“一带一路”［M］. 北京：中央文献出版社，2018.

大学段：弘扬全人类共同价值

教学目标

本阶段教学内容与高中阶段的教学相衔接，依据大学生认知、情感发展特点和规律设计系列教学环节与活动，引导和帮助大学生深刻理解中国提出和平、发展、公平、正义、民主、自由的全人类共同价值的科学内涵、重要地位及相互关系。在教学中让学生认识到，中国在推动和平、发展、公平、正义、民主、自由方面做出的突出贡献，中国不仅是全人类共同价值的倡导者，更是实践者、贡献者和先行者，弘扬全人类共同价值是符合时代潮流的正确选择，为世界和平与发展指明了方向。让学生充分认识到，当今世界正在经历百年未有之大变局，机遇与挑战并存，只有顺应世界发展大势，跟上时代潮流，以人类文明新形态引领人类发展，抓住历史机遇，增强实践全人类共同价值的使命感、责任感和高度自觉性，推动自身又好又快发展。

教学内容

一、弘扬全人类共同价值的丰富内涵

（一）和平与发展是当今时代的主题

（二）公平与正义是国际关系的重要准则

（三）民主与自由是现代文明的重要内容

（四）全人类共同价值三个层面六大要素及其关系

二、弘扬全人类共同价值的光辉实践

（一）中国共产党坚持维护和平发展

（二）中国共产党坚决捍卫公平正义

（三）中国共产党坚定追求民主自由

三、弘扬全人类共同价值的伟大意义

（一）为人类进步事业提供了强大思想引领

（二）为世界文明发展注入了新的力量

（三）为实现世界人民大团结提供了强大精神动力

（四）彰显人类命运共同体理念的思想深度

教学重难点

一、教学重点

深刻理解和平、发展、公平、正义、民主、自由六个要素三个层面的全人类共同价值的丰富内涵及其关系。

二、教学难点

社会主义中国在实践中如何坚守和弘扬全人类共同价值？

学情分析

经过中学阶段的学习，大学生对人类命运共同体、构建新型国际关系的理念和实践的相关内容已经基本了解。大学阶段的教学应侧重于对全人类共同价值的内容、实践、意义的理解和掌握。与中学生相比，大学生的认知和思想发展呈现新特点，如思维独立性增强、辩证思维开始发展、创造性思维逐渐独立，同时平等、自主意识凸显，关注个性发展、社会现实及全球参与意识增强等，但是由于思想观念的可塑性强，容易受西方各种社会思潮的影响，因此，需要对大学生因材施教、进行教育引导，弘扬并践行全人类共同价值。

设计思路

一、设计理念

在教学设计上，融知识教育、能力教育和目标教育为一体，注重培养大学生运用马克思主义的基本立场、观点和方法分析全人类共同价值的理论逻辑、实践逻辑、价值逻辑；在教学内容上，注重解释和平与发展、公平与正义、民主与自由三个层面的内涵及其关系；在教学形式上，综合开展主题研讨、经典解读、热点评析等形式多样的研究型教学方式，构建教师、学生和专题内容之间协调互动的“交互主体性”教学模式，积极鼓励学生自主开展创新思考和探究。引导学生全面理解和掌握三个方面的知识：“是什么”，即弘扬全人类共同价值的丰富内涵；“如何做”，即坚守和弘扬全人类共同价值的光辉实践；“怎么样”，即弘扬全人类共同价值的伟大意义。

二、思维导图

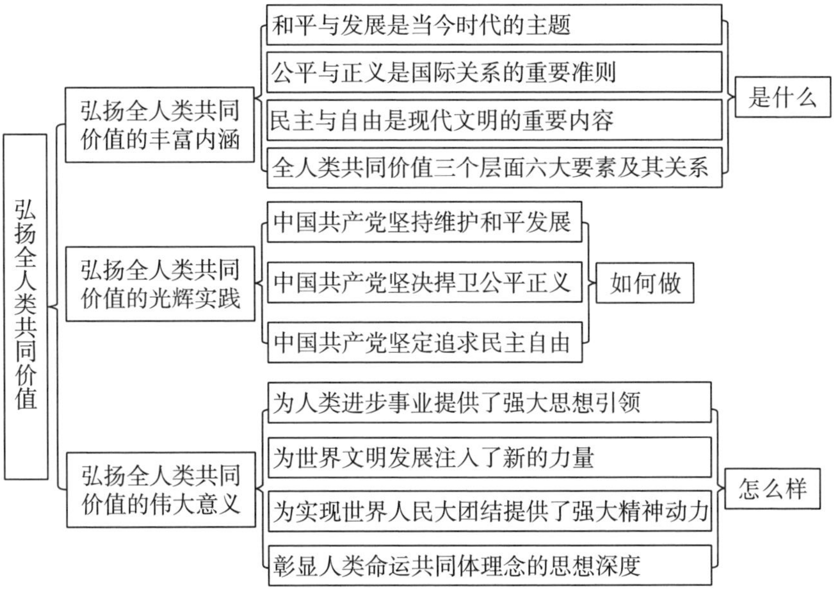

实施方案

一、弘扬全人类共同价值的丰富内涵

课程导入：

2014年3月27日，习近平主席在中法建交50周年纪念大会上的讲话中提道：“拿破仑说过，中国是一头沉睡的狮子，当这头睡狮醒来时，世界都会为之发抖。中国这头狮子已经醒了，但这是一只和平的、可亲的、文明的狮子。”

学生进行分组讨论：为什么中国是一只和平的、可亲的、文明的狮子？

教师点评：中华民族历来就是爱好和平的民族，和平、和睦、和谐的追求深深根植于中国人民的血脉之中。近代以来的一百多年间，人民饱经战乱和穷困之苦。为了赢得民族独立和人民解放，中国人民付出了惨重的代价，才得以在和平的环境中建设自己的国家。悲惨的遭遇，让我们深刻体会到和平的珍贵。如今，我们已经全面建成了小康社会，正在向着社会主义现代化强国的“第二个百年”的奋斗目标迈进，而和平正是中国发展繁荣最根本的前提。那么，除了和平之外，中国在国际上还倡导了什么价值？

习近平总书记在《在庆祝中国共产党成立100周年大会上的讲话》明确指出：“中国共产党将继续同一切爱好和平的国家和人民一道，弘扬和平、发展、公平、正义、民主、自由的全人类共同价值，坚持合作、不搞对抗，坚持开放、不搞封闭，坚持互利共赢、不搞零和竞争，反对霸权主义和强权政治，推动历史车轮向着光明的目标前进！”[①]

接下来，就让我们一起来学习弘扬全人类共同价值的科学内涵。

（一）和平与发展是当今时代的主题

引入案例：邓小平提出“和平与发展是当今时代的两大主题”。

1978年12月18日至22日，中国共产党第十一届三中全会在北京召开。会议决定把全国工作重点转移到经济建设上来，确立了对内搞活经济，对外实行开放的政策。这不仅需要国内有正确的政策，而且需要有一个良好的国际环境。经过冷静观察和客观分析，中国领导人改变了战争不可避免的估计，认为世界和平因素的增长超过战争因素的增长，世界大战是可以避免的，争取较长时期的和平是可能的。在此基础上，邓小平提出“和平与发展是当今时代的两大主题”，和平问题是东西问题，发展问题是南北问题。这一科学论断意义十分重大，影响极为深远，从此中国外交进入了一个新的阶段。

① 习近平. 在庆祝中国共产党成立100周年大会上的讲话［M］. 北京：人民出版社，2021：16.

引发学生思考：为什么邓小平会提出和平与发展的时代主题?

教师点评：尽管世情、国情、党情发生了重大变化，但和平与发展仍然是当今时代的主题，同时也是两大主要问题，中国为维护世界和平与发展做出了突出贡献。

1．中国与联合国的关系

2021年，是中国共产党成立100周年，也是中华人民共和国恢复在联合国合法席位50周年。中国是联合国创始会员国之一是第一个在《联合国宪章》上签字的国家。1971年10月25日，第26届联合国大会通过了关于恢复中华人民共和国在联合国一切合法权利的第2758号决议，承认中华人民共和国政府的代表是中国在联合国组织的唯一合法代表。多年来，中国坚定支持联合国在维护世界和平、促进共同发展方面发挥的重要作用，坚定支持多边主义，坚定维护以联合国为核心的国际体系。中国将继续与联合国加强合作，推动以对话协商解决地区热点问题，应对好各种全球性威胁和挑战。中国将继续做世界和平的建设者、全球发展的贡献者和国际秩序的维护者，与各国携手构建人类命运共同体。

2．深入阐释和平与发展的科学内涵

和平是人民的永恒期望，犹如空气和阳光；发展是各国的第一要务，是文明存续的有力支撑。我们庄严承诺始终坚持走和平发展道路，永远不称霸、永远不搞扩张；强调既发展自己，又以中国的发展为世界提供机遇。同时，主张和平与斗争、发展与安全的辩证统一，着眼的是推动实现全人类的持久和平和永续发展。“大家都只想享受和平，不愿意维护和平，那和平就将不复存在”“只有各国都走和平发展道路，各国才能共同发展，国与国才能和平相处”，这是对各国维护和平与安全现实责任的深刻阐释。“提倡创新、协调、绿色、开放、共享的发展观，实现各国经济社会协同进步”“要直面贫富差距、发展鸿沟等重大现实问题，关注欠发达国家和地区，关爱贫困民众，让每一片土地都孕育希望”，这是对各国促进共同繁荣重大使命的清晰论述。

3．比较分析和平与发展两大问题

	和平问题	发展问题
含义	和平问题是指维护世界和平、防止新的世界战争的问题	发展问题是指世界经济的发展，特别是发展中国家经济的发展问题
世界现状	国际形势总体稳定，争取较长时期的和平的国际环境具有了现实的可能性；同时，当今世界仍很不安宁	世界经济有了很大的发展；同时，当今世界仍是贫富悬殊的世界，全球发展的最突出问题是南北发展不平衡
主要障碍	霸权主义和强权政治是解决世界和平与发展问题的主要障碍	
有效途径	必须坚决反对霸权主义和强权政治，改变旧的国际秩序，建立以和平共处五项原则为基础的有利于世界和平与发展的国际新秩序	

（二）公平与正义是国际关系的重要准则

1．中国人民始终维护国际公平正义，为世界和平与发展做出了重大贡献

2021年10月25日，国家主席习近平在北京出席中华人民共和国恢复联合国合法席位50周年纪念会议并发表重要讲话：中国人民始终同世界各国人民团结合作，维护国际公平正义，为世界和平与发展做出了重大贡献。中国人民热爱和平，深知和平安宁的珍贵，始终奉行独立自主的和平外交政策，主持公道，伸张正义，坚决反对霸权主义和强权政治。中国人民坚定支持广大发展中国家维护自身主权、安全、发展利益的正义斗争。中国人民致力于推动共同发展，从“坦赞铁路”到“一带一路”，向发展中国家提供力所能及的帮助，不断以中国发展为世界提供新机遇。

2021年是《中俄睦邻友好合作条约》签署20周年，赋予中俄关系特殊意义。中俄坚决反对世界上的霸权霸道霸凌，成为维护世界和平稳定和国际公平正义的中流砥柱。

2．深入阐释公平与正义的科学内涵

在国家层面，我们注重维护社会公正，促进人的全面发展和社会全面进步。在国际层面，追求公平正义是世界各国人民在国际关系领域的崇高目标。我们坚决主张大小国家一律平等，特别是提升广大发展中国家的代表性和发言权，切实维护国际公平正义。同时，反对在国际事务中别有用心和不加区别的“责任论”，更反对以正义之名行不义之实。我们主张引导经济全球化朝着更加开放、包容、普惠、平衡、共赢方向发展，既要做大蛋糕，更要分好蛋糕，着力解决公平、公正问题；提升全球发展的公平性、有效性、协同性，反对任何人出于限制别人发展的目的，搞技术封锁、科技鸿沟、发展脱钩；共同推动国际关系法治化，在国际关系中维护国际法和国际秩序的权威性和严肃性，反对由少数人来制定国际规则；确保国际法平等统一适用，不能搞双重标准，不能“合则用、不合则弃”，真正做到“无偏无党，王道荡荡”，这是达成公平正义的现实路径。

（三）民主与自由是现代文明的重要内容

1．中国才是当今世界最大的民主国家

全国政协文史和学习委员会副主任叶小文发表文章认为，中国共产党最有资格谈民主。“整个来讲，不论是对中国的民众（特别是农民），或者是对国内国外的观察家，共产党都能给他们这样一种印象：它是全心全意致力于人民事业的，它真正希望促进中国的民主事业，希望中国在世界各民族的大家庭中获得一个真正独立而强有力的地位。”

2．深入阐释民主与自由的科学内涵

在国家层面，我们确保人民享有更加广泛、更加充分、更加真实的民主权利，依法保护人的自由和尊严，追求“人的自由而全面的发展”崇高目标。在国际层面，我们主张坚持多边主义，推进国际关系民主化，致力于促进贸易与投资自由、人员往来自由等。同时，反对泛民主化、绝对自由主义等错误思潮，坚决反对打着所谓“民主”“自由”的幌子肆意干涉别国内政，反对侵犯他国主权的“自由航行”。不管国际格局如何变化，要始终坚持平等民主、兼容并蓄，尊重各国人民自主选择发展道路和制度模式的权利；要认识到民主是各国人民的权利，而不是少数国家的专利，实现民主有多种方式，不可能千篇一律；要加强交流互鉴，推进适合本国国情的民主政治建设，不断提高为人民谋幸福的能力和成效，这是实现民主自由的现实路径。

（四）全人类共同价值三个层面六大要素及其关系

2021年7月1日，习近平在庆祝中国共产党成立100周年大会上的讲话中指出：“中国共产党将继续同一切爱好和平的国家和人民一道，弘扬和平、发展、公平、正义、民主、自由的全人类共同价值，坚持合作、不搞对抗，坚持开放、不搞封闭，坚持互利共赢、不搞零和竞争，反对霸权主义和强权政治，推动历史车轮向着光明的目标前进！”

全人类共同价值贯通了个人、国家、世界三个层面，既反映了人作为个体对生存、发展、平等、自由的共同追求，也浓缩了世界各国处理彼此关系时的普遍共识。和平、发展、公平、正义、民主、自由作为全人类共同价值的六大要素相互联系、层层递进，形成完整的逻辑链条。没有和平与发展，其他要素便成了空中楼阁；没有公平与正义，其他要素就只能是少数人、少数国家的专利；没有民主与自由，其他要素会失去目标和动力。习近平总书记深刻指出：“我们要本着对人类前途命运高度负责的态度，做全人类共同价值的倡导者，以宽广胸怀理解不同文明对价值内涵的认识，尊重不同国家人民对价值实现路径的探索，把全人类共同价值具体地、现实地体现到实现本国人民利益的实践中去。”

二、弘扬全人类共同价值的光辉实践

教师提问：通过学习弘扬全人类共同价值的科学内涵，我们知道了是什么，接下来是不是应该落实如何做了呢？请学生查阅资料，探究谁是弘扬全人类共同价值的主体，举例说明中国在弘扬全人类共同价值方面都做了什么。（学生回答，略）

教师评讲：中国共产党是为中国人民谋幸福、为中华民族谋复兴的政党，也是为人类进步事业而奋斗的政党。中国共产党人始终坚守初心，言行一致，坚定不移地倡导和践行全人类共同价值。

（一）中国共产党坚持维护和平发展

新中国成立以来，我们从未挑起过一场战争，从未侵占过别人一寸土地。中国明确承诺在任何时候和任何情况下都不首先使用核武器，中国的核政策在所有核武器国家中最具稳定性、连续性和可预见性。自中国恢复了联合国合法席位五十多年以来，中国参与29项联合国维和行动，累计派出5万余人次，是安理会常任理事国中出兵最多的国家，也是联合国第二大维和摊款国。我们准确把握和平与发展的时代主题，以自身新发展为世界提供新机遇。作为世界第二大经济体，中国对全球经济增长的贡献率连续15年位居世界第一。改革开放40多年来，中国7亿多人摆脱贫困，对世界减贫贡献率超过70%。提出共建“一带一路”倡议以来，中国与合作伙伴贸易额累计超过9.2万亿美元，中国企业在沿线国家直接投资累计超过1300亿美元。世界银行报告认为，“一带一路”倡议全面实施将使全球贸易额和全球收入分别增长6.2%和2.9%。中国以实际行动为促进世界和平做出贡献，为全球发展增添动力。

（二）中国共产党坚决捍卫公平正义

百年来，中国共产党始终致力于追求公平正义、实现人类解放：带领中国人民进行新民主主义革命，新中国成立以来不遗余力支持亚非拉国家民族解放运动，在国际事务中为发展中国家仗义执言，坚决顶住单边主义、霸凌行径的逆流。中国共产党永远站在公平、正义的一边，积极推动构建相互尊重、公平正义、合作共赢的新型国际关系，推动国际秩序和国际体系朝着更加公正合理的方向发展，坚持公正合理破解治理赤字，开辟共商共建共享的全球治理之道。在气候变化挑战面前，中国克服巨大困难做出2030年前碳达峰、2060年前碳中和的庄严承诺并努力兑现，倡导各方全面有效落实《巴黎协定》，承担共同但有区别的责任，共谋人与自然和谐共生之道。在全球抗疫进程中，中国第一时间开展全球紧急人道主义行动，向150多个国家提供抗疫物资援助。

（三）中国共产党坚定追求民主自由

“鞋子合不合脚，只有穿的人才知道。”习近平主席在多个重要国际场合强调，一个国家民主不民主，要由这个国家的人民来评判，而不能由少数人说了算；一个国家的发展道路合不合适，只有这个国家的人民才最有发言权。中国实行的社会主义民主政治，是一种全过程、最广泛的民主，体现人民意志，符合中国国情，得到人民拥护。中国尊重各国自主选择的发展道路和模式，并以自身的成功实践为世界各国，特别是广大发展中国家探索切实、有效的民主政治形式树立了信心、提供了借鉴。中国共产党坚持为中国人民谋自由与幸福，维护和保障人权已写入《中华人民共和国宪法》。在建党百年之际发布的《中国共产党尊重和保障人权的伟大实践》白皮书，全面介绍中国共产党推进中国人权事业发展的历程、理念和成就。百年来，中国共产党团结带领人民成功走出了一条中国特色社会主义人权发展道路，为全球人权治理贡献了中国智慧、提供了中国方案。

百年征程波澜壮阔，百年初心历久弥坚。在新时代新征程上，我们要立足发展、面向人民，立足中国、面向世界，立足历史、面向未来，站在历史正确的一边和人类进步的一边，始终不渝做世界和平的建设者、全球发展的贡献者、国际秩序的维护者。我们要与各国携手一道，秉持“天下一家”理念，共同抵御妨碍人类心灵互动的观念纰缪，共同打破阻碍人类交往的精神隔阂，坚守全人类共同价值，共同推动构建持久和平、普遍安全、共同繁荣、开放包容、清洁美丽的世界。

三、弘扬全人类共同价值的伟大意义

教师提问：通过上面的学习，已经掌握了弘扬全人类共同价值的科学内涵、弘扬全人类共同价值的光辉实践。那么接下来请学生想一想：中国倡导的弘扬全人类共同价值，对于世界有哪些重要意义？（学生回答，略）

教师点评：全人类共同价值凝聚了人类不同文明的价值共识，反映了世界各国人民普遍认同的价值理念的最大公约数，超越了意识形态、社会制度和发展水平差异，顺应历史潮流，契合时代需要，是习近平新时代中国特色社会主义思想的又一重大理论成果。

（一）为人类进步事业提供了强大思想引领

当前，世界进入动荡变革期，气候变化、网络安全、公共卫生等全球性挑战层出不穷，一些地方战乱和冲突仍在持续、饥荒和疾病仍在流行、隔阂和对立仍在加深，各国人民追求幸福生活的呼声更加强烈。经历了疫情肆虐，国际社会更加清晰地认识到，我们生活在一个地球村，各国休戚相关、命运与共，世界比以往任何时刻都更需要有能站在全人类战略高度的思想引领，凝聚合力、激发动力。在人类社会面临何去何从的历史当口，习近平以宏阔的全球视野和深厚的人民情怀，提出和平、发展、公平、正义、民主、自由的全人类共同价值，是对世界上一切进步力量最广泛共识的凝练概括，为维护人类共同和长远利益贡献中国智慧，为促进人类文明永续进步擘画价值准则，为创造人类美好未来提供精神动力，为人类进步事业提供了强大思想引领。

（二）为世界文明发展注入了新的力量

文化孕育理念，思想引领方向。自古以来，中华文明在继承创新中不断发展，在应时处变中不断升华，积淀着中华民族最深沉的精神追求，为中华民族生生不息、发展壮大提供丰厚滋养，为人类文明进步做出重要贡献。中国人民的价值观和精神世界，始终深深植根于中华优秀传统文化沃土之中。全人类共同价值传承着“天下一家”“协和万邦”“大道之行，天下为公”等中华文化基因，蕴含着中华民族讲仁爱、重民本、守诚信、崇正义、尚和合、求大同等思想理念。全人类共同价值的提出将中华文明鲜明的价值追求向世界维度延伸升华，实现了中外话语体系的对接，是中国观念国际表达的光辉典范，是中国智慧国际分享的成功探索，为人类文明发展做出了新的重大贡献。全人类共同价值体现中华优秀传统文化的历史厚度，为世界文明发展注入了新的力量。

（三）为实现世界人民大团结提供了强大精神动力

大时代需要大格局，大格局呼唤大胸怀。世界前途命运必须由各国共同掌握，国际上的事情要由大家商量着办，这是国际社会应该共同遵守的原则。各国历史、文化、制度、发展水平不尽相同，但各国人民都追求和平、发展、公平、正义、民主、自由的全人类共同价值。习近平倡导全人类共同价值，体现了对不同文明价值内涵的理解，体现了对不同国家探索价值实现路径的尊重，体现了对不同国家人民追求幸福生活、平等权利的支持。全人类共同价值的提出是人类思想史上一次深刻的价值理念创新，切实回应各国人民的普遍期待和诉求，为国际社会实现最广泛的团结提供了可信的共同价值纽带，画出了人类不同文明的价值“同心圆”，为实现世界人民大团结提供了强大精神动力。

（四）彰显人类命运共同体理念的思想深度

2013年，习近平主席在莫斯科国际关系学院首次向国际社会提出命运共同体理念以来，人类命运共同体理念不断丰富发展，成为新时代中国特色大国外交的鲜明旗帜。这一理念被写入《中国共产党章程》和《中华人民共和国宪法》，也被多次写入联合国等重要国际和地区组织文件，在国际上日益深入人心。人类命运共同体理念从倡议到共识再到落地生根，契合各国人民的共同价值和精神追求。习近平主席对全人类共同价值的重要论述，揭示了人类命运共同体理念深邃的价值内涵，构筑了以人类命运共同体为总体目标、建设新型国际关系为实践路径、全人类共同价值为价值内核的科学思想体系，助力构建人类命运共同体进一步走深走实。全人类共同价值彰显人类命运共同体理念的思想深度，明确了这一重要理念蕴含的价值内核。

考核评价

一、知识考核

通过课堂提问、课后练习、考核等方式对学生掌握本专题相关知识的情况进行考核评价。

二、能力考核

通过查阅资料、课堂讨论等方式考查学生是否具备运用马克思主义的立场、观点、方法去弘扬全人类共同价值的能力。

三、考核模式

将过程考核和结果考核相统一，进行综合评价；将教师的评价和学生评价相结合，发挥学生在考核中的主体作用。

资源链接

一、案例资源

案例

1985：和平与发展——时代的两大主题[①]

纵观古今历史，每个时代都会有自己的“主题”。那么何谓“时代主题”？简单说来，就是一个时代的主要矛盾和根本任务，不同的时代有着不同的时代主题。历史事实一再证明，对于时代主题的认定和把握，关系到我们事业的兴衰成败。

20世纪上半叶，帝国主义国家为争夺霸权发动两次世界大战。战争促使被压迫民族觉醒，社会主义革命风起云涌，战争与革命构成了时代的主题。然而20世纪后期，世界形势发生了重大变化，如何把握新的时代主题，成了每一个政治家必须考虑的问题。

面对国际形势的新变化，邓小平以敏锐的洞察力深刻地提出了关于时

① 冯兴. 1985：和平与发展——时代的两大主题［EB/OL］. 中国经济网，（2008-12-18）［2022-03-17］. http://views.ce.cn/fun/corpus/ce/fx/200812/18/t20081218_17713804.shtml.

代主题的伟大论断。1985年3月4日，邓小平在谈话中指出：“现在世界上真正大的问题，带全球性的战略问题，一个是和平问题，一个是经济问题或者说发展问题。”

邓小平关于“和平与发展”两大时代主题的伟大论断，为我们树起了一面光辉的旗帜，指明了前进的方向，鼓舞着人们为之奋斗。同时，这一论断也影响着整个世界，江泽民在联合国千年首脑会议上就进一步明确指出：“追求和平与发展是世界各国人民的共同愿望，也是我们这个时代的主题。”

谋求社会的发展与繁荣是人类永恒的话题，发展问题是制约世界经济振兴和繁荣的顽症所在。但是，发展问题在过去一直与东西方之间紧张的冷战关系交织在一起，为战争与和平的突出矛盾所掩盖。

20个世纪70年代末，是两个超级大国争夺世界最激烈的时期，整个世界处在最紧张的状态中。全世界都估计，80年代是个危险的年代。我们内部甚至估计，两霸战争布局在80年代中期完成，因此那时候可能爆发世界战争。

然而，进入20世纪80年代后，苏联的内外政策发生重大改变，由对抗转为对话，东西方关系逐渐缓和，战争危险减弱。与此同时，发展问题日益突出起来，成为世界核心问题，世界上出现的许多矛盾冲突和问题，都与这个问题有关，它已成为我们观察世界的出发点。

邓小平对这一国际新变化始终保持着细致的观察，他指出：“在较长时间内不发生大规模的世界大战是有可能的，维护世界和平是有希望的。这一时代主题的转换，对于正值改革开放中的中国来说，是一个百年难逢的良机，使中国有可能争取到较长时期的和平国际环境来进行现代化建设。”

时代主题是一个重大的理论问题，也是一个重大的现实问题。长期以来，我们坚持“战争与革命”的主题不变，落后于实际，应该说，我们为之付出了沉痛的代价。1985年，邓小平提出“和平与发展”是当今世界主题的科学论断，这是理论上的一个重大突破、一个重大发展、一个重大贡献。

自20世纪80年代中期以后，对“和平与发展”这个时代主题的战略判断，我们是始终坚持的，一以贯之的，没有因为出现这样那样的国际突发事件而轻易动摇。东欧剧变、苏联解体时没有动摇，海湾战争时没有动摇，科索沃战争时没有动摇，“9·11”事件和伊拉克战争后也没有动摇。

认定时代主题为和平与发展，表明我们对于世界形势有了新认识，改变过去那些过时的、不切实际的估计，摈弃过去那些空洞的、过激的口号，我们不再干那些“自己饿肚皮去无偿支援别人”的傻事了。我们明白今后的主要任务就是“抓住时机，发展自己，关键是发展经济”。

邓小平关于时代主题的伟大论断，在历史的关键时刻为我们的事业拨正了航向，保持了中国快速稳定的发展势头。对于我们这些后继人来说，当继续认清形势，抓住机遇，韬光养晦，集中精力把自己的事情办好，为中华的“和平崛起”而不懈努力。

二、知识链接

链接1

中国与联合国50年：世界需要真正的多边主义[①]

2021年10月25日，是中华人民共和国恢复在联合国合法席位50周年。50年来，中国坚定捍卫《联合国宪章》宗旨和原则，坚决维护以联合国为核心的国际体系和以国际法为基础的国际秩序，成为维护和促进多边主义与国际合作的中流砥柱和坚实力量。

中国与联合国合作伙伴关系不断深入发展

中国是联合国的创始国和五个常任理事国之一，为世界反法西斯战争

① 姚琨. 中国与联合国50年：世界需要真正的多边主义［EB/OL］. 中国网，（2021-10-25）［2022-03-17］. http://www.china.com.cn/opinion2020/2021-10/25/content_77829749.shtml.

的胜利和战后国际秩序的建立做出了重要贡献。1971年10月25日，联大以压倒性多数通过第2758号决议，决定恢复中华人民共和国在联合国的一切合法权利，中国陆续参加联合国多个机构活动。冷战结束后，中国开始全面、深入参与联合国维和、发展、人权、裁军、环保等各领域活动，切实发挥“负责任的大国”作用。

十八大以来，中国在参与联合国的理念与实践上有诸多突破与创新，显示出中国对联合国的外交日趋成熟与务实，也表现出中国寻求合作共赢、敢于维护国际公平正义的责任和担当。

一方面，在理念上，中国以构建“人类命运共同体”为牵引，为新时期联合国发展和全球治理变革提供了更多理念支撑。近年来，中国倡导构建“人类命运共同体”，推动建设相互尊重、公平正义、合作共赢的新型国际关系，提出正确义利观，合作共赢的国际秩序观，公平、开放、全面、创新的发展观，共同、综合、合作、可持续的安全观，共商、共建、共享的全球治理观等一系列新主张。凡此种种，均为推动联合国改革、提升联合国权威和效率、构建新的全球治理框架提供了理念支撑。

另一方面，在实践上，中国日益突出履行大国责任，积极参与和引领全球治理。在和平与安全领域，中国是常任理事国中派出维和人员最多的国家，发挥自身政治优势避免地区冲突升级，寻求和平解决方案。在防扩散领域，中国在“伊核”“朝核”问题上发挥积极协调和引导作用。在国际合作领域，中国主张发达国家落实对发展中国家援助的承诺，通过南北对话、南南合作，建立公正、合理的经济秩序。

在扶贫、可持续发展等领域，中国全面落实2030可持续发展议程，提前十年实现减贫目标，不仅如期实现现行标准下农村贫困人口全部脱贫，还通过提出共建“一带一路”等倡议，尽己所能为各方共同发展搭建平台、共享机遇。

在气候变化问题上，中国坚持履行《巴黎协定》所规定内容，并宣布“碳达峰”和“碳中和”目标，间隔时间远远短于发达国家，为全球气候治理注入“正能量”。

在公共卫生治理领域，中国发起新中国史上最大规模的紧急人道主义行动，把疫苗作为全球公共卫生产品向发展中国家提供，助力全球团结抗疫。

世界需要真正的多边主义

当今世界正经历百年未有之大变局，新型冠状病毒肺炎疫情影响全面显现，世界进入新的动荡变革期。保护主义、单边主义和霸凌行径抬头，部分国家企图挑起意识形态和社会制度对抗，使世界陷入危险境地。面对百年未有之大变局和中华民族伟大复兴战略全局，中国坚定支持多边主义，坚定捍卫《联合国宪章》宗旨和原则，维护以联合国为核心的国际体系和以国际法为基础的国际秩序，坚决抵制单边主义、霸权主义和强权政治，反对任何开历史“倒车”的行为，反对形形色色的伪多边主义。

必须指出，“小圈子的多边主义”仍是集团政治，“本国优先的多边主义”还是单边思维，“有选择的多边主义”不是正确选择。不能打着多边主义的旗帜搞新的集团对抗，也不能以多边主义为掩护搞封闭的小圈子。事实证明，无论是军事冲突的“热战”，还是贸易战、金融战、科技战等“冷战”，都无益于国家间分歧乃至各类全球性问题的解决，相反只会把国际关系推向更加紧张与危险的境地。

链接2

人民日报和音：为维护国际公平正义筑就坚固屏障[①]

中俄始终肩并肩站在一起，背靠背紧密合作，坚决反对世界上的霸权霸道、霸凌，成为维护世界和平稳定和国际公平正义的中流砥柱。

① 人民日报和音：为维护国际公平正义筑就坚固屏障［EB/OL］. 中国青年网，（2021-03-25）［2022-03-17］. http://news.youth.cn/gj/202103/t20210325_12799359.htm.

2021年是《中俄睦邻友好合作条约》签署20周年，赋予中俄关系特殊意义。3月23日，中俄两国外长在广西桂林举行会谈，就双边关系和重大国际地区问题广泛交换意见，达成一系列新的共识。这再次体现了两国关系的高水平和特殊性，也向世界展示了中俄共同捍卫国际公平正义的坚定意志。

元首战略引领是新时代中俄关系的政治优势。过去一年，习近平主席同普京总统五次通话，多次互致函电，共同出席一系列多边视频峰会，就中俄关系和重大国际地区问题深入交换意见，达成新的重要共识，为两国关系稳步前行发挥了最关键的战略引领作用。2021年初，两国元首分别出席世界经济论坛"达沃斯议程"对话会，共同发出坚持多边主义、共同应对全球性挑战的时代强音，提出团结战胜疫情和携手重振全球经济的"中俄方案"。事实证明，在两国元首战略引领下，中俄新时代全面战略协作伙伴关系稳定、牢固、坚韧，具有强大生命力和抗压能力，能够经受住各类风险挑战的考验。

中俄关系具有强大内生动力和独立价值，不受国际风云变幻影响，不受任何其他因素干扰。两国要互为战略依托，互为发展机遇，互为全球伙伴，这既是历史的经验，也是时代的要求。共同抵制"政治病毒"，维护二战胜利成果与国际公平正义，在涉及彼此核心利益问题上坚定相互支持，在反对强权政治的道路上相互扶助……中俄双方以实际行动诠释了"互信程度最高、协作水平最高、战略价值最高的一组大国关系"的题中之义，中俄关系的全球意义更加彰显。

当前，世纪疫情和百年变局交织，世界进入动荡变革期，国际形势不稳定性不确定性明显上升，国际社会迫切需要大国共同展现应有格局，担起重要使命。中俄坚决反对世界上的霸权霸道霸凌，成为维护世界和平稳定和国际公平正义的中流砥柱。中俄两国外长发表关于当前全球治理若干问题的联合声明，阐释"人权""民主""国际秩序""多边主义"概念的正确内涵，呼吁国际社会搁置分歧，凝聚共识，加强协作，维护世界和平与地缘战略稳定，推动构建更加公正、民主、合理的多极化国际秩序。

这一声明反映了国际社会尤其是发展中国家的集体诉求，是中俄坚定维护多边主义、加强全球治理的正义之举。

习近平主席强调：“中俄加强战略协作，能够有效抵御打压分化两国的任何图谋，并为维护国际公平正义筑就坚固屏障。”站在《中俄睦邻友好合作条约》签署20周年的新起点，中俄双方全面落实两国元首达成的各项共识，重温世代友好、合作共赢的缔约初心，在更大范围、更宽领域、更深层次上推进双方合作，必将继续共同打造战略互信、互利合作、民心相通、公平正义的国际关系典范。

链接3

全人类共同价值与所谓“普世价值”存在根本不同①

反对西方所谓的“普世价值”并不是说人类社会不存在共同价值。2021年7月1日，习近平强调：“中国共产党将继续同一切爱好和平的国家和人民一道，弘扬和平、发展、公平、正义、民主、自由的全人类共同价值，坚持合作、不搞对抗，坚持开放、不搞封闭，坚持互利共赢、不搞零和竞争，反对霸权主义和强权政治，推动历史车轮向着光明的目标前进！”人类生活在同一个地球村里，越来越成为“你中有我、我中有你”的命运共同体，客观存在共同利益，必然要求共同价值。我们所主张的共同价值，是要倡导求同存异、和而不同，充分尊重文明的多样性，尊重各国自主选择社会制度和发展道路的权利。

① 本书编写组.思想道德与法治［M］.北京：高等教育出版社，2021：125.

参考文献

1．习近平. 在庆祝中国共产党成立100周年大会上的讲话［M］. 北京：人民出版社，2021.

2．习近平. 习近平谈治国理政：第三卷［M］.北京：外文出版社，2020.

3．本书编写组. 毛泽东思想和中国特色社会主义理论体系概论［M］. 北京：高等教育出版社，2021.

4．本书编写组. 思想道德与法治［M］. 北京：高等教育出版社，2021.

5．习近平外交思想研究中心. 坚守和弘扬全人类共同价值［J］. 求是，2021（16）.

6．中共中央宣传部，中华人民共和国外交部. 习近平外交思想学习纲要［M］. 北京：人民出版社/学习出版社，2021.